교감국역 송남잡지 01

An Encyclopedia of Songnam

지은이 조재삼(趙在三)은 1808년에 태어나서 1866년까지 생존하였다. 본관은 임천(林川)이고 호는 송남(松南)이며 자는 중기(仲璣)이다. 졸수재(拙修齋) 조성기(趙聖期)의 5대손이다. 저서로『송남잡지』외에도 유고 2권이 있다고 한다.

옮긴이 강민구(姜玟求)는 성균관대학교를 졸업(문학박사)하고 민족문화추진회 국역연수원을 졸업하였으며 연청(研靑) 오호영(吳虎泳) 선생을 사사하였다. 현재 경북대학교 교수이다. 논문으로「영조대 문학론과 비평에 대한 연구」, 역서로『국역 낙재선생문집』외 다수가 있다.

교감국역校勘國譯 **송남잡지**松南雜識 **01**

1판 1쇄 인쇄 2008년 10월 5일
1판 1쇄 발행 2008년 10월 10일

지은이 / 조재삼
옮긴이 / 강민구
펴낸이 / 박성모
펴낸곳 / 소명출판
등록 / 제13-522호
주소 / 137-878 서울시 서초구 서초동 1621-18 (란빌딩 1층)
대표전화 / (02) 585-7840
팩시밀리 / (02) 585-7848
somyong@korea.com / www.somyong.co.kr

값 26,000원

ISBN 978-89-5626-320-5 94810
ISBN 978-89-5626-319-9 (전13권)

교감 국역 송남잡지 01

松南雜識

조재삼 지음 | 강민구 옮김

일러두기

1. 저본(底本)

이 책은 1987년 동서문화원에서 영인 출판한 『송남잡지』를 저본으로 삼아 역주하되, 1986년 아세아문화사에서 영인 출판한 『송남잡지』와 규장각 소장본 『송남잡지』를 참고하였다.

2. 교감(校勘)

『송남잡지』의 모든 내용을 교감하였다.
인용 원문과 『송남잡지』의 내용을 대조하여 상호 출입을 모두 표시하였다. 인용 원문과 『송남잡지』 사이에 또 다른 전적이 개재되었을 경우, 즉 재인용의 경우에는 그들 간의 변형 과정과 양태를 제시하였다.
『송남잡지』에 인용되지 않은 부분이라도 원문의 이해를 위해 필요할 경우 전후를 제시하였다.
인용 원문을 왼쪽에 두고 『송남잡지』를 오른쪽에 두었으며, 화살표(→)로 변형된 것임을 표시하였다.

3. 역문(譯文)

역문은 쉬운 우리말로 옮기는 것을 원칙으로 하였다. 교감을 거친 번역이므로 원문과 차이가 있는 것이 많다. 그러한 경우 반드시 각주의 형식으로 교감기를 제시하였다.
시(詩)는 역문을 왼쪽에 두고 원문을 오른쪽에 배치하였다.

4. 주석(註釋)

주석은 내용이 간단하고 짧은 경우에는 간주(間註)로 처리하고, 내용이 긴 경우에는 각주로 처리하였다.
각주는 해당 항목을 제시하고 주석하였으며, 긴 항목은 앞뒤의 어구만 제시하고 중간에 …… 부호를 넣어 중략하였음을 표시하였다.

5. 맞춤법

맞춤법과 띄어쓰기는 한글맞춤법과 표준어규정을 따르는 것을 원칙으로 하였다. 단 필요한 경우 두음법칙 등을 적용하지 아니하고 원음을 그대로 제시하였다.

6. 부호

이 책에 사용한 부호는 다음과 같다.
( ) : 번역문과 음이 같은 한자를 묶는다.
[ ] : 번역문과 뜻은 같으나 음이 다른 한자를 묶는다.
“ ” : 대화 등의 인용문을 묶는다.
‘ ’ : “ ” 안의 재인용, 또는 강조 부분을 묶는다.
「 」 : 편명을 묶는다.
『 』 : 책명을 묶는다.
〈 〉 : 인용된 주석을 묶는다.

해제

『송남잡지(松南雜識)』는 조재삼(趙在三 : 1808~1866)이 1855년(哲宗 6년)에 저술한 백과전서적 성격의 유서(類書)이다. 조재삼은 재야의 사인(士人)으로 호가 송남(松南)이고 자는 중기(仲璣)이며 졸수재(拙修齋) 조성기(趙聖期)의 5대손이다.

현재 『송남잡지』는 세 가지 종류가 전해진다. 하나는 임기중(林基中) 교수가 편의상 '임씨본(林氏本)'으로 칭하는 것이고 하나는 규장각 소장본이고 나머지 하나는 청주에서 프린트본으로 발간된 것이다.

임씨본은 총 7책으로 비·파·귤·율·도·매·리(枇·杷·橘·栗·桃·梅·李)로 차례가 정해져 있다. 임기중 교수는 이 책만이 『임천조씨가보(林川趙氏家譜)』에서 "송남잡지 7권을 저술하여 세상에 행(行)하고 있다[著雜識七卷印行于世]"라고 한 기록에 부합되는 유일한 현존본이며 기타 두 종과 대조한 결과 임씨본이 초고본이라는 견해를 제시하였다. 즉 규장각본과 유인본(油印本)은 각각 임씨본을 필사하고 유인(油印)했다는 것이다. 그리고 그 근거로 후자의 두 책과 전자의 편차를 비교해 보면 권차(卷次)가 흐트러져 있는데, 제책(製冊) 후에도 보충이 계속되었다는 점을 제시하였다.

규장각본(奎章閣本)은 총 14권으로 되어 있는데, 비(枇)를 1·2로, 파(杷)를 11·12로, 귤(橘)을 3·4로, 률(栗)을 10·13으로, 도(桃)를 7·8로, 리(李)를 5·6으로 편차하였으니 이는 나무의 이름으로 편차를 정하는 방법이 일반적이지 않기 때문에 생긴 오류로 보인다.

청주의 유인본은 임형택(林熒澤) 교수가 조재삼의 방손(傍孫)인 조남식(趙南植) 옹으로부터 입수하여 아세아 문화사에서 1986년에 영인하였다. 이것은 해방 후 청주 지방에서 이광(李光 : 1887~1966)씨의 주선에 의해 상·중·하 세 책으로 약간부가 유인(油印)되었다고 한다.

유인본은 필경(筆耕)하여 유인(油印)한 것으로 임씨본과 큰 차이는 없다. 단 필경(筆耕)하는 과정에서 자구(字句)의 첨삭을 가하는 교정이 이루어졌을 가능성이 있다. 그러나 규장각본은 임씨본과 제책상(製冊上) 편차에서 차이를 보일 뿐만 아니라 항목의 구성에도 다소간의 차이를 보이고 있다. 규장각본은 임씨본에 있는 항목이 다수 누락되어 있다. 그런데 제책 후 누락된 내용은 원본을 보고 항목간의 빈 공간에 채워 넣은 것으로 보인다. 이는 마치 간주(間注)의 형식처럼 보이는데 사실은 누락된 항목의 보충에 불과하다. 그것의 글씨는 알아보기 어려울 정도로 조악한 것도 있다.

임씨본 역시 결락(缺落)된 글자가 어떤 이에 의하여 가필(加筆)된 흔적이 있다. 그런데 그것은 문맹자의 소위(所爲)로 보이는 바, 전혀 문리가 닿지 않는 글자뿐만 아니라 존재하지도 않는 글자를 그려 넣었기 때문이다.

『송남잡지』는 1,743장으로 이루어진 거질로 '백과전서적 유서'라고 할 만한데, 그 구성을 살펴보면 다음과 같다.

천문류(天文類) 70항목, 세시류(歲時類) 153항목, 지리류(地理類) 189항목, 국호류(國號類) 35항목, 역년류(歷年類), 외국류(外國類) 117항목, 인사류(人事類) 40항목, 가취류(嫁娶類) 75항목, 상제류(喪祭類) 139항목, 성명류(姓名類) 71항목, 과거류(科擧類) 41항목, 문방류(文房類) 85항목, 무비류(武備類) 114항목, 농정류(農政類) 64항목, 어렵류(漁獵類) 16항목, 실옥류(室屋類) 121항목, 의식류(衣食類) 244항목, 재보류(財寶類) 77항목, 집물류(什物類) 90항목, 음악류(音樂類) 94항목, 기술류(技術類) 151항목, 구기류(拘忌類) 80항목, 선불류(仙佛類) 117항목, 상이류(祥異類) 118항목, 계고류(稽古類) 407항목, 이기설(理氣說) 33항목, 인물류(人物類), 조시류(朝市類) 119항목, 방언류(方言類) 816항목, 화약류(花藥類) 180항목, 초목류(草木類) 179항목, 충수류(蟲獸類) 207항목, 어조류(魚鳥類) 187항목으로 상위 범주가 33류이고 하위 항목이 4432항이다.

위와 같이 『송남잡지』는 한문학 · 국문학 · 국어학 · 역사학 · 철학 · 민속학 · 종교학 · 천문학 · 지리학 · 농학 · 병학 · 건축학 · 동물학 · 식물학 · 한의학 · 복식사 · 음악사 · 과학사 · 외교사 · 제도사 등 다양한 분야의 지식을 담고 있다.

『송남잡지』의 '잡지(雜識)'라는 서명은 『성호사설(星湖僿說)』의 '사설(僿說)'이나 『반계수록(磻溪隨錄)』의 '수록(隨錄)'과 같은 의미이다. 이 책은 형식적 측면에서 유서의 전통적 양식을 충실히 계승하고 있을 뿐만 아니라 작가의 선명한 의식을 드러내고 있다.

조재삼은 『송남잡지』 자서에서 저작 동기와 저술 의식을 명확히 제시하고 있으니, 그는 추상물인 '태평(太平)'의 기록과 구체적 형상을 지니고 있는 '만물(萬物)'의 문자화를 자신의 책무로 자임하였다. 그 두 가지 중에서 조재삼의 주된 서술 의식은 전자에 맞춰져 있다. 즉 조재삼은 자서에서 "『송남잡지』는 태평(太平)의 기록으로 시작하여 태평(太平)의 기록으로 끝을 맺은 책"이라고 언명하고 있다. 과연 조재삼의 말대로 『송남잡지』의 첫 항목명은 '동방왈태평(東方曰太平)'이고 마지막 항목명은 '태평봉(太平鳳)'인데다가 '태평(太平)' 두 글자로 끝을 맺고 있다. 그런데 흥미로운 점은 조재삼의 강한 민족적 의식의 자각이다. 즉 '태평'은 우리나라의 태평에 다름 아니고 만물은 우리나라에 존재하는 만물에 다름 아니다. 조재삼은 우리나라를 '태평지역(太平之域)'이라고 명명하고 있으며, 우리나라가 천하에 존재하는 만물 가운데 절반을 보유하고 있다고 말하였다. 그러므로 『송남잡지』는 외우내환으로 나라가 병들어 가던 시기에 민족적 자존과 문화적 긍지를 고양하기 위한 의식의 소산이라고 할 수 있다. 그와 같이 선명한 의식이 백과전서적 형식 속에서 증명 분석되고 있다는 점이 기존의 유서와 다른 점이라고 할 수 있다.

그렇다면 『송남잡지』의 출현 동인은 무엇인가?

임형택(林熒澤) 교수는 『송남잡지』의 출현 동인으로, "새로운 지식에 대하여 경시하는 등 고루(固陋)와 고식(姑息)에 빠진 당대의 학풍을 반성하고 진작하려는 움직임"으로 파악하였다.

지금도 백과사전은 그것을 발행한 사회나 국가의 문화적 · 학술적 수준을 평가하는 하나의 척도가 될 수 있다. 『송남잡지』를 비록 '백과전서'라고 표현하고 있기는 하지만, 현대적 용어로 달리 대체할 만한 것이 없기 때문에 편의상 사용할 뿐이다. 현대적 의미의 백과사전은 중세의 유서들이 취하고 있는 분류 체계와는 전혀 다르기 때문이다. 즉 백과사전이 글자의 배열 순서에 입각해서 편찬된다면 유서는 작가의 가치관에 의해 차서(次序)가 정해진다. 그러므로 유서로서 『송남잡지』는 현재의 백과사전과 같이 다양한 정보를 제공하는 기능을 지니고 있는 동시에 당대인들의 가치관을 명확하게 볼 수 있는 유용한 자료라고 할 수 있다.

무엇보다 간과할 수 없는 점은 『송남잡지』가 문예미학적 특성을 갖추고 있다는 점이다. 이는 중국의 『운부군옥(韻府群玉)』·『사문류취(事文類聚)』 등이 문학 창작의 중요한 공구서(工具書)로 활용된 전통을 계승한 것이다. 그리고 또 하나의 중요한 사실은 『송남잡지』가 우리나라에서 발행된 『대동운부군옥(大東韻府群玉)』과 같은 운서류와 『지봉유설(芝峯類說)』·『성호사설(星湖僿說)』·『반계수록(磻溪隨錄)』과 같은 유서류의 전통을 충실히 계승하고 있다는 점이다. 조재삼은 중세의 막바지에서 유서라는 형식을 통하여 이전의 문화적 축적을 체계적으로 정리하려고 한 것이다.

참고문헌

임형택, 「송남잡지 해제」, 『松南雜識』, 아세아문화사, 1986.

임기중, 「송남잡지 해제」, 『松南雜識』, 동서문화원, 1987.

2. 세시류歲時類

3. 지리류地理類

松南雜識 전체 차례

松南雜識 01

松南雜識 02

松南雜識 03

松南雜識 04

松南雜識 05

자서(自序)

'태평(太平)'은 모양이 없지만 기록하면 모양을 갖는다. 만물(萬物)은 형체가 있지만 기록하지 않으면 형체를 갖지 못한다. 수많은 만물 중에서 사람만이 태평의 책임을 진다. 하물며 우리나라는 예로부터 태평의 나라로 칭해지는 데다가 천하의 반이나 되는 수많은 만물을 보유하고 있음에랴.

이에 내가 책을 만들어서 두 아들 풍호(豐鎬)·리호(履鎬)에게 가르치기를 "만물을 보고서도 그 모양을 기록하지 못하고 듣고서도 그 형체를 기록하지 못한다면 등잔 밑이 어둡고 눈썹 위를 보지 못한다고 할 수 있다. 그러니 어떻게 더불어 만물의 이치를 논할 것이며 태평의 즐거움을 알 수 있겠는가?"라고 하였다.

옛사람으로 저술하는 자들은 문자에 경륜(經綸)을 의탁하였고 의리(義理)에 문자를 의탁하였다. 풀어서 흩으면 새·물고기·동물·식물이 각각 그 형체를 이루고 거두어서 품으면 책의 자획(字劃)으로 그 모양을 모두 그려냈다. 그렇지만 나는 들은 것이 적고 식견이 좁아서 감히 조심스레 취한다.

묘소(墓所)에서 은거하면서 견문을 기록하여 수개월만에 33편을 편집하였다. '태평'으로 시작하고 태평으로 끝맺으니, 우리나라 태평의 기록을 광범위하게 하여 잡다하게 기록하였다.

을묘년(1855) 8월 상한(上澣)에 송남(松南)은 스스로 서(序)한다.

1. 천문류(天文類)

‘동방’을 ‘태평’이라고 한다
東方曰太平

『이아(爾雅)』[1]에 말하였다.

북두칠성(北斗七星)이 머리 위에 뜨는 곳을 ‘공동(空桐)’이라고 하니 공동 사람들은 용맹하다. 해가 남방에 이르는 곳을 ‘단혈(丹穴)’이라고 하니 단혈 사람들은 지혜롭다. 해가 서쪽에 이르는 곳을 ‘태몽(太蒙)’이라고 하니 태몽 사람들은 신의(信義)가 있다. 해가 동방에 이르는 곳을 ‘태평(太平)’이라고 하니 태평 사람들은 어질다.[2]

---

1) 이아(爾雅) : 십삼경(十三經)의 하나. 작가・제작 연대 미상. 가장 오래된 자전으로 고어의 용법과 종목별로 분류 해석하였음. 한(漢)나라 학자들이 모든 경서(經書), 특히 『시경(詩經)』의 전주를 집록(集錄)한 것.

2) 南戴日爲丹穴, 北戴斗極爲空桐, 東至日所出爲太平, 西至日所入爲太蒙, 太平之人仁, 丹穴之人智, 太蒙之人信, 空桐之人武.(『爾雅, 釋地, 野』) → 戴北斗極爲空桐, 空

기미성의 분야
箕尾分野

『진서(晉書), 천문지(天文志)』[3]에서 "기미성(箕尾星)[4]의 분야(分野)[5]는 석목(析木)[6]의 위치"[7]라고 하였다.

반계(磻溪) 유형원(柳馨遠)[8]은 "우리나라의 분야가 한수(漢水) 북쪽은 연경(燕京)의 기미성(尾箕星)과 같고[9] 남쪽은 기두성(箕斗星)[10]이다"[11]라고 하였다.

석치(石癡) 정필조(鄭弼祚)가 "강진현(康津縣)은 북극 땅에서 몇 도(度) 나와서 황하(黃河)가 회수(淮水)[12] 어귀로 들어가는 곳과 상대가 된다. 그

桐之人武, 日至南方曰丹穴, 丹穴之人智, 至西方曰太蒙, 太蒙之人信, 至東方曰太平, 太平之人仁.(『松南雜識』)

3) 진서(晉書) : 중국 24사의 하나. 전체 130권. 본기(本紀) 10권, 지(志) 20권, 열전(列傳) 70권, 재기(載記) 30권으로 구성되어 있다. 당나라 태종(太宗)이 방현령(房玄齡) 등에게 명하여 편찬하게 한 진대(晉代)의 정사.

4) 기미성(箕尾星) : 기성(箕星)과 미성(尾星)의 두 별을 합친 이름. 기성(箕星)은 28수(宿) 가운데 창룡(蒼龍) 7수(宿)의 끝별 자리로 4개의 별이 있는데 모두 인마좌(人馬座)에 속하고 남기(南箕)라고도 한다. 미(尾)는 28수(宿) 중에 창룡(蒼龍) 7수(宿)의 여섯 번째 별자리로 9개의 별이 있는데 모두 천갈좌(天蝎座)에 속한다.

5) 분야(分野) : 옛날의 천문학자들이 온 나라 땅을 28수(宿)의 별자리와 짝지어 나누어 놓은 것을 가리킨다.

6) 석목(析木) : 별이름. 미수(尾宿)의 별명이다.

7) 『晉書, 天文志』에 "自尾十度至南斗十一度爲析木, 於辰在寅, 燕之分野, 屬幽州"라고 되어 있고 『舊唐書, 天文志, 下』에 "尾箕, 析木之次也. 寅初起尾七度"라고 되어 있으니 이것이 『松南雜識』에서 "箕尾分野析木"라고 한 내용과 일치한다.

8) 유형원(柳馨遠) : 조선의 학자(1622~1673). 자는 덕부(德夫), 호는 반계(磻溪), 본관은 문화(文化). 학문과 행실이 뛰어나서 조정에 천거되기도 하였지만 평생을 야인으로 지냈다. 저서로 『반계수록(磻溪隨錄)』이 있다.

9) 동서문화원 영인본 『松南雜識』의 "以北與燕京同"이 규장각본 『松南雜識』에는 "以北與燕同尾箕而"로 되어 있다.

10) 기두성(箕斗星) : 기성(箕星)과 두성(斗星)의 두 별을 합친 이름. 두성은 28수 가운데 현무(玄武) 7수의 첫 번째 별자리로 6개의 별이 있는데 모두 인마좌(人馬座)에 속하고 북두성(北斗星) 혹은 남두성(南斗星)이라고 일컬어지기도 한다. 28수 중에서 사방으로 연이어져 있어서 이름이 된 것은 기(箕)·두(斗)·정(井)·벽(壁)의 네 별뿐이다.

11) **嘗論本**國分野**曰**, 漢水以北, **當**與燕京同**爲尾箕**, 以南**當爲**箕斗.(『磻溪隨錄, 附錄, 傳』) → 我國分野, 漢水以北, 與燕京同, 以南箕斗.(『松南雜識』)

래서 탐라(耽羅)의 귤이 바다를 건너 강진현에 이르면 탱자가 된다"라고 하였다.

내 생각에는, 우리나라가 비록 작지만 남쪽에는 귤이 나고 북쪽에는 말이 나고, 또 소금이 생산되고 모시도 생산이 되니, 자못 연나라·제나라·오나라·초나라를 겸해서 그런 듯하다.

남기성
南箕

『시경(詩經)』[13]에서 "남쪽에 기성(箕星)이 있네[維南有箕]"[14]라고 하였는데, 그 주석에서 "기(箕)는 동방의 별이니 별을 연구하는 자들이 흔히 남방에서 관찰했기 때문에 '남기(南箕)'라고 한다"라고 하였다.

구천과 십지
九天十地

『초사(楚辭)』[15]의 주석에서 말하였다.

동방(東方)을 '호천(皥天)', 동남을 '양천(陽天)', 남쪽을 '적천(赤天)',

---

12) 회수(淮水) : 중국 안휘성(安徽省) 남쪽의 능현(陵縣) 남쪽에 있다. 옛날 사독(四瀆)의 하나였다. 회하(淮下)라고도 한다.

13) 시경(詩經) : 십삼경의 하나로 중국 최초의 시가총집(詩歌總集). 총 305편의 시가 수록되어 있다. 『시경』 소재 각 편의 창작 연대를 고증할 수 없다. 다만 모든 작품은 기원전 11세기에서 기원전 5세기 사이인 500여 년의 기간에 산생 되었다고 논정할 수 있다.

14) 『詩經, 小雅, 大東』.

15) 초사(楚辭) : 한(漢)나라의 유향(劉向)이 편집했다. 굴원(屈原)·송옥(宋玉)·경차(景差)의 여러 부(賦) 작품에 가의(賈誼)·회남(淮南)·소산(小山)·동방삭(東方朔) 등과 유향 자신의 작품을 모았다. 총 16편.

서남쪽을 '주천(朱天)', 서쪽을 '성천(成天)', 서북쪽을 '유천(幽天)', 북쪽을 '현천(玄天)', 동북쪽을 '변천(變天)', 중앙을 '균천(勻天)'이라고 한다고 하였는데, 중앙을 '중천(中天)' · '의천(義天)' · '종천(從天)' · '경천(更天)' · '수천(晬天)' · '곽천(廓天)' · '함천(咸天)' · '침천(沈天)' · '성천(成天)'이라고도 한다.

또 양수(陽數)는 일(一)에서 시작되어 구(九)에서 끝난다. 그래서 '구천(九天)'이라고 하고, 음수(陰數)는 이(二)에서 시작되어 십(十)에서 끝난다. 그래서 '십지(十地)'라고 한다. 천지간의 거리는 구만 리라고 한다.

땅 위는 모두 하늘
地上皆天

『혼천의(渾天儀)』에서 "하늘의 모양은 달걀 같다. 하늘은 크고 땅은 작은데 안팎으로 물이 있다. 땅은 기(氣)를 타고 서 있고, 물을 싣고 떠 있다. 하늘의 운행은 수레 바퀴통의 운행과 같다"[16]라고 하였다.

또 「궁천론(穹天論)」[17]에서 "하늘은 웅평하게 내리덮은 모양이 마치 삿갓과 같은데 땅의 표면을 덮고 원기(元氣) 위에 떠 있다. 비유하자면 화장품통을 엎어서 물을 누르면 물이 흐르지 않는 것과 같아서 기(氣)가 그 속에 충만해 있다"[18]라고 하였다.

지금 양력설(洋曆說)에서는 하늘이 한 층 느려서 한 층 같다. 이 칠정

---

16) 天形如鷄子, 天大地小, 表裏有水, 地乘氣而立, 載水而浮, 天運如車轂之運.(『古今事文類聚, 前集, 卷二, 天道部, 天』)

17) 궁천론(穹天論) : 『松南雜識』에는 '窮天論'으로 오기되어 있다. 궁천론은 진(晉)나라 우병(虞昺)이 주장한 천문학설의 일부이다. 『진서(晉書), 천문지(天文志)』에 우병의 궁천론에 대한 기록이 있다.

18) 天之形穹隆如笠, 而冒地之表, 浮元氣之上, 譬覆奩以抑水而不流者, 氣充其中也.(『古今事文類聚, 前集, 卷二, 天道部, 天』)

(七政)[19]이 물러나서 돌아가기에 더디고 빠르다.

『열자(列子)』[20]에서 “종일 하늘 속에 있으면서 다니고 멈춘다”[21]라고 하였으니, 땅에서부터 위는 모두 하늘임을 말한 것이다.

하늘에는 아홉 개의 층이 있다. 제일 위층에는 별이 다니고 그 아래는 태양이 다니고 제일 아래층에 달이 다닌다.

『수서(隋書)』[22]의 「원충전(袁充傳)」[23]에는 “세상이 잘 다스려질 때에는 해가 윗길로 다니고, 나라가 잘 다스려질 때에는 그 다음의 그 아랫길로 다니고, 무력으로 다스려지는 세상에는 제일 아랫길로 다닌다”[24]라고 하였다.

천하성
天河星

『아희원람(兒戱原覽)』[25]에서 “천하성(天河星)은 원기(元氣)의 영화(英華)이고 물의 정수이다. 기(氣)가 발현되어 정화(精華)가 위로 떠오른 것이다”[26]라고 하였다.

---

19) 칠정(七政) : 일(日) · 월(月)과 화(火) · 수(水) · 목(木) · 금(金) · (土)의 다섯 별. 그 운행이 절도가 있어 국가의 정사와 비슷하므로 ‘정’(政)이라 이름.

20) 열자(列子) : 중국 도가 경전의 하나. 전국 시대의 도가 열자(列子)와 그 제자가 썼다고 하나, 현전하는 8편은 진(晉)나라 장담(張湛)이 쓴 것이다.

21) 終日在天中行止.(『列子, 天瑞, 第一』)

22) 수서(隋書) : 전체 85권. 본기(本紀) 5권, 지(志) 10권, 후석(後析) 30권, 열전(列傳) 50권. 당나라 위징(魏徵) 등이 칙명을 받들어 편찬했다.

23) 원충전(袁充傳) : 『수서(隋書), 열전(列傳)』의 한 편. 원충(袁充)은 양하(陽夏) 사람으로 군정(君正)의 아들. 자는 덕부(德符). 도술(道術)을 좋아하였고 점을 잘 쳤다.

24) 太平, 日行上道, 升平, **日**行次道, 覇**代**, **日**行下道.(『隋書, 天文志, 上, 卷十九』) → 太平, 日行上道, 升平, 行次道, 覇**世**, 行下道.(『松南雜識』)

25) 아희원람(兒戱原覽) : 『원람(原覽)』이라고 약칭. 조선 말기의 학자 장혼(張混)이 어린이 교육용으로 지은 책. 순조 3년(1803)에 간행됨. 고금의 사문(事文)에서 필요한 내용을 가려 뽑아 처음 공부를 시작하는 아동들이 참고하기에 편리하도록 엮었다. 1권.

26) **天河星**, **爲**元氣之英水之精也, 氣發而**升**精華上浮者.(『兒戱原覽, 形氣』) → 元氣之

『신이기(神異記)』[27]에서 "천하성은 바다와 통한다. 어떤 사람이 뗏목을 타고 황하의 발원지를 찾아 나섰다가, 베를 짜는 부인과 소를 끌고 물가에서 물을 먹이고 있는 사나이를 보았다. 돌아와서는 엄준(嚴遵)[28]에게 물어 보았다"라고 하였다.

두보(杜甫)의 시에서 "삼협(三峽)의 은하수 그림자 흔들린다[三峽星河影動搖]"[29]라고 하였는데, 그 주석에 "점서(占書)에서 '흔들리는 것은 백성들이 피로한 형상이다'라고 하였다"라고 말하였다.

북두칠성
北斗七星

『이아(爾雅)』에서 "천추(天樞)가 하늘의 중앙을 차지하여 사시(四時)를 바르게 한다"[30]라고 하였다. 그 주석에서 "첫 번째가 '천추(天樞)'이고 두 번째가 '선(璇)'이고 세 번째가 '기(璣)'이고 네 번째가 '권(權)'이고 다섯 번째가 '형(衡)'이고 여섯 번째가 '개양(開陽)'이고 일곱 번째가 '요광(瑤光)'이다. 음(陰)에 거처하면서 양(陽)을 펼치는 까닭에 '북(北)'이라고 일컫는다"라고 하였다.

『원응록(元應錄)』에서는 "치아를 마주칠 때마다 별 하나씩 생각한다. '별'이란 괴(魁)·삭(𩲃)·환(𩴾)·행(𩲸)·필(魓)·부(𩳐)·표(魒)가 그것이다"라고 하였다.[31]

英水之精也, 氣發而精華上浮者.(『松南雜識』)

27) 신이기(神異記):『신이경(神異經)』. 1권. 구본(舊本)은 한(漢)나라 동방삭(東方朔)이 편찬했고, 진(晉)나라 장화(張華) 주석을 달았다.『수서(隋書)』에 실린 것과 서로 일치된다.

28) 엄준(嚴遵): 한(漢)나라 촉(蜀) 땅 사람. 자는 군평(君平). 성도(成都)에서 점을 치며 쳤는데, 늘 점괘를 가지고 사람들에게 오상(五常)을 가르쳤다. 하루에 백전(百錢)을 벌면 장사를 중단하고『노자(老子)』를 읽었다고 한다.

29)「각야(閣夜)」.

30)『이아(爾雅)』에 없는 내용.

오위성
五緯星

『아희원람(兒戲原覽)』에서 말하였다.

동쪽은 '세성(歲星)'이라고 하니, 12년 만에 하늘을 한 바퀴 돈다. 남쪽은 '형혹(熒惑)'이라고 하니, 741일 만에 하늘을 한 바퀴 돈다. 중앙은 '진성(鎭星)'이라고 하니, 28년 만에 하늘을 한 바퀴 돈다. 서쪽은 '태백성(太白星)'이라고 하니, 365일 만에 하늘을 한 바퀴 돈다. 북쪽은 '진성(辰星)'이라고 하니, 365일 만에 하늘을 한 바퀴 돈다.[32)]

수성
壽星

『이아(爾雅)』에서 "각항(角亢)이 수성(壽星)이다"[33)]라고 하였는데, 그 주석에서 "여러 별들의 우두머리이다"라고 하였다.

---

31) 천세사문(千歲沙門)이 송(宋) 휘종(徽宗)에게 한 말로, 자신에게 칠기(七氣)의 비결(秘訣)이 있다고 하였는데, 위의 내용은 그중의 첫 번째.

32) **五緯星**. 歲星. 東**方星**. 十二年一周天. 熒惑. 南**方星**. 七百四十日一周天. 鎭星. 中央**星**. 二十八年一周天. 太白. 西**方星**. 三百六十五日一周天. 辰星. 北**方星**. **三百六十五日一周天**.(『兒戲原覽, 附數彙』) → 東曰歲星, 十二年一周天, 南曰熒惑, 七百四十日一周天, 中央曰鎭星, 二十八年一周天, 西曰太白星, 三百六十五日一周天, 北曰辰星.(『松南雜識』)

33) 壽星, 角亢也.(『爾雅, 釋天』) → 角亢也, 壽星.(『松南雜識』)

이십팔수 경성
二十八宿經星

『문선(文選)』[34]에서 "별 중에 고요한 것이 '위(緯)'이고 움직이는 것이 '경(經)'이다. 각(角)에서부터 기(箕)까지가 동유(東維), 두(斗)에서부터 벽(壁)까지가 북유(北維), 규(奎)에서부터 삼(參)까지가 서유(西維), 정(井)에서부터 진(軫)까지가 남유(南維)이다"[35]라고 하였다.

『성수도(星宿圖)』를 살펴보니 다음과 같은 말이 있었다.

병(幷)·진(辰)의 방위는 각(角)·항(亢)이 되니 정(鄭)나라의 분야이고 갑(甲)·묘(卯)·을(乙)의 방위는 심(心)·방(房)·저(氐)가 되니 송나라의 분야이다. 간(艮)·인(寅)의 방위는 기(箕)·미(尾)가 되니 연(燕)나라의 분야이고 축(丑)·간(艮)의 방위는 우(牛)·두(斗)가 되니 오(吳)나라의 분야이다. 임(壬)·자(子)·계(癸)의 방위는 위(危)·허(虛)·여(女)가 되니 제(齊)나라의 분야이고 건(乾)·해(亥)의 방위는 벽(壁)·실(室)이 되니 위(衛)나라의 분야이다. 건(乾)·술(戌)의 방위는 루(婁)·규(奎)가 되니 노(魯)나라의 분야이고 경(庚)·유(酉)·신(辛)의 방위는 필(畢)·묘(昴)·위(胃)가 되니 조(趙)나라의 분야이다. 곤(坤)·신(申)의 방위는 삼(參)·자(觜)가 되니 진(晉)나라의 분야이고 미(未)·곤(坤)의 방위는 귀(鬼)·정(井)이 되니 진(秦)나라의 분야이다. 병(丙)·오(午)·정(丁)의 방위는 장(張)·성(星)·유(柳)가 되니 주(周)나라의 분야이고 손(巽)·사(巳)의 방위는 진(軫)·익(翼)이 되니 초(楚)나라의 분야다.

『고금운회(古今韻會)』에는 "일도(一度)가 이천 구백여 리이다"라고 하였다.

---

34) 문선(文選) : 전체 60권. 중국 양(梁)나라 소명태자(昭明太子) 소통(蕭統)이 편찬했기 때문에 '소명문선(昭明文選)'이라고도 한다. 진한(秦漢)부터 제량(齊梁)까지의 시문(詩文)을 모았는데 고금의 총집류(總集類)의 시초다.

35) 『문선(文選)』에 없는 내용임.

세성은 우리를 수호한다
歲星守我

지봉(芝峯) 이수광(李睟光)[36]은 "만력(萬曆)[37] 정축년(1577)에 치우성(蚩尤星)[38]이 기미성(箕尾星)에서 나왔는데, 이 해에 왜구가 난리를 일으키려는 모의가 있었다"[39]라고 하였고, "임진년에는 세성(歲星)이 우리를 수호하였는데 왜구가 침입하자 사람들은 비록 패하였어도 반드시 수복할 것이라고 여겼다"[40]라고 하였으니, 곧 월(越)나라에 세성(歲星)이 비추자 오(吳)나라가 정벌 당한 것과 같다.

노인성
老人星

『한서(漢書), 천문지(天文志)』[41]에서 "노인성은 추분(秋分)에 남쪽 교외에서 살피기에 중국에서는 이 별이 늘 보이지는 않는다. 만약 보이면

36) 이수광(李睟光) : 조선의 문신 · 학자(1563~1628). 자는 윤경(潤卿), 호는 지봉(芝峯). 1592년을 전후로 여러 차례 명나라에 사신을 가서 그곳에 와 있던 마테오릿치의 『천주실의(天主實義)』·『중우론(重友論)』 및 유변(劉汴) · 심인기(沈遴奇)의 『속이담(續耳潭)』을 얻어왔다. 1614년 『지봉유설(芝峯類說)』을 간행함으로써 우리나라 최초로 천주교와 서양 문물을 소개하여 실학(實學) 발전의 선구자가 되었다.

37) 만력(萬曆) : 명나라 신종(神宗)의 연호로 1573~1620년.

38) 치우성(蚩尤星) : 별이름. 치우기(蚩尤旗)라고도 한다. 혜성(彗星)과 비슷하지만 뒤가 굽어 있다. 이 별이 나타나면 전쟁이 일어난다고 한다.

39) 萬曆丁丑, 蚩尤旗出尾箕**星**, **乃燕分**, **與我國同分野**, **其長竟天**, **累月不滅**, 是歲**日本**倭**酋平秀吉**, **始**有犯順之謀.(『芝峯類說, 卷一, 災異部, 災眚』) → 萬曆丁丑, 蚩尤旗出尾箕**尾**, 是歲倭有犯順之謀.(『松南雜識』)

40) **萬曆**壬辰, 歲星守我**國分野**, 而倭**賊**入**寇**, 人以爲國家雖**喪**敗, **終**必**興**復.(『芝峯類說, 卷一, 天文部, 星』) → 壬辰, 歲星守我, 而倭入, 人以爲國家雖敗, 必復.(『松南雜識』)

41) 한서(漢書) : 『후한서(後漢書)』와 상대되는 까닭으로 이렇게 부른다. 『서한서(西漢書)』라고도 한다. 전체 120권. 본기(本紀) 12권[후석(後析) 13권], 표(表) 8권[후석(後析) 10권], 지(志) 10권[후석(後析) 18권], 열전(列傳) 70권[후석(後析) 79권]. 동한(東漢)의 반고(班固)가 편찬했다.

천하가 잘 다스려져서 평화로우며 장수하고 창성한다"[42]라고 하였다.

지금 한라산에서는 이 별이 항상 보이는데, 모양은 반달과 같다. 그래서 우리나라에서는 '수역(壽域)'이라고 한다.

촉성
燭星

「천관서(天官書)」[43]에서 "모양이 태백성(太白星)[44]같은데 그것이 나타나면 운행하지 않고, 보이면 사라진다. 별 같지만 별이 아니고 구름 같지만 구름이 아니기에, '귀사(歸邪)'라고 명명하였다. 귀사가 출현하면 반드시 귀국하는 사람이 있다"[45]라고 하였다.

한(漢)나라 원봉(元鳳)[46] 4년(B.C. 77)에 촉성(燭星)이 규성(奎星)[47]과 누성(婁星)[48] 사이에 나타났다.

왕시
枉矢

『고금운회(古今韻會)』[49]에서 "별 이름이다. 모양은 대류성(大流星)[50]과

42) 老人見治安, 不見兵起, 常以秋分時, 候之南郊.(『前漢書, 天文志, 第六』)→秋分候之南郊則中國不相見, 見則治平壽昌.(『松南雜識』)

43) 천관서(天官書) : 『사기(史記)』의 편명.

44) 태백성(太白星) : 별이름. 금성(金星)의 별명.(『이아(爾雅), 석천(釋天)』)

45) 燭星狀如太白, 其出也不行, 見則滅 …… 如星非星, 如雲非雲, 命曰歸邪, 歸邪出, 必有歸國者.(『史記, 天官書, 第五』)

46) 원봉(元鳳) : 한나라 소제(昭帝)의 연호. B.C. 80~B.C. 75.

47) 규성(奎星) : 28수(宿)의 하나. 백호(白虎) 7수(宿) 가운데 첫 번째 별자리. 주로 문운(文運)을 담당한다.

48) 누성(婁星) : 28수(宿)의 하나. 백호(白虎) 7수(宿)의 두 번째 별자리. 규수(奎宿)의 서남쪽, 위수(胃宿)의 동남쪽에 위치한다.

비슷하며 구불구불 운행하면서 검푸르다. 그것을 바라보면 모피 옷의 털이나 그물의 눈 같은 모양이 있다"[51]라고 하였으니, 대개 별의 이종(異種)이다.

혜패
彗孛

운서(韻書)에서 "혜(彗)는 소죽(掃竹)[52]이니 그 모양이 빗자루 같다. 곧 참창(攙搶)[53]이다"라고 하였다.

당시(唐詩)에 "황제의 깃발이 참창을 쓸었다[黃帝旌旗掃攙搶]"라고 하니, 바로 묵은 것을 제거하고 새 것을 펼치는 형상이다. 또 '패(孛)'는 그 모양이 환하여 눈부신 빛이 있다.

『당서(唐書)』에서 "어떤 별이 허성(虛星)과 위성(危星) 사이에서 환히 빛난다[有星孛于虛危]"[54]라고 한 말이 그것이다.

민간에서는 '미성(尾星)'이라고 부르는데 각각 그 색으로 그 분야를 살펴 병화(兵火)·상사(喪事)·수재(水災)·한재(旱災)·역질(疫疾)·흉년(凶年)의 감응(感應)으로 여긴다. 우리나라에도 언젠가 그런 일이 있어서 대신들이 관료들을 모아 놓고 기름을 태워서 혜성의 빛을 소멸시키는 일에 대해서 의논한 적이 있다.

---

49) 고금운회(古今韻會): 일명은 『운회(韻會)』. 전체 30권. 중국 원(元)나라 황공소(黃公紹)가 편찬했다. 고운(古韻)에서는 206부(部)로 나누었는데 당송(唐宋) 시대에도 그것을 바꾸어 사용하지 않았다. 그러나 황공소는 이 책에서 107운(韻)으로 바꾸어 사용했다. 이 책은 현전하지 않는다.

50) 『松南雜識』에는 '火流'로 오기되어 있음.

51) 星名. 狀類大流星. 蛇行而倉黑, 望之如有毛目.(『韻府群玉, 枉矢』)

52) 소죽(掃竹): 중국어 사투리. 혜성(彗星)의 속칭(俗稱)인 '소추성(掃箒星)'을 의미한다.

53) 참창(攙搶): 혜성(彗星)의 이름. 일설에는 요성(妖星)의 이름이라고도 한다. 『이아(爾雅), 석천(釋天)』에서는 '참창(攙搶)'이라고 했다.

54) 『舊唐書, 卷三, 本紀, 第三, 太宗, 下』.

남노성(南老星)[55]이 말하였다.

"이것은 복성(福星)[56]입니다. 노(魯)나라는 재앙이 없는 것을 '천기(天棄)'라고 하고 초나라는 난리가 많은 것을 '정훈(正訓)'이라고 하였소. 임금이 이로부터 경계하고 두려워하며 덕을 닦고 모든 관료들도 크게 신칙하여 직분을 받든다면 어떤 복이 이와 같겠소?"

대신들이 노하여 나가자, 남노성이 일어나서 말하였다.

"혜성이 나오니 노인성(老人星)이 크게 패하였다."

달이 묘성을 침식하다
月食昴

『당서(唐書)』에서 말하였다.

태종(太宗)[57]이 구자국(龜玆國)[58]을 토벌하자 이날 밤에 달이 묘성(昴星)을 침식하였다. 조서(詔書)에서 "달은 음의 정기로 형벌을 행할 조짐이고 묘성(昴星)은 오랑캐의 분야이니 그 운수도 끝났다"라고 하였다.[59]

---

55) 남노성(南老星) : 조선 중기의 문신(1603~1667). 본관은 의령(宜寧), 자는 명서(明瑞), 호는 운곡(雲谷). 병조참판 · 호조참판 · 동지의금부사를 역임했다.

56) 복성(福星) : 별이름. 목성(木星)의 별명.

57) 태종(太宗) : 당나라 제2대 황제(598~649). 이세민(李世民). 수(隋)나라 말기에 아버지 고조(高祖)를 도와 당을 건국했고 진왕(秦王)에 봉해졌다. 문무(文武)에 능했으며 천하를 잘 다스려 세상 사람들이 '정관(貞觀)의 치(治)'라고 했다.

58) 구자국(龜玆國) : 나라 이름. 지금의 신강성(申疆省) 고거현(庫車縣)과 사아현(沙雅縣) 사이에 있던 나라로 『당서(唐書)』에는 구자(丘玆)로 표기하기도 한다.

59) 太宗 …… 是夜月食昴, 詔曰, 月陰精, 用刑兆也, **星**胡分, 數且終.(『新唐書, 卷二百二十一, 上, 列傳, 西域』) → 太宗**討龜玆**, 是夜月食昴, 詔曰, 月陰精, 用刑兆也, **昴**胡分, 數且終.(『松南雜識』)

또 숙종(肅宗)[60] 병신년(756)에 별이 묘성을 범하자, 위견소(韋見素)[61]가 말하였다.

"묘성은 오랑캐를 의미하니 안록산(安祿山)[62]이 장차 죽을 것입니다. 아마도 내년 갑인일(甲寅日)에 죽을 것입니다."[63]

세상에서 전하는 말에 "묘성은 곧 모두성(旄頭星)이다. 본래는 일곱 개의 점인데 몽고가 중원으로 들어와 황제가 되면서부터 그중에 한 점이 태미원(太微垣)[64]으로 들어가서 여섯 개의 점이 되더니, 명나라 때에는 다시 나와서 묘성의 자리를 차지하였다. 청나라가 들어오게 되어서는 다시 미원성(微垣星)으로 들어왔다"라고 한다.

---

60) 숙종(肅宗) : 당나라의 12대 황제(711~762). 성은 이(李), 이름은 형(亨). 안녹산의 난이 일어나 현종이 촉나라로 달아나자 황제에 즉위하여 양경(兩京)을 수복했다. 재위 기간은 756~762년.

61) 위견소(韋見素) : 당나라 사람. 자는 회미(會微). 양국충(楊國忠)과 안록산(安祿山)이 현종(玄宗)의 총애를 다툴 때 중재를 했다. 안록산(安祿山)이 난을 일으키자 현종(玄宗)을 호위하여 촉(蜀)으로 갔다. 숙종(肅宗)이 즉위한 뒤에는 태자태사(太子太師)에 임명되었다.

62) 안록산(安祿山) : 당나라 영주(營州) 출신. 본래 성은 강(康), 이름은 아락산(阿犖山) 혹은 알락산(軋犖山). 어머니의 재혼으로 안(安)으로 성을 바꿨다. 현종(玄宗)의 총애를 받으며 양귀비의 양아들이 된 뒤 반란을 일으켰지만 결국 실패하고 아들에게 살해되었다.

63) 是歲十月丙申, 有星犯昴, 見素言於帝曰, 昴者, 胡也, 天道譴見所應在人, 祿山將死矣. …… 明年正月甲寅, 祿山其殪乎.(『新唐書, 卷一百十八, 列傳, 第四十三, 張韋韓宋辛二李裴』) → 肅宗丙申, 韋見素曰, 昴者, 胡也, 祿山將死, 明年甲寅, 其殪乎.(『松南雜識』)

64) 태미원(太微垣) : 별이름. 삼원(三垣)의 제일 위에 있다. 북두성(北斗星)의 남쪽, 진익성(軫翼星)의 북쪽에 위치한다. 10개의 별로 구성되어 있다.

해와 달의 암 · 수
日月雌雄

장형(張衡)[65]은 『영헌(靈憲)』에서 "해는 태양의 정기이니 쌓이면 새의 모양이 된다. 까마귀는 양(陽)의 종류이며 그 수는 홀수이다. 달은 음(陰) 정기의 종주(宗主)로 쌓이면 짐승의 모양이 된다. 토끼는 음의 종류이고 그 수는 짝수이다"[66]라고 하였다.

『태현경(太玄經)』[67]에서 "해와 달의 간지(干支)의 차례[日月雌雄之序]"라고 한 것은 크고 작은 달을 말한다.

『황제소문(黃帝素問)』[68]에서 "달의 생사(生死)는 이지러지고 차는 것으로 말한다"라고 하였다.

『아희원람(兒戲原覽)』에서 "해는 크고, 달은 그보다 작다"[69]라고 하였고, 「오행지(五行志)」에서는 "초하루에 달이 동방에서 나타나니 '측특(仄慝)'이라 한다"[70]라고 하였다.[71]

---

65) 장형(張衡) : 동한의 사부작가 · 시인 · 과학자(78~139). 하남(河南) 남양서악(南陽西鄂) 출신. 자는 평자(平子). 월식을 관찰하고 '혼천설(渾天說)'을 주장하였으며, 그의 『영헌(靈憲)』은 당시의 천문 지식을 총결한 것이다. 시부(詩賦)에도 능하여 「이경부(二京賦)」·「귀전부(歸田賦)」 등의 작품이 있다.

66) 日者太陽之精, 積而成鳥象, 烏陽之類, 其數奇, 月者, 陰精之宗, 積而成獸象, 兎陰之類, 其數耦.(『佩文韻府, 象兎』)

67) 태현경(太玄經) : 한(漢)나라 양웅(揚雄)이 『주역(周易)』을 모방하여 만든 책으로, 진(晉)나라 범망(范望)이 주석을 달았다. 특히 범망은 송충(送衷)과 육적(陸績)의 주석을 산정하여 지금의 판본을 확정이었다. 전체 10권.

68) 황제내경소문(黃帝內經素問) : 황제(黃帝)와 명의(名醫) 기백(岐伯)의 문답을 기록한 글이다. 당나라 왕빙(王氷)의 주석본이 가장 좋다. 전체 24권.

69) 日輪大, 月輪較小.(『兒戲原覽, 形氣』)

70) 朔而月見東方, 謂之仄慝.(『前漢書, 卷二十七, 五行志』)

71) 규장각본 『松南雜識』에는 다음 문장이 첨기 되어 있다. "『산해경(山海經)』에서 '대황(大荒) 가운데 대(大)라는 산이 있으니 해와 달이 나오는 것을 말한다'고 했다[山海經曰大荒之中, 有山, 名曰大, 言日月所出]."

달의 본체는 본래 검다
月體本黑

『주비산경(周髀算經)』[72]에서 "해는 불과 같고, 달은 물과 같다. 불이기에 빛을 내고, 물이기에 그림자를 머금는다. 달빛은 해가 비추는 데서 생기고, 달의 혼백은 해가 가리는 데서 생겨난다. 해를 마주하면 빛이 가득 차고, 해에 가까우면 빛이 소진된다"[73]라고 하였다.

지봉(芝峯) 이수광(李睟光)은 "개기월식(皆旣月蝕)이 되면 그 색이 검은데 달 속에 너울너울한 것이 산하(山河)의 그림자도, 바닷물의 그림자도, 염부수(閻扶樹)[74]의 그림자도 아니다"[75]라고 하였으니, 밖에서 비록 햇빛이 비추더라도 검은 테두리가 있으니 대개 안에 있는 본 바탕 때문이다. 그러므로 불서(佛書)에서는 '보름 전'을 '백월(白月)'이라고 하고 '보름 후'를 '흑월(黑月)'이라고 한다.

「흉노전(匈奴傳)」에서 "달이 이지러지면 퇴각한다"[76]라고 하였다. 그러므로 당시(唐詩)에서 "달은 검은데 기러기 높이 난다[月黑雁飛高]"[77]라고 하였다.

---

72) 주비산경(周髀算經) : 고대 중국에서 만든 천문 산술서(天文算術書). 일명 『주비(周髀)』. 2권.

73) 日猶火, 月猶水, 火則施光, 水則含影, 故月光生於日所照, 魄生於日所蔽, 當日則光盈, 近日則明盡.(『古今事文類聚, 卷二, 天道部, 日』)

74) 염부수(閻扶樹) : 불교에서 말하는, 수미산(須彌山)의 남쪽 염부주(廉夫洲)에 나는 교목 이름.

75) **余謂**月**蝕**旣, 則其色**暗**黑, **此可知矣**, **淮南子曰**, 月中**有物**婆娑, **乃**山河影.(『芝峯類說, 卷一, 天文部, 日月』) → 月**食**旣, 則其色黑, 月中婆娑, **非**山河影**海水影閻扶樹影也**.(『松南雜識』)

76) 月虧則退**兵**.(『史記, 匈奴傳』) → 月虧則退.(『松南雜識』)

77) 노륜(盧綸)의 「새하곡육수(塞下曲六首)」.

달무리

月暈

『회남자(淮南子)』[78]에서 “창 아래 비치는 달빛을 따라 갈대 재로 원을 그리다가 한 쪽을 빠지게 하면 달무리도 그 쪽 귀퉁이가 빠진다”[79]라고 하였는데, 그 주석에는 “갈대 재로 달빛을 따라 달을 둥글게 그리다가 그 한 쪽 면을 이지러지게 하면 달무리도 따라서 이지러진다”[80]라고 하였다.

『위서(魏書)』에서 말하였다.

> 달무리의 왼쪽에 뿔이 생기니 조숭(晁崇)[81]이 “뿔난 짐승이 장차 죽을 것입니다”라고 말하였다. 이 해에 소 열 일곱·여덟 마리가 죽었고 고라니·사슴 역시 그러하였다.[82]

황정견(黃庭堅)[83]의 “범이 젖을 먹이니 달에 무리가 생긴다[虎乳月生暈]”[84]는 시구가 이것이다.

---

78) 회남자(淮南子) : 한(漢)나라 회남왕(淮南王) 유안(劉安)이 편찬했다. 이 책은 원래 내편(內篇)과 외편(外篇)으로 이루어져 있었는데, 현전하는 것은 내편(內篇)이다. 전체 21권.

79) **畫**隨灰而月**運闕**.(『淮南鴻烈解, 卷六, 覽冥訓』) → 月隨灰, 而**暈缺**.(『松南雜識』)

80) 以蘆草灰, 隨牖下月光中, 令圜畫, 缺其一面, 則月運亦缺於上也.(『淮南鴻烈解, 卷六, 覽冥訓』의 주석) → 蘆灰環月缺其一面, **則月**暈亦缺.(『古今事文類聚, 前集, 卷二, 天道部, 日』) → **以**蘆灰環月缺其一面, 暈亦**隨灰而**缺.(『松南雜識』)

81) 조숭(晁崇) : 후위(後魏) 양평(襄平) 출신. 자는 자업(子業). 집안 대대로 사관(史官)이었으며 천문(天文)과 술수(術數)를 잘 했다.

82) 月暈左角, 崇**奏占爲**角**蟲**將死 …… 是歲**天下**牛死**者**, 十七八, 麋鹿亦**多死**.(『北史, 卷八十九, 列傳, 第七十七, 藝術 上』) → **魏史**, 暈月左角. **晁崇云**, 角**虫**將死, 是歲牛死十七八, 麋鹿亦**然**.(『松南雜識』)

83) 황정견(黃庭堅) : 송나라 분영(分寧) 출신. 자는 노직(魯直), 호는 산곡도인(山谷道人). 진관(秦觀)·조보지(晁補之)·장뢰(張耒)와 함께 소식(蘇軾)의 문하에서 교유하여 ‘소문사학사(蘇門四學士)’라 불린다.

84) 「사월무신부염만세산중앙회외구사사후(四月戊申賦鹽萬歲山中仰懷外舅謝師厚)」.

고토
顧兎

굴원(屈原)[85]의 「천문(天問)」에서 "그 이로움이 무엇이기에 고토(顧兎)가 달의 뱃속에서 있는가?[厥利維何而顧兎在腹]"라고 하였는데, 그 주석에서 "고토(顧兎)는 달 속의 토끼"라고 하였다. 한유(韓愈)[86]가 달을 읊은 시에서 "깨끗함을 달 속의 토끼와 나누네[淨堪分顧兎]"[87]라고 한 것은 대개 여기에서 나왔으니 토끼를 보름달로 여기는 설(說)로써 말한 듯하다.

일식 · 월식
日月食

옥천자(玉川子) 노동(盧仝)[88]은 "달 속에서 두꺼비가 먹는다[月中蝦蟆食]"라고 하였고, 『회남자(淮南子)』[89]에서는 "달은 천하를 비추고 두꺼비에게 먹힌다"[90]라고 하였으며, 『전국책(戰國策)』[91]에서는 "해와 달이 밖에서 빛나지만 그 적은 안에 있다"[92]라고 하였다.[93]

---

85) 굴원(屈原) : 전국 시대(全國時代) 초(楚)나라 사람. 이름은 평(平), 별호는 영균(靈均). 박학하고 기억을 잘 했고 치란(治亂)에 밝았다. 초(楚)나라의 삼려대부(三閭大夫)가 되어 회왕(懷王)의 총애를 받았지만 간신의 모함을 받고 귀양가서 멱라수(汨羅水)에 빠져 죽었다.

86) 한유(韓愈) : 당나라의 문인 정치가(768~824). 자는 퇴지(退之), 호는 창려(昌黎). 당송팔대가의 한 사람으로, 사륙변려문을 비판하고 고문(古文)을 주장했다. 시문집에 『창려선생집』 등이 있다.

87) 「화최사인영월이십운(和崔舍人詠月二十韻)」.

88) 노동(盧仝) : 당나라의 시인. 호는 옥천자(玉川子). 제원(濟源) 출신. 박학하고 시를 잘 지었다. 그가 일찍이 월식(月蝕)에 관한 시를 지었는데 한유(韓愈)가 그것을 뛰어나다고 칭찬했다.

89) 『松南雜識』에는 '戰國策'으로 오기되어 있음.

90) 月照天下, 食於詹諸.(『淮南鴻烈解, 卷十七, 說林訓』) → 月照**於**天下, 食於詹諸.(『松南雜識』)

91) 『松南雜識』에는 '梅聖兪'로 오기되어 있음.

92) 日月**暉**於外, 其賊在**於**內.(『戰國策』) → 日月**凋**於外, 其賊在內.(『松南雜識』)

경방(京方)[94]은 "임금이 약하고 신하가 강하니 사마(司馬)[95]가 병사를 거느리고 거꾸로 그 임금을 정벌한다"라고 하였다.

『위사(魏史)』에는 "일식(日食)이 일어나더니 을유년에 성제(成濟)의 변란이 있었다"[96]라고 하였다.[97]

기린이 싸우고 고래가 죽으면
麟鬪鯨死

『박물지(博物志)』[98]에서 "기린(麒麟)이 싸우면 일식(日蝕)이 일어나고 고래가 죽으면 혜성(彗星)이 출현하며, 아이가 울면 아낙네의 젖이 나온다"[99]라고 하였다. 유신(庾信)[100]의 글에 "구름이 일면 숨었던 거북이가

---

93) 이상의 내용은 소식(蘇軾)의 『구지필기(仇池筆記), 일월식(日月蝕)』의 "玉川子月蝕詩, 以蝕者月中蝦蟆蟆也. 梅聖兪作日蝕詩云, 食日者三足烏也, 此因俚說以寓意也. 戰國策, 日月輝於外, 其賊在內, 則俚說亦當矣"을 인용하는 과정에서 착오가 생긴 것으로 보임.

94) 경방(京方) : 한(漢)나라 돈구(頓丘) 출신. 자는 군명(君明), 본래 성은 이(李). 추율(推律)하여 스스로 경씨(京氏)로 고쳤다. 특히 재변(災變)을 잘 알았다. 그의 학설은 은가(殷嘉)·요평(姚平)·승홍(乘弘) 등에게 전수되었다. 저서로 『경씨역전(京氏易傳)』이 있다.

95) 사마(司馬) : 군무(軍務)를 담당하는 관리.

96) 京房**易占曰**, **日蝕**, **乙酉**, 君弱臣强, 司馬將兵, 反征其**王**. **五月有**成濟之變.(『晉書, 卷十二, 志, 第二』) → 京房**云**, 君弱臣强, 司馬將兵, 反征其**君**. **魏史**, **日蝕**, **乙酉**, **有**成濟之變.(『松南雜識』)

97) 규장각본 『松南雜識』에는 "玉川子"앞에 "芝峯曰"이 있다.

98) 박물지(博物志) : 구본(舊本)은 진(晉)나라 장화(張華)가 편찬했다. 원본은 없고 지금의 것은 뒷사람들이 남은 글과 여러 가지 잡다한 글들을 모아서 만든 것이다. 송나라 이석(李石)의 『속박물지(續博物志)』 10권은 장화(張華)의 것을 보완하여 만들었다. 전체 10권.

99) 麒麟鬪而日**月**食, 鯨魚死而彗星出, 嬰兒號**而母**乳出.(『博物志』) → 麒麟鬪而日蝕, 鯨魚死而彗星出, 嬰兒**啼**號**則婦**乳出.(『松南雜識』)

100) 유신(庾信) : 남북조(南北朝) 시대 신야(新野) 출신. 자는 자산(子山). 여러 책을 두루 보았는데 특히 『좌씨춘추(左氏春秋)』에 정통했다. 문장이 아름다워 서릉(徐陵)과 이름을 나란히 하여 세상에서 서유체(徐庾體)라고 했다. 병려문을 집대성하여 후인들이 추종했다. 저서로 『유자산집(庾子山集)』이 있다.

기어 나오고 별이 뜨면 고래가 나온다[雲生伏龜, 星出鯨魚]"[101]라고 하였다.

촉룡
燭龍

『산해경(山海經)』[102]에서 "천부족(天不足) 서북쪽은 음양(陰陽) 소식(消息)이 없는데 용 한 마리가 불을 입에 물고 천문(天門)을 비추니 이것을 촉룡(燭龍)이라고 한다. 이는 곧 종산(鍾山)의 신이니 일명 '촉음(燭陰)'이라고도 한다. 눈을 뜨면 낮이 되고, 눈을 감으면 밤이 되며, 입김을 내불면 겨울이 되고, 입김을 들이마시면 여름이 된다. 몸의 길이는 천 리나 되고, 사람 얼굴에 뱀의 몸을 하고 있으며 붉은 색이다"[103]라고 하였다.

원
鼆

『산해경(山海經)』에서 "여화월모국(女和月母國)에 어떤 사람이 있는데 이름을 '원'이라고 한다. 동쪽의 제일 가장자리에 살면서 해와 달을 멈추게 하여 뒤바뀌어 나오지 않도록 한다"[104]라고 하였다. 또 "대황(大荒)

---

101) 「주대장군사마예비(周大將軍司馬裔碑)」.

102) 산해경(山海經) : 작자 연대 미상의 고대 중국의 지리책. 낙양(洛陽)을 중심으로 산맥 · 하천 · 산물 · 산신 · 전설 등이 기록되어 있음. 5책.

103) 西北海之外, 赤水之北, 有章尾山, 有神, 人面蛇身而赤, 直目正乘, 其瞑乃晦, 其視乃明, 不食不寢不息, 風雨是謁, 是燭九陰, 是謂燭龍.(『山海經, 卷十七, 大荒北經』), 鍾山之神, 名曰燭陰, 視爲晝, 瞑爲夜, 吹爲冬, 呼爲夏, 不飮不食不息, 息爲風, 身長千里, 在無脊之東, 其爲物, 人面蛇身赤色.(『山海經, 卷八, 海外北經』) → 天不足西北, 無陰陽消息, 有龍啣火照天門, 是謂燭龍, 卽鍾山神, 一名燭陰, 視爲晝, 瞑爲夜, 吹爲冬, 呼爲夏, 身長千里, 人面蛇身而赤色.(『松南雜識』)

104) **有**女和月母**之**國, 有人, 名曰鼆, …… **是**處東極隅, 以**止**日月, 使無相間出.(『山海經, 大荒東經, 第十四』) → 女和月母國, 有人, 名曰鼆, 處東極隅, 以**主**日月, 使無相間出.

한가운데에 산이 있으니 대언산(大言山)이라고 하는데 해와 달이 이곳에서 나온다"[105]라고 하였다.

증기가 노을이 된다
氣蒸爲霞

『아희원람(兒戱原覽)』에서 "노을이란, 곤륜산(崑崙山)에 있는 오색의 물 중에서 붉은 물의 기가 위로 쪄 올라 만들어진 것"[106]이라고 하였다.

『세설신어(世說新語)』[107]에서 이른바 "멀리 노을 같은 층층의 성과 붉은 누각을 바라본다"[108]라는 것이다.

흰 기운은 승리할 군사
白氣雄軍

「천문지(天文志)」에 "적군 위의 기운이 한 필의 비단과 같은 것, 이는 옹군(雍軍)의 기운이니 공격할 수 없다"[109]라고 하였다.

조선 세종(世宗) 때에 최윤덕(崔潤德)[110]이 서쪽을 정벌하러 가서 전투

(『松南雜識』)

105) 大荒之中, 有山, 名曰大言, 日月所出.(『山海經, 大荒東經, 卷十四』)

106) 霞者, 崑崙山, 有五色水, 赤水之氣, 上蒸爲霞.(『兒戱原覽, 形氣』)→霞者, 崑崙山, 有五色水**而**赤水之氣, 上蒸爲霞.(『松南雜識』)

107) 세설신어(世說新語) : 일명은 세설(世說). 전체 3권. 남조(南朝) 송나라 유의경(劉義慶)이 편찬했고 유효표(劉孝標)가 주석을 붙였다.

108) 遙望層城丹樓**如**霞.(『世說新語, 言語, 第二』)→遙望層城丹樓**紫**霞.(『松南雜識』)

109) 敵上氣, 如一匹帛者, 此**雍**軍之氣, 不可攻.(『隨書, 卷二十一, 志, 第十六, 天文, 下』)→敵上氣, 如一匹帛者, 此**雄**軍之氣, 不可攻**也**.(『松南雜識』)

110) 최윤덕(崔潤德) : 조선 초기의 무신(1376~1445). 자는 여화(汝和)·백수(伯修), 호는 임곡(霖谷). 무과에 급제한 이후, 이종무(李從茂)와 함께 대마도(大馬島)를 정벌하는 등의 공을 세웠다.

를 하려고 할 때 흰 기운이 있더니 크게 승리하였다.[111]

지봉(芝峯) 이수광(李睟光)이 "계사년(1593) 정월 초하루에 흰 기운이 하늘에 뻗치더니 칠 일이 지난 뒤에 명나라 군사가 평양에서 승리하였다"[112]라고 하였다.

대체로 흰 기운에 대해서 『징비록(懲毖錄)』[113]에 다음과 같은 이야기가 있다.

> 선조 12년에 징험이 있었는데, 민간에서 이런 이야기가 전한다.
>
> 평양의 백성 중에 어떤 여자아이가 태어났는데 울지를 않았다. 대여섯 살이 되었는데도 말도 못하고 걷지도 못하며 대소변도 자리에 쌌다. 오직 먹기만 하고 이불에 엎드려 얼굴을 보이지 않으니 부모는 그를 벙어리 바보라고 하였다.
>
> 하루는 아버지가 소를 팔기 위하여 문을 나서려고 하자 갑자기 아버지를 부르면서 말하였다.
>
> "이 소를 잃어버릴 것이니 가시면 안됩니다."
>
> 아버지는 신통하게 생각을 하고 대답을 하였다. 그러나 들어주지 않고 나오는데 또 부르면서 말하였다.
>
> "만약 소를 잃어버리면 빨리 아무 동네의 수양버들 아래 집을 찾아가 보십시오."

---

111) 天文志云, 敵上氣, 如匹帛者, 此雄軍之氣, 不可攻也. 若在我軍上, 戰必大勝, **按**, 世宗朝, 崔閏德, 西征**時**將戰, 軍上**忽**有白氣**如匹帛**, **日官曰大勝之兆**, **果**大捷.(『芝峯類說, 卷一, 災異部, 災眚』)→天文志云 敵上氣, 如匹帛者, 此雄軍之氣, 不可攻也. **我**世宗朝, 崔閏德, 西征, 將戰, 軍上有白氣, 大捷.(『松南雜識』
*『芝峯類說』에서 인용한 사실을 밝히지 않았음.

112) 癸巳元日, 白氣**三道**, **自西北**亘天, **横貫太陽**, **傍有雙虹圍暈二匝**, **識者**, **以爲勝敵之象**, 越七日, 天兵克平壤.(『芝峯類說, 卷一, 災異部, 災眚』)→癸巳元日, 白氣亘天, 越七日, 天兵克平壤.(『松南雜識』)

113) 징비록(懲毖錄) : 조선 중기의 문신(文臣). 유성룡(柳成龍)의 임진왜란 수기(手記). 이 책은 1592~1598년까지 7년 간의 기사(記事)로 임진왜란이 끝난 뒤 저자가 벼슬에서 물러나 한가로이 지낼 때 저술한 것이다.

아버지가 평양 시장에 가서 흥정이 이루어질 즈음에 주막에 들어갔다가 나오자 소가 없어졌다. 바로 딸의 말을 생각해 내고는 그곳을 찾아가 보니 과연 소가 매여 있었다.

당시 흰 기운이 하늘에 뻗쳐 있어서 사람들이 모두 불안해하고 어수선하였다. 아이가 스스로 일어나 마당으로 걸어나와 하늘을 올려다보고 "해롭지 않습니다"라고 하더니, 15년 뒤에 사변(事變)[114]이 생겼다고 한다.

암수 무지개
雌雄虹

『아희원람(兒戲原覽)』에서 "무지개는 선명한 것이 수컷이고 어두운 것이 암컷이다"[115]라고 하였다.

『이아(爾雅)』의 주석에서 "예(霓)는 암무지개이다[蜺雌虹也]"라고 하였다. 무지개가 계곡 물을 마시다가 물 속에 물건이 있는가 의심하고는 형체를 이루어 기운을 불어 내니 마치 신기루(蜃氣樓)·해시(海市)[116]같다.

진(晉)나라 때, 설원(薛願) 집의 무지개가 솥의 물을 마시고 금(金)을 토하여 그릇을 가득 채웠다.[117]

---

114) 사변(事變) : 선조 25년(1592)의 임진왜란을 이름.

115) 虹者, **陰陽不和卽生此氣**, 鮮盛**者**爲雄, 闇者爲雌.(『兒戲原覽, 形氣』) → 虹者, 鮮盛爲雄, 闇者爲雌.(『松南雜識』)

116) 해시(海市) : 대기 속에서 빛의 굴절 현상에 의하여 공중이나 땅 위에 무엇이 있는 것처럼 보이는 현상. 신기루(蜃氣樓)와 유사하다.

117) 晉義熙初, 晉陵薛願有虹, 飮其釜澳, 須臾噏響便竭, 願輦酒灌之, 隨投隨涸, 便吐金滿釜, 於是灾弊日袪而豐富歲臻.(『異苑』) → 晉史薛願家虹飮其釜, 吐金成器云.(『松南雜識』

*『진서(晉書)』에는 위의 내용이 없으며 여러 책에서 출전을 유경숙(劉敬叔)의 『이원(異苑)』으로 밝히고 있다. 특히 바로 뒷 구절의 '미인홍(美人虹)' 이야기가 『이원(異苑)』의 첫권 첫째 이야기이며, 위의 '홍음기부(虹飮其釜)'가 두 번째 이야기로 소개되어 있다. 이로 볼 때, 위의 출전 역시 『이원(異苑)』으로 보는 것이 타당할 듯하다.

『이원(異苑)』[118]에서 "흉년에 어떤 부부가 나물만 먹다가 죽어서 푸른 무지개[青絳]가 되었다고 하니 미인 무지개[美人虹]라고 부른다"[119]라고 하였다.

『시경(詩經)』에서 "무지개가 동쪽에 있다"[120]라고 하였는데, 주석에 "무지개가 비를 끊는다"라고 하였으니, 지금 비 온 뒤의 무지개를 보고 "비가 개였다"라고 하는 말이 그것이다.

우레가 울면 장끼가 운다
雷動雉雄

『설문해자(說文解字)』에서 "우레가 비로소 울면 장끼가 우는데 그 목으로 운다"[121]라고 하였고, 『한서(漢書)』에서 "듣는 데서 살핀다"[122]라고 하였다.

지금은 우레를 '천둥(天動)'이라고 한다.

우레를 먹다
食雷[123]

『당국사보(唐國史補)』[124]에서 "뇌주인(雷州人)이 돼지처럼 우레를 먹어

118) 이원(異苑) : 남조 송나라의 유경승(劉敬升)이 지은 책으로 신괴한 일을 기록했다. 『松南雜識』에는 '類苑'으로 오기되어 있다.

119) **古語有之曰**, **古者**, 有夫妻荒年菜食**而**死, **俱**化**成**青絳, **故俗**呼美人虹.(『異苑』)→荒年有**人**夫妻, 菜食死, 化爲青絳, 呼美人虹.(『松南雜識』)

120) 蝃蝀在東.(『詩經, 鄘風, 蝃蝀』)→螮蝀在東.(『松南雜識』)

121) 雷始動, 雉鳴而鴝其頸.(『毛詩名物解, 卷七, 釋鳥, 雉』)

122) 察聽.(『前漢書, 卷二十七, 中之下』)→察**於**聽.(『松南雜識』)

123) 규장각본에는 이 내용이 「식뢰(食雷)」라는 항목으로 독립되어 있지만 동서문화원 영인본 『松南雜識』에는 「뇌동치구(雷動雉雊)」의 내용으로 들어 있다.

124) 당국사보(唐國史補) : 당나라 이조(李肇)가 편찬했다. 개원(開元) 연간의 잡설(雜說)

댄다"[125]라고 하였다.

서양 사람들은 땅을 몇 걸음 재서 벼락이 치면 미리 구덩이를 파고 우레가 굴러 구덩이에 들어가서 그치면 바로 파묻는다고 한다. 세상에서 시월의 우레를 꺼리는 것은 또한 시월에 옥사를 판결하기 때문이다.

우레도끼
雷斧

『몽계필담(夢溪筆談)』[126]에서 "우레도끼는 동철(銅鐵)로 만든다. 벼락쐐기는 바로 돌일 따름인데 도끼 같이 생겼고 구멍이 없다"[127]라고 하였다. 사물을 내려친 뒤에 사람들이 빨리 찾아보면 얻을 수 있다고 한다.

문경(聞慶) 양산사비(陽山寺碑)에서 "지진국사(知盡國師)가 불법(佛法)을 익히면서 절에 거처할 때 어떤 동자가 와서 3년이나 배웠으니 이름과 사는 곳을 묻지 않았다. 어느 날 동자가 인사하고 떠나가며 '저는 용의 아들입니다. 스승님과 함께 가기를 원합니다'라고 말하였다. 용왕이 아들을 가르쳐 준 은혜에 대한 보답으로 주령장(朱靈杖)을 주었다. 그 지팡이를 짚으면 높은 봉우리의 꼭대기를 올라가도 평지를 걷는 듯 하였다. 구리통은 아침저녁으로 물을 담아 두면 밥으로 변하였다. 달도끼는 구멍이 없는 쇠몽치로 큰 바위도 쳐서 부수었다"라고 하니 바로 우레도끼다. 대사가 죽은 뒤에 지팡이는 좀이 먹었고 통은 없어졌지만 도끼는 아직도 있다고 한다.

을 모은 것. 국사보(國史補)라고 약칭한다. 전체 3권.

125) **或曰**, 雷州**春夏多雷**, **無日無之**. **雷公秋冬**, **則伏地中**, 人取**而**食之, **其狀**如彘.(『唐國史補, 卷下』)→雷州人, 取**雷**食之如彘.(『松南雜識』)

126) 몽계필담(夢溪筆談) : 송나라의 심괄(沈括)이 지은 필기(筆記). 필담(筆談) 26권, 보필담(補筆談) 2권, 속필담(續筆談) 1권 등이 있다.

127) 雷斧**多**以銅鐵爲之, 楔乃石耳, 似斧**而**無孔.(『夢溪筆談, 神奇』)→雷斧以銅鐵爲之, **霹靂**楔, 乃石耳, 似斧無孔.(『松南雜識』)

『속선전(續仙傳)』[128]에서 "진인(眞人) 손사막(孫思邈)[129]이 일찍이 푸른 뱀을 살려주니, 바로 용의 아들이었다. 뒤에 용왕의 부름으로 용궁에 가서 용궁의 약방(藥方)을 얻었다"라고 하였다.[130]

짧은 우레 · 긴 우레
雷 · 霆

『회남자(淮南子)』에 "음양이 서로 접촉하여 감동하면 '짧은 우레[雷]'가 되고, 부딪치면 '긴 우레[霆]'가 된다"[131]라고 하였다.

『논형(論衡)』[132]에는 "우레는 2월에 땅에서 나와 180일 동안 있으니 우레가 나오면 만물이 나온다. 8월에 땅으로 들어가 180일 동안 있으니 우레가 들어가면 만물이 들어간다. 들어가면 해로움이 제거되고 나오면 이로움이 생기니 임금의 형상이다"[133]라고 하였다.

유종원(柳宗元)[134]의 글에 "봄 · 여름에 우레가 울리니 어떤 것은 벼락

---

128) 속선전(續仙傳) : 남당(南唐)의 심분(沈汾 혹은 沈玢)이 편찬했다. 상권은 비승(飛昇) 16명을, 중권은 은화(隱化) 12명을, 하권은 은화(隱化) 8명을 기록했다. 총 3권.

129) 손사막(孫思邈) : 당나라 화원(華原) 출신. 백가(百家)의 설에 통달했으며 노장(老莊)을 좋아했다. 음양(陰陽) · 추보(推步) · 의약(醫藥) 등의 학문에 정통했다. 태백산(太白山)에 살면서 수(隋)나라 문제(文帝) 때 벼슬을 하사 받기도 했다. 당나라 고종(高宗) 때 벼슬을 받았으나 나가지 않았다. 저서로 『천금요방(千金要方)』 · 『복록론(福祿論)』 등이 있다.

130) 주제와 무관한 내용임.

131) 陰陽相薄, **感**而爲雷, 激而爲霆.(『淮南鴻烈解, 卷三, 天文訓』) → 陰陽相薄, **盛**而爲雷, 激而爲霆.(『松南雜識』)

132) 논형(論衡) : 동한(東漢)의 왕충(王充)이 편찬했다. 원본은 85편이었는데, 30권만 현전한다.

133) 『논형(論衡)』에 빠져 있는 내용으로 『산당사고(山堂肆考)』 등에서 『논형』을 출전으로 명기하고 있음.

134) 유종원(柳宗元) : 당나라의 문인(773~819). 자는 자후(子厚). 당송 팔대가의 한 사람으로, 한유(韓愈)와 고문(古文) 부흥 운동을 제창했다. 전원시에 뛰어나 왕유 · 맹호연 · 위응물과 나란히 칭송된다. 시문집 『유하동집(柳河東集)』이 있다.

을 쳐서 큰 바위를 깨뜨리고 커다란 나무를 찢어 죽인다. 초목이 무슨 몹쓸 죄가 있는가? 만물에게 무슨 징계할 일이 있는가?"[135]라고 하였다.

『북몽쇄언(北夢瑣言)』[136]에서 "세상에서 말하기를 '못된 용이 비 내리기를 고달파해서 여러 곳에 숨어 있는데, 우레신이 그것을 고목(古木)이나 처마 아래 기둥 속에서 잡아낸다"[137]라고 하였다.

또 『춘추(春秋)』에서 "백이(伯夷) · 숙제(叔齊)의 사당에 벼락이 쳤다"[138]라고 하니 벽력(霹靂)이 파괴하였다는 것을 말한다.

『비아(埤雅)』[139]에는 "벽력(辟歷)은 벽절(辟折)이니 그것이 지나가는 곳은 모두 파괴되고 부러진다"[140]라고 하였고, 『고금운회(古今韻會)』에는 "뇌(雷)는 신의 이름이다"[141]라고 하였다. 벽력(辟歷)은 '벽력(霹靂)'의 속자(俗字)이다.

---

135) 春夏之有雷霆也, 或發而震, 破巨石, 裂大木, 木**石**豈爲非常之罪也哉 …… 彼豈有懲於物也哉也.(『增廣註釋音釋唐柳先生集, 斷刑論, 下』) → 春夏之有雷霆也, 或發而震, 破巨石, 裂大木**而殘之**, **草**木豈爲非常之罪也哉. 彼豈有懲於物也哉也.(『松南雜識』)

136) 북몽쇄언(北夢瑣言) : 송나라 손광헌(孫光憲)이 편찬했다. 대개 당말(唐末) · 오대(五代)의 일을 기록했다. 전체 20권.

137) 世言, 乖龍, 苦於行雨, 而多竄匿, 爲雷神捕之. 或古木及簷楹之內.(『古今事文類聚, 卷四, 天道部, 雷』)

138) 震夷伯之廟.(『春秋左傳, 僖公, 十五年九月』)

139) 비아(埤雅) : 송나라 육전(陸佃)이 편찬했다. 초명(初名)은 『물성문류(物性門類)』. 어(魚) · 수(獸) · 조(鳥) · 충(蟲) · 천(天) 등 8편으로 구성되어 있으며, 명물(名物)의 훈고를 통해 경의(經義)에 두루 통하게 할 목적으로 지어졌다. 20권.

140) 震雷謂之劈歷.(『埤雅, 卷二十, 雷』) → 辟歷, 辟折也, 所歷, 皆破折也.(『釋名, 卷一, 釋天』) → 辟折也, 所歷, 皆破折也.(『松南雜識』)

141) **黔**雷, **天上造化**神之名.(『古今韻會擧要, 卷四』) → 雷, 神之名**也**.(『松南雜識』)

악독한 용이 북두성을 끌고 가다
毒龍駕斗[142]

세상에 전하기를 구연성(九連城)[143] 밖에 깊은 연못이 있는데 악독한 용이 차지하고 산다. 해마다 나와 놀 때는 반드시 폭우와 커다란 우박이 내린다. 소 한 마리가 북두성을 끄는데 한 사람이 채찍질을 하니 옷과 두건은 중과 흡사하였다. 쭉 뻗어서 공중을 타고 가 버려 보이지 않으니 용인지는 모르겠다. 우박이 내리면 대체로 한 번 지나가는 곳의 넓이가 약 육·칠십 리이다.

알만 한 우박
雹大如卵

『고금운회(古今韻會)』에서 "우박을 흰 비[白雨]라고 하고, 또 단단한 비[硬頭雨]라고 한다"라고 하였다.

지봉(芝峯) 이수광(李睟光)은 "정미년 6월에 영남과 호남에 우박이 내리니 크기가 오리알만 하였다"[144]라고 하였다.

살펴보건대, 한(漢) 무제(武帝)[145] 때는 말머리만 한 것이 내린 적이 있다고 하고, 안제(安帝)[146] 때는 말(斗)만 한 것이 내렸다.

---

142) 이 항목은 규장각본 『松南雜識』에는 독립되어 있으나, 동서문화원 영인본 『松南雜識』에는 「雹大如卵」의 '安帝' 뒷부분에 삽입되어 있다.

143) 구연성(九連城) : 중국 요녕성(遼寧省) 안동현(安東縣) 동북쪽에 있는 성. 동쪽으로는 압록강과 한국의 의주(義州)를 마주한다.

144) **先王**丁未六月, 湖**西及**嶺**南**, 雨雹大如鴨卵.(『芝峯類說, 卷一, 災異部, 災眚』) → 丁未六月, 嶺湖, 雨雹大如鴨卵.(『松南雜識』)

145) 무제(武帝) : 한나라 제6대 황제. 재위 기간은 B.C. 140～B.C. 87년.

146) 안제(安帝) : 동한의 6번째 황제. 재위 기간은 107～125년.

번개는 거울, 달은 촛불
電鏡月燭

고려의 책 『박학기(博學記)』에 "안개는 '하늘을 분간 못하게 하는 가리개[迷天步障]', 서리는 '위엄 있는 가루[威屑]', 이슬은 '물을 교화시킴[教水]', 우박은 '얼음의 자식[氷子]', 무지개는 '기의 어머니[氣母]', 별은 '가루금[屑金]'"이라고 하였다.

또 『청이록(淸異錄)』[147]에서 "번개는 '천리를 비추는 거울[千里鏡]'이고 해와 달은 '천리를 밝히는 촛불[千里燭]'"[148]이라고 하였다.

투호를 '입 벌려 웃음'이라고 한다
投壺爲噜

지봉(芝峯) 이수광(李睟光)은 "옥녀(玉女)가 투호를 하니 하늘이 웃는다"[149]라고 하였는데, 그 주석에서 "噜의 음은 '함'이니 입을 벌려 웃는 것이다"라고 하였다. 소식(蘇軾)의 시 "번개 번쩍일 때 적동빛 뱀을 끌어당긴다[電光時掣紫金蛇]"[150]가 이것이다. 『회남자(淮南子)』에서 "번개를 채찍이라고 한다[電以爲鞭策]"[151]라고 하였다.

147) 청이록(淸異錄) : 송나라의 도곡(陶穀)이 편찬한 책. 2권.
148) 千里燭, **意其**日月**也**.(『淸異錄, 千里燭』) → **電爲**千里鏡, 日月**爲**千里燭.(『松南雜識』)
149) 玉女投壺, 天爲噜噓.(『芝峯類說, 卷七, 文字部, 字義』)
150) 「망해루만경오절(望海樓晩景五絶)」.
151) 『淮南子, 原道訓』.

땅이 진동하면
地動

『통감강목(通鑑綱目)』[152]에서 말하였다.

왕망(王莽)[153]이 허락하지 않으며,[154] "대체로 땅에는 동(動)이 있고 진(震)이 있다. 진(震)은 피해가 있고 동(動)은 피해가 없다. 『춘추(春秋)』에는 지진(地震)을 기록하였다. 『주역(周易), 계사(繫辭)』에 '곤(坤)은 움직이는데, 움직이고 고요하며 열리고 거두어들임에 따라 만물이 생겨난다'라고 하였다"[155]라고 말하였다.

그 주석에서 "땅이 움직이면 열리고 고요하면 거두어 들인다. 이런 까닭에 널리 생겨난다"[156]라고 하였다.

지금 "땅이 움직이면 풍년이 든다"[157]라는 말은 여기에서 나왔다.

---

152) 통감강목(通鑑綱目) : 일명 강목(綱目). 총 59권. 내용을 강(綱)이라 하고 나누어 주석을 붙인 것을 목(目)이라고 한다. 강(綱)은 『춘추』를 모방하고 여러 역사서 가운데 좋은 것을 참조했다. 목(目)은 『좌전』을 모방하고 여러 유가서 중의 빼어난 것들을 합쳤다. 범례 한 권만 주희가 썼고 나머지는 그의 문인들의 손에 의해 편찬되었다.

153) 왕망(王莽) : 한(漢)나라 천영(天永) 출신. 자는 치숙(稚叔). 매우 침착하고 관찰력이 뛰어났다.

154) 莽不許曰.(『資治通鑑, 卷三十八, 漢紀, 三十, 王莽, 下』) → 王莽曰.(『松南雜識』)

155) 夫地有動有震. 震者有害, 動者不害. 春秋記地震. 易繫坤動, 動靜辟翕, 萬物生焉.(『資治通鑑, 卷三十八, 漢紀, 三十, 王莽, 下』)

156) 其動也闢, 其靜也翕, 是以, 廣生焉.(『資治通鑑, 卷三十八, 漢紀, 三十, 王莽, 下』의 주석)

157) 이 내용은 규장각본 『松南雜識』에는 「食雷」의 간주(間注) 형식으로 부기 되어 있고, 동서문화원 영인본 『松南雜識』에는 「男女雲雨」의 앞에 「地動」이라는 항목으로 편차 되어 있다.

남녀운우
男女雲雨

『여씨춘추(呂氏春秋)』[158]에서 "산구름은 풀숲이고 물구름은 각鯡(角鯡)[159]이고, 가뭄구름은 연기불이고 비구름은 물결이다"[160]라고 하였다.

지봉(芝峯) 이수광(李睟光)은 "세상에서는 남녀의 교합을 '운우(雲雨)'라고 한다"라고 하였다.[161] 대체로 땅의 기운은 구름이 되고 하늘의 기운은 비가 된다. 무산(巫山)의 구름과 비도 그렇다고 한다.

살펴보건대, 바람의 암수와 별의 암수도 서로 응하는 것으로 말한다.

별은 바람과 비를 좋아한다
星好風雨

『서경(書經)』의 고주(古註)에서 말하였다.

기성(箕星)은 동방의 별이다. 동방의 목(木)이 북방의 토(土)를 이겨 토(土)를 아내로 삼는다. 토(土)는 비를 좋아한다. 그래서 기성은 아내가 좋아하는 것을 따라 비를 많이 내린다. 필성(畢星)은 서방(西方)의 별이다. 서방의 금(金)이 동방의 목(木)을 이겨 목을 아내로 삼는다. 목은 바람을 좋아한다. 그래서 필성은 아내가 좋아하는 것을 따라 바람을 많이 일으킨다.

위의 말로 미루어보면 북궁(北宮)[162]은 따뜻한 것을 좋아하고, 남궁

158) 여씨춘추(呂氏春秋) : 일명 『여람(呂覽)』. 진(秦)의 여불위(呂不偉)가 문하의 빈객들을 모아서 백가구류(百家九流)의 설을 모은 책. 총 26권 10여 만언임.
159) 각鯡(角鯡) : '鯡'은 음운(音韻) 미상의 글자.
160) 山雲草莽, 水雲角鯡, 旱雲煙火, 雨雲水波.(『呂氏春秋, 卷十三, 名類』)
161) 世以男女交合爲雲雨.(『芝峯類說, 卷一, 天文部, 雨雪』)
162) 북궁(北宮) : 별자리 이름. 바로 남두(南斗) 여섯번째 별인 견우성(牽牛星)의 이름이다.

(南宮)[163]은 햇볕을 좋아하며, 중앙의 사계(四季)는 추운 것을 좋아하게 된다. 이는 모두 이긴 것을 아내로 삼고 아내가 좋아하는 것을 따르기 때문이다. 그래서 우스개 소리하는 사람이 "하늘의 별도 노파를 겁내나?"라는 말을 하였다.[164]

과일 비가 내리고 털 비가 내리다
雨實雨毛

지봉(芝峯) 이수광(李睟光)이 말하였다.

무신년과 기유년 사이에 여러 차례 과일이 비로 내렸다. 강항(姜沆)[165]이 "왜(倭)에 있을 때 여러 날 하늘에서 털이 비로 내렸다"라고 하였다.

살펴보건대, 한(漢) 무제(武帝) 때에 흰 털이 비로 내렸다.

이수광이 "동진(東晉) 때 땅에서 흰 털이 났다. 손성(孫盛)[166]은 '사람

---

163) 남궁(南宮) : 성좌 이름. '정(井)·귀(鬼)·류(柳)·성(星)·장(張)·익(翼)·진(軫)'의 일곱 별자리를 합쳐서 '주조(朱鳥) 성좌'라고 한다.

164) 尙書**星有好風星有好雨**古注云, 箕星東方宿也. 東木克北土, 以土爲妻, **雨土也**, 土好雨, 故箕星從妻所好而多雨也. 畢西方宿也. 西金克東木, 以木爲妻, **木風也**, 木好風, 故畢星從妻所好而多風也. 由此推之, **則**北宮好燠, 南宮好**暘**, 中央四季好寒, 皆以所克爲妻而從妻所好也. **予一日偶述此義, 座有**善謔者, **應聲曰**, 天上星宿, 亦怕老婆**乎**. **滿堂哄然眞可笑也**.(『升菴集, 卷四十二, 好風好雨』)→尙書古**註**云, 箕星東方宿也. 東木克北土, 以土爲妻, 土好雨, 故箕星從妻所好而多雨也. 畢**星**西方宿也. 西金克東木, 以木爲妻, 木好風, 故畢星從妻所好而多風也. 由此推之, 北宮好燠, 南宮好**陽**, 中央四季好寒, 皆以所克爲妻而從妻所好也. **故**善謔者, **有**天上星宿, 亦怕老婆**之語**.(『松南雜識』)

* 명나라 양신(楊愼)의 『승암집(升菴集)』에서 인용한 내용임.

165) 강항(姜沆) : 조선의 학자·의병장(1567~1618). 정유재란 때 왜적의 포로가 되어 오사카에 가서 일본의 학식 높은 중들과 교유하며 유학을 전수하는 한편 지리와 군사 시설을 비롯한 적정을 고국에 보고하였음.

들이 피로할 변이(變異)'라고 하였다. 송나라 고종(高宗)[167] 때에는 '땅 위에 흰 털이 나니 늙은이나 어린애나 모두 간다'는 참요(讖謠)가 있었다"라고 하였다.[168]

사슴이 비로 내리고 대합이 비로 내리다
雨鹿雨蛤

한(漢)나라 성제(成帝)[169] 때에 푸른 사슴 한 마리가 비로 내렸는데 그것을 먹으니 매우 맛이 좋았다고 한다.

『서경잡기(西京雜記)』[170]에서 "번우국(番禺國)[171]에 큰 우레가 칠 때마다 대합(大蛤)이 하늘에서 떨어지니 그것을 '하늘의 조개[天蛤]'라고 한다"라고 하였다.

지금 폭우에 물고기가 떨어지기도 하니, 두보의 시에 "소나기에 하수의 물고기 떨어진다[驟雨落河魚]"[172]라고 하였다.

---

166) 손성(孫盛) : 동진(東晉) 태원중도(太原中都) 출신. 자는 안국(安國). 어렸을 때부터 박학하고도 명리(名理)에 능하여 은호(殷浩)와 함께 당시에 이름이 났다. 『위씨춘추(魏氏春秋)』·『진양추(晉陽秋)』 등을 지었다.

167) 고종(高宗) : 송나라 제12대 황제. 재위 기간은 1127~1162년.

168) 東晉時, 地生白毛, 孫盛以爲人勞之異, 宋高宗時, 地生白毛, 童謠曰, 地上白毛生, 老少一齊行. 姜沆言在倭中, 目見天雨毛連日不止, 頃在戊申己酉年間, 天雨木實者屢矣.(『芝峯類說, 卷一, 災異部, 災眚』) → 戊申己酉年間, 天雨木實者屢矣. 姜沆言在倭中, 天雨毛連日不止, 按武帝時, 雨白氂, 東晉時, 地生白毛, 孫盛以爲人勞之異, 宋高宗時, 有謠云 地生白毛, 老少一齊行.(『松南雜識』)

169) 성제(成帝) : 중국 전한(前漢) 제11대 황제. 재위 기간은 B.C. 32~B.C. 7년.

170) 서경잡기(西京雜記) : 일명 『잡기(雜記)』. 한(漢) 때의 일화를 수록한 책. 저자에 대해서는 유흠(劉歆) 혹은 갈홍(葛洪)이란 설이 있음.

171) 번우국(番禺國) : 지금의 중국 광동성(廣東省) 광주시(廣州市).

172) 「대우서회주요허주부(對雨書懷走邀許主簿)」.

곡식이 비로 내리고 구슬이 비로 내리다
雨穀雨珠

『주서(周書)』에 "신농(神農) 때에 곡식이 비로 내렸다"라고 하였으며, 삼국 시대 손권(孫權)의 오나라 때 금릉(金陵)에서 가난한 집에는 오곡비가 내리고 부잣집에는 내리지 않았다.

『초학기(初學記)』[173]에 양(梁)나라 대동(大同)[174] 연간에 여러 색의 보물구슬이 비로 내리니 우기(虞奇)가 "맛난 것이 날아오고 온윤(溫潤)한 것이 뿌려지며 옥이 흩어지고 구슬이 연달아 떨어진다"[175]라고 송축하였다.

『죽서기년(竹西紀年)』[176]에는 "혜성왕(惠成王) 때에 영(郢)에서 푸른 옥이 비로 내렸다"[177]라고 하였는데, 『설문해자(說文解字)』의 "돌 중에서 푸르고 아름다운 것을 '벽(碧)'이라고 한다"[178]와 『산해경(山海經)』에서 "북효산(北囂山)에는 돌이 없는데 그 남쪽에 '벽(碧)'이 많다"[179]라고 한 말이 이것이다.

『유명록(幽冥錄)』[180]에는 "황심(黃尋)의 집이 가난하였는데 어느 날 큰

---

173) 초학기(初學記) : 당나라 서견(徐堅) 등이 칙명으로 편찬함. 경사(經史)·문장(文章)의 요점을 26부로 나누었는데, 당나라 유서(類書) 중에서는 가장 정밀하다는 평을 받는다.

174) 대동(大同) : 양나라 무제(武帝)의 연호. 535~546년.

175) 梁大同中, 嘗驟雨殿前, 往往有雜色寶珠, 梁武帝觀之, 有喜象, 虞寄因上瑞雨頌云, 飛甘洒潤, 玉散珠聯. 初學記 (『古今事文類聚, 前集, 卷四, 天道部, 雨寶珠』) → 梁大同中, 雨雜色寶珠, 虞寄頌云, 飛甘灑潤, 玉散珠聯.(『松南雜識』)

176) 죽서기년(竹書紀年) : 일명은 『기년(紀年)』. 진(晉) 무제(武帝) 태강(太康) 2년, 급군인(汲郡人)이 위양묘(魏陽墓)에서 발굴했다. 구본(舊本)은 2권으로 하은(夏殷)부터 위안리(魏安釐)까지의 일을 기록했다. 지금 전해지는 본은 황제(黃帝) 때부터 기록되어 있는데, 이것은 후인의 위작(僞作)이다.

177) 雨碧于**郢**.(『竹書紀年, 卷下』) → 雨碧于**鄭**.(『松南雜識』)

178) 碧, 石之青美者.(『說文解字』) → 石之青美者, **謂**碧.(『松南雜識』)

179) 北囂**之**山, 無石, 其陽多碧.(『山海經, 卷三, 北山經』) → 北囂山, 無石, 其陽多碧.(『松南雜識』)

180) 유명록(幽冥錄) : 송나라 유의경(劉義慶)이 지은 『오조소설(五朝小說)』 제3책에 보임.

비가 내리더니 하늘에서 돈이 무수히 날려 와서 부자가 되었다"[181]라고 하였다. 옹중유(翁仲孺)의 집에는 금(金)이 비로 내렸다.[182]

황매우
黃梅雨

『정자통(正字通)』[183]에 "옛말에 '황매(黃梅) 피는 철에 집집마다 비 내린다[黃梅時節家家雨]'[184]라는 말이 있다"라고 하였다. 장몽계(張蒙溪)는 "매(梅)자는 매(霉)자로 쓰는 것이 옳다. 매(霉)는 빗속의 더운 기운이다. 매우(霉雨)는 옷을 잘 젖게 한다"라고 하였다.

『비아(埤雅)』에서 "강남에서는 3월에 내리는 비를 '영매우(迎梅雨)', 4월에 내리는 비를 '황매우(黃梅雨)', 5월에 내리는 비는 '송매우(送梅雨)', 6월에 내리는 비는 '탁지우(濯枝雨)', 8월에 내리는 비는 '두화우(豆花雨)'라고 한다. 또 봄비를 '유협우(楡莢雨)'라고 한다"[185]라고 하였다.

『찬요(纂要)』에 "민(閩)[186] 사람들은 입하(立夏) 뒤 경일(庚日)이 되면 '입매(入梅)'라고 하고 망종(芒種) 뒤 임일(壬日)이 되면 '출매(出梅)'라고 한다. 농부들은 매우(梅雨)가 와야 농사에 좋다고 한다"[187]라고 하였다.

---

181) 黃尋家**貧**, **一日**大雨, 天飛錢**至其家**無數, **因**致富. 幽冥錄.(『錢通, 卷十九』) → 幽冥錄**云**, 黃尋家大雨, 天飛錢無數, 致富.(『松南雜識』)

182) 翁仲孺. 漢時, 翁仲孺家貧, 力作居渭川, 一旦天雨金十斛於其家, 於是, 與王侯爭富. 今秦中, 有兩翁, 世世富. 出神異經.(『格致鏡原, 卷三十四, 珍寶類, 三』)

183) 정자통(正字通) : 명나라의 장자열(張子烈)이 편찬했다. 혹은 육문영(陸文英)이 편찬했다고도 한다. 대개 육문영이 돈으로 장자열의 원고를 사서 자기 소유로 했다고도 한다. 총 12권.

184) 조사수(趙師秀)의 「약객(約客)」.

185) 江**以**南三月雨, **謂之**迎梅, 五月雨, 謂之送梅.(『埤雅, 卷十三, 釋木, 梅』) → 江南三月, **爲**迎梅雨, **四月爲黃梅雨**, 五月**爲**送梅雨, **六月爲濯枝雨**, **八月爲豆花雨**, **又春雨爲楡莢雨**.(『松南雜識』)

186) 민(閩) : 지금의 중국 복건성(福建省) 일대.

187) 纂要**云** …… 閩人, 以立夏後逢庚日, 爲入梅, 芒種後逢壬日, 爲出梅, **農人**, **以得梅**

복숭아물
桃花水

왕안석(王安石)[188]의 시에 "만 리의 찬 강 바로 복조로다[萬里寒江正復䒑]"[189]라고 하였다.

살펴보건대, 정월의 물은 '해동(解凍)', 2월의 물은 '백빈(白蘋)', 3월의 물은 '도화(桃花)'라고 한다.

유신(庾信)[190]의 시 "봄물에서 복사꽃 바라보네[春水望桃花]"[191]와 장지화(張志和)[192]의 "복사꽃 흐르는 물에 쏘가리 살찐다[桃花流水鱖魚肥]"[193]가 이것이다.

4월의 물은 '과만(瓜蔓)', 5월의 물은 '맥황(麥黃)', 6월의 물은 '산번(山樊)', 7월의 물은 '두화(頭花)', 8월의 물은 '적묘(荻苗)', 9월은 물은 '상강(霜降)', 10월의 물은 '복조(復䒑)', 11월의 물은 '주릉(走凌)', 12월의 물은 '축릉(蹙凌)'이라고 한다.

雨, 乃宜耕稼.(『歲時廣記, 卷二, 夏』) → 纂要曰, 閩人, 以立夏後逢庚日, 爲入梅, 芒種後逢壬日, 爲出梅, 得雨, 乃宜耕耨.(『松南雜識』)

188) 왕안석(王安石) : 송나라의 문인·관료(1021~1086). 자는 개보(介甫), 호는 반산(半山). 박람강기(博覽强記)했고 문학에 매우 뛰어났다. 신종(神宗) 때 재상이 되어 개혁정치를 하여 구대신(舊大臣)들의 반발을 샀다. 형국공(荊國公)에 봉해졌다. 서화(書畵)에 뛰어났으며 당송팔대가의 일원이다.

189) 「차운사제상주관사응객(次韻舍弟常州官舍應客)」.

190) 유신(庾信) : 남북조 시대의 문인(513~581). 자는 자산(子山). 처음 남조의 양(梁)나라에서 벼슬을 하다가 후에 북주(北周)에서도 벼슬을 했다. 그의 화려한 문체는 서릉(徐陵)과 함께 서유체(徐庾體)로 불렸다. 저서로 『유자산문집』 20권이 있다.

191) 『庾子山集, 卷五, 樂府, 對酒歌』.

192) 장지화(張志和) : 당나라의 시인(약 730~약 810). 자는 자동(子同), 호는 연파구도(烟波鉤徒)·현진자(玄眞子). 초명은 구령(龜齡)이었는데 지화로 개명했다. 그의 「어부가(漁父歌)」는 후대에 많은 영향을 끼쳤다.

193) 「어부가(漁父歌)」.

초하루비
甲子雨

당나라 민간의 말에 "봄 달 초하루에 내리는 비는 천 리 땅을 붉게 적시고, 여름 달 초하루에 내리는 비는 배를 타고 성시(城市)에 들어가게 하며, 가을 달 초하루에 내리는 비는 곡식에 싹이 나게 하고, 겨울 달 초하루에 내리는 비는 소나 양을 얼어 죽게 한다"라고 하였다.

사계절 바람
四時風

다음과 같은 옛말이 있다.

봄바람은 아래에서 위로 불어 오르고, 여름 바람은 공중에서 가로로 불며, 가을바람은 위에서 아래로 불어 내리고, 겨울바람은 땅에 붙어서 분다. 또 7월에 바람이 일어나고 8월에 바람이 높아졌다가 9월에 바람이 떨어진다.

팔방의 바람
八方風

『설문해자(說文解字)』에서 말하였다.

동쪽 바람을 '명서풍(明庶風)', 동남쪽 바람을 '청명풍(淸明風)', 남쪽 바람을 '경풍(景風)', 서남쪽 바람을 '양풍(涼風)', 서쪽 바람을 '창합풍(閶闔風)', 서북쪽 바람을 '부주풍(不周風)', 북쪽 바람을 '광막풍(廣莫

風)', 동북쪽 바람을 '조풍(條風)'이라고 한다.[194]

취화벽류풍
吹花擘柳風

『세시기(歲時記)』[195]에서 "처음 매화풍(梅花風)에서부터 마지막 연화풍(楝花風)까지 모두 스물네 번의 꽃소식바람[花信風]이 분다"[196]라고 하였다.

『청이록(淸異錄)』[197]에서는 "민간에서는 개화풍(開花風)을 꽃풀무부채[花鞴扇], 윤화풍(潤花風)을 꽃목욕[花沐浴], 꽃이 노쇠하여 비바람이 불어 꺾어 놓는 것을 꽃형벌[花刑]이라고 한다"[198]라고 하였다.

『둔재한람(遯齋閑覽)』에 "하수 북쪽 지방에서는 봄에 매서운 바람이 한 번 일어나면 사흘만에 그치는데, 꼭 그렇지 않더라도 몇 년에 한 번씩은 그렇다. 그것을 '취화벽류풍(吹花擘柳風)'이라고 한다"[199]라고 하였다.

---

194) 東方曰明庶風, 東南曰淸明風, 南**方**曰景風, 西南曰涼風, 西**方**曰閶闔風, 西北曰不周風, 北**方**曰廣莫風, 東北曰**融**風.(『說文解字, 卷十三, 下』) → 東方曰明庶風, 東南曰淸明風, 南曰景風, 西南曰涼風, 西曰閶闔風, 西北曰不周風, 北曰廣莫風, 東北曰**條**風.(『松南雜識』)
* 『讀左日鈔, 卷九, 八風』에서는 동북의 바람을 '條風' 또는 '融風'이라 한다고 기술했다.

195) 세시기(歲時記): 『세시광기(歲時廣記)』. 송(宋)의 진원정(陳元靚)이 편찬했다. 사시(四時)를 4권으로 나누어 여러 책의 기록을 잡다하게 인용해서 만들었다. 4권.

196) 歲時記 …… 二十四番花信風, 始梅花, 終楝花.(『佩文齋廣羣芳譜, 卷三十八, 花譜』) → 歲時記**曰**, 始梅花, 終楝花, **凡**二十四番花信風.(『松南雜識』)

197) 청이록(淸異錄): 송나라의 도곡(陶穀)이 편찬했다. 당(唐) 및 오대신영(五代新穎)의 말을 모아서 만들었다. 2권.

198) 俗以開花風, 爲花鞴扇, 潤花雨, 爲花沐浴, 至花**老**, 風雨斷送, 蓋花刑**耳**.(『淸異錄, 卷上, 花鞴扇』) → 俗以開花風, 爲花鞴扇, 潤花風, 爲花沐浴, 至花, 風雨斷送, 蓋花刑.(『松南雜識』)

199) 遯齋閑覽, 河朔春時, 多大風, 飛塵撼木數日, 作二三日方止, 以訪左右, 對曰, 不得是風, 且無年, 名曰吹花擘柳風, 草木百穀, 皆藉之增.(『佩文齋廣羣芳譜, 卷一, 天時譜』) → 閑覽曰, 河朔春時, 疾風一作, 三日乃止, 否則經年, 謂吹花擘柳風.(『松南雜識』)

박탁풍

舶趠風

소식(蘇軾)의 시에,

하순이라 하마 황매우 지나갔고　三旬已過黃梅雨
만리 밖에선 박탁풍 갓 불어오네　萬里初來舶趠風[200]

라고 하였다. 그 주석에서 "오(吳) 지역에는 청풍(淸風)이 열흘 동안 바다에서 부는데 배와 함께 온다고 한다"라고 하였다. 지금 큰바람에 지게문이 떠 날려 이른다는 말이 있으니 오래전부터 있던 말이다.

양각풍

羊角風

『장자(莊子)』[201]에서 "붕새는 회오리바람을 치고 구만리를 오른다"[202]라고 하였다.

진(晉)나라 역사에서는 "무성현(武成縣)에 회오리바람이 부니 멀리서 보면 양의 뿔이 하늘에 꽂힌 듯하다"[203]라고 하였다. 그 주석에 "바람이 굽이치며 올라가는 것이 양의 뿔과 같다"[204]라고 하였다. 또 '석우풍

---

200) 「박탁풍(舶趠風)」.

201) 장자(莊子) : 기원전 4세기경 중국 전국 시대의 사상가인 장주(莊周)와 그의 학통을 계승한 후인들의 저작. 10권 33책.

202) **其名爲鵬, 背若泰山, 翼若垂天之雲**, 摶**扶搖**羊角而上**者**, 九萬里.(『莊子, 逍遙游』) →鵬, 摶羊角而上九萬里.(『松南雜識』)

203) 熙寧九年, 恩州武成縣, 有旋風. 自東南來, 望之挿天如羊角.(『夢溪筆談, 卷二十一, 異事』)→九成縣, 有旋風. 望之挿天如羊角.(『松南雜識』)

204) 『天中記, 卷二, 風』의 "羊角. 莊子曰, 鵬之背, 若太山. 鵬翼, 若垂天之雲, 搖羊角, 而上者九萬里絶雲, 氣負靑天"에 대하여 사마표(司馬彪)가 "羊角風. 曲上行若羊角"이라고 주석하였음.

(石尤風)'은 주석에서 '역풍(逆風)'이라고 하였으니 곧 회회풍(回回風)이다.

황작풍
黃雀風

『산해경(山海經)』에서 "계호산(雞號山)은 그 바람이 급한[劦] 듯하다"[205] 라고 하였는데, 『옥편(玉篇)』에 '협(劦)'을 '급하다[急]'로 풀이하고 있다.

『풍토기(風土記)』[206]에서 "6월이면 바다 고기가 참새로 변한다. 그래서 그 바람을 참새바람[黃雀風]이라고 한다"[207]라고 하였다.

『완위여편(宛委餘編)』에서는 "새가 큰 물에 들어가 조개가 되는데 그것을 황작우(黃雀雨)라고 한다"라고 하였다. 대개 벼룩이나 이와 같이 수시로 변형하는 것과 같다고 한다.

녹살풍
綠殺風

민간에서 "바람이 고개를 넘으면 차가워지고, 바다를 건너면 따뜻해진다"라고 하는 말이 있다. 우리나라에서는 바람이 대관령을 넘으면 초목이 모두 죽는다. 그래서 '녹살풍(綠殺風)'이라고 한다. 또 서북풍을 '한풍(汗風)'이라고 하는데, 청나라 칸[汗]이 서북쪽에 있기 때문이니 되바람

---

205) 又北五百里曰錞于毋逢之山, 北望雞號之山, 其風如飈.(『山海經, 卷三, 北山經』)→山海經曰, 惟號之山, 其風若劦.(『說文解字, 卷十三下』)→山海經曰, 惟號之山, 其風若劦.(『松南雜識』)

206) 풍토기(風土記) : 진(晉)나라의 주처(周處)가 편찬했다. 이 책은 지금은 전하지 않는다. 다만 고서(古書) 속에서 자주 언급되고 있다.

207) 風土記曰, 六月則有東南長風, 俗名黃雀. 長風時, 海魚變爲黃雀, 因爲名也.(『藝文類聚, 卷一, 天部, 上』)→風土記曰, 六月, 海魚變爲黃雀, 故云黃雀風.(『松南雜識』)

[胡風]에 천 리가 놀란다. 또 남풍을 마파람[馬風]이라고 하는데, 말[馬]이 정남향인 오(午)에 해당하기 때문이다.

비렴
飛廉

『풍속통의(風俗通義)』[208]에서 "비렴(飛廉)은 신령스런 새인데, 바람을 일으킬 수 있다"[209]라고 하였다. 그 주석에 "비렴은 사슴의 몸에 머리는 참새와 비슷한데 뿔이 있고 뱀꼬리에 표범 무늬가 있다"[210]라고 하였다. 곽박(郭璞)[211]은 '용작(龍雀)'이라 하였고, 『본초강목(本草綱目)』[212]에서는 "일명은 누로(漏蘆)이다"라고 하였다.

---

208) 풍속통의(風俗通義) : 일명 풍속통(風俗通). 모두 10권. 부록 1권. 동한(東漢)의 응소(應劭)가 편찬. 『백호통의(白虎通義)』와 같이 전례(典禮)를 논하고, 『논형(論衡)』과 같이 유속(流俗)을 바로잡을 목적으로 저술됨.

209) 『古今事文類聚』·『玉海』·『續博物志』 등에 응소(應召)의 말로 기록되어 있으나, 『풍속통의』에는 없는 내용임.

210) 飛廉, 風伯也. 〈風俗通.〉 …… 飛廉, 神禽, 能致風氣. 〈應劭注, 呂氏春秋.〉 飛廉, 鹿身頭如雀, 有角而蛇尾豹文. 〈晉灼 注〉(『古今事文類聚, 前集, 卷三, 天道部』) → 風俗通, 飛廉神禽, 能致風氣. 註, 飛廉, 鹿身頭如雀, 有角而蛇尾豹文.(『松南雜識』)

211) 곽박(郭璞) : 진(晉)나라 문희(聞喜) 출신. 자는 경순(景純). 박식하고 재주가 뛰어났다. 고문(古文)과 기자(奇字)를 좋아했고 사부(詞賦)는 동진에서 으뜸이었다. 음양오행과 역산(曆算)에 뛰어나 점치면 그대로 실현되는 경우가 많았다. 편찬서 『동림(洞林)』·『대서험사(大筮驗事)』와 저서 『신림(新林)』·『복운(卜韻)』·『이아주(爾雅注)』·『산해경주(山海經注)』·『목천자주(穆天子注)』 등이 있다.

212) 『본초강목(本草綱目)』 : 명나라의 이시진(李時珍)이 편찬했다. 여러 사람들이 지은 『본초(本草)』를 산정하여 만들었다. 휘(彙) 한 편을 비롯해서 16부(部) 62류(類)로 나누어 수록했으니 그 내용이 많고 정밀하다. 총 52권.

신허

神噓

곽박(郭璞)의 찬(贊)에 "다리가 머리에 붙었고, 사람 얼굴에 손은 없다. 그것을 '허(噓)'라 부른다. 중(重)과 려(黎[213])가 거처하는 곳이다"[214]라고 하였다.

구모

颶母

『영표지(嶺表志)』[215]에 "남해에 가을바람이 불면 운물(雲物)에 무지개처럼 무리가 생기는데 '구모(颶母)'라고 하니 바로 맹파(孟婆[216])로 반드시 폭풍을 일으킨다"[217]라고 하였다. 『논형(論衡)』[218]에서는 '사방풍(四方風)'이라고 하였다.

한유(韓愈)의 시에,

구풍이 때때로 일어나	颶風有時作
까불리니 참으로 낭패로다	掀簸眞差事[219]

---

213) 중(重)・려(黎): 각각 요(堯)의 신하였던 희(羲)와 화(和)의 조상으로 천지와 사시(四時)를 맡아 다스렸음.

214) 脚屬于頭, 人面無手, 厥號曰噓, 重黎所處.(『山海經廣注, 卷十六, 大荒西經』)

215) 영표지(嶺表志): 『영표록이(嶺表錄異)』인 듯하다. 당의 유순(劉恂)이 편찬한 것으로 오지의 물산과 풍토를 기록했다. 기록된 내용이 매우 많고 문장이 고아하여 고증하기에 좋다. 총 3권.

216) 맹파(孟婆): 전설상의 바람신.

217) 嶺表**錄**云, 秋**夏間**, 有暈如虹者, 謂之颶母, 必有颶風.(『古今事文類聚, 前集, 卷三, 天道部』) → 嶺表志云, 南海秋風. 雲物有暈如虹者, 謂之颶母, 必有颶風.(『柳河東集注, 卷四十二, 嶺南江行』의 주석) → 嶺表志云, 南海秋風. 雲物有暈如虹者, 謂之颶母, 卽孟婆, 必有颶風.(『松南雜識』)

218) 논형(論衡): 동한(東漢)의 왕충(王充)이 편찬했다. 원본은 85편인데, 지금 1편이 없어졌다. 총 30권.

라고 하였고, 유종원(柳宗元)도 시에서,

구풍이 오로지 여객선 놀라게 하네 　　颶風偏驚旅客船[220]

라고 하였다.

『원사(元史)』[221]의 "왜국(倭國)의 평호도(平壺島)를 정벌하다가 구풍을 만났다"[222]라는 기록이 이것이다. 요즘 맑은 하늘에 황운(黃雲)이 한 점이라도 끼면 반드시 큰바람이 이니, 이것이다.

까마귀의 목욕
黑烏浴

흑조(黑鳥)는 까마귀다. 『격치총서(格致叢書)』[223]에서 "까마귀는 목욕하듯이 나니 갑자기 올라갔다가 갑자기 내려온다"[224]라고 하였다. 민간에 "메까마귀[雅]는 바람에 목욕하고 까치[鵲]는 비에 목욕하고 닭은 흙에 목욕한다"라는 말이 있다. 또 운서(韻書)에 "말이 흙에 목욕하는 것[土浴]을 '전(驏)'이라고 한다"[225]라고 하였다.

---

219) 「瀧吏」.

220) 颶母偏驚**旅**客船.(『柳河東集, 卷四十二, 嶺南江行』) → 颶母偏驚**估**客船.(『松南雜識』)

221) 원사(元史) : 명나라의 송렴(宋濂) · 이선장(李善長) 등이 홍무제(洪武帝)의 칙명을 받들어 원(元)의 십삼조실록(十三朝實錄)을 바탕으로 편찬했다. 본기(本紀) 47권, 지(志) 53권, 표(表) 6권, 열전(列傳) 97권. 총 210권.

222) **至**平壺島, 遇颶風, **敗舟**, **諸將各擇堅艦**, **乘之遁去**. …… **乃日本西境之盡處**.(『御批歷代通鑑輯覽, 卷九十五, 元 世祖皇帝』) → 征倭, 平壺島, 遇颶風.(『松南雜識』)
*『元史』卷二百八에 유사한 내용이 있으나 '颶風'이라는 어휘는 없다. 이로 볼 때, 『원사』에 나오는 동일한 사건을 요약하였거나, 『御批歷代通鑑輯覽』을 참조한 듯하다.

223) 격치총서(格致叢書) : 명나라의 호문환(胡文煥) 등이 편찬했다. 책이름은 『대학(大學)』의 '격물치지(格物致知)'의 뜻에서 취했다. 수록된 서적은 346종류이다.

224) **夏小正**, **七月黑烏浴**. 黑烏, 烏也, 浴**謂**飛乍上乍下也.(『格致鏡原, 卷七十九』) → 黑烏, 烏也, **格致叢書云**, 浴飛乍上乍下也.(『松南雜識』)

225) 馬土浴也.(『廣韻』)

개를 찢어 바람을 멈추게 한다
磔狗止風

『이아(爾雅)』에서 "바람에 제사 지내는 것이 '책(磔)'이다"라고 하는데, 그 주석에 "한 길에서 개를 찢어 바람을 멈추게 한다"226)라고 하니 제사를 지낸 뒤에 희생을 찢어서 바람을 흩는 것을 말한다.

산휘
山貚

『산해경(山海經)』에서 "옥법산(獄法山)에 짐승이 사는데, 그 모습은 개와 같으며 사람 얼굴에 던지기를 잘한다. 사람을 보면 웃는데, 그 이름은 산휘(山貚)이다. 이놈은 바람처럼 달린다. 그래서 이놈이 나타나면 세상에 큰바람이 분다"227)라고 하였다.

문린
聞獜

『산해경(山海經)』에서 "궤산(几山)에 짐승이 사는데, 모습은 돼지와 같으며 누런 몸에 흰 머리와 흰 꼬리를 하고 있으니 문린이라고 한다. 이놈이 나타나면 큰 바람이 분다"228)라고 하였다.

---

226) **祭**風曰磔. 注**今俗**當大道中, 磔狗云以止風.(『爾雅注疏, 卷五, 星名疏』) → **祭**風曰磔. 注**今俗**當大道中, 磔狗云以止風.(『松南雜識』)

227) **又北二百里曰**獄法之山, **瀤澤之水**, **出焉**, **而東北流**, **注于泰澤**, **其中多鱳魚**, **其狀如鯉而雞足**. **食之已疣**, 有獸焉. 其狀如犬, 而人面善投, 見人則笑, 其名山貚, 其行如風, 見則天下大風.(『山海經, 卷三, 北山經』) → 獄法之山, 有獸焉. 其狀如犬, 而人面善投, 見人則笑, 其名山貚, 其行如風, 見則天下大風.(『松南雜識』)

228) **又東三百五十里曰**几山. **其木多楢檀杻**, **其草多香**. 有獸焉, **其**狀如彘, 黃身白頭白

익풍과 휼우
鷁風鷸雨

『춘추좌전(春秋左傳)』[229]에서 "여섯 마리 익조(鷁鳥)가 뒤로 날아가니 바람 때문이었다"[230]라고 하였다.

사마상여(司馬相如[231])의 부(賦)에 "문익조로 장식한 배 띄운다[浮文鷁]"[232]라고 하였는데, 그 주석에서 "바람으로 배가 가기 때문이다. 수컷이 위의 바람에서 울고 암컷이 아래의 바람에서 울면 새끼를 밴다고 한다"라고 하였다.

『일주서(逸周書)』[233]에서 "천문(天文)을 맡은 관리들은 물총새깃모자[鷸冠]를 썼는데, 이는 물총새가 비가 올 것인지를 잘 알기 때문이다"[234]라고 하였다.

먼지와 아지랑이
塵埃野馬

『박물지(博物志)』에서 "서주(徐州) 사람들은 먼지[塵土]를 '봉괴(蓬塊)'라고 한다"[235]라고 하였다. 『장자(莊子)』에서는 "아지랑이이고, 먼지이다

尾, 名曰聞獜, 見則**天下**大風.(『山海經, 卷五, 中山經』) → 几山. 有獸焉, 狀如彘, 黃身白頭白尾, 名曰聞獜, 見則大風.(『松南雜識』)

229) 춘추좌전(春秋左傳) : 13경의 하나로 『춘추』의 주석서. 저자는 일반적으로 좌구명(左丘明)으로 알려져 있으나 분명치 않음. 30권.

230) 六鷁退飛, 過宋都.(『春秋左傳, 僖公, 十六年正月』)

231) 사마상여(司馬相如) : 전한의 사부(辭賦)작가(B.C. 179?~B.C. 117). 자는 장경(長卿). 「자허부(子虛賦)」·「상림부(上林賦)」 등이 유명함.

232) 「자허부(子虛賦)」.

233) 일주서(逸周書) : 『급총주서(汲冢周書)』라고 한다. 중국 진(晉)나라 태강(太康) 2년에 급군(汲郡)의 사람이 위안리(魏安釐)의 왕의 무덤에서 발견한 것이다. 그러나 한(漢)·위(魏) 시대의 사람들이 이 책에서 인용한 내용이 매우 많은 것으로 보아 이 책이 한대(漢代)에 이미 있었으며 급총(汲冢)에서 나온 것은 아닌 듯하다. 10권.

234) 逸周書, 知天文者, 冠鷸冠, 以**鷸**知天**時故**也.(『玉海, 卷八十一, 漢術氏冠, 周術氏冠』) → 逸周書, 知天文者, 冠鷸冠, 以知天**將雨**也.(『松南雜識』)

[野馬也塵埃也]"[236]라고 하였으니, 이는 두 가지 사물이다. 한악(韓偓)[237]의 시에 "창문의 햇빛에 먼지 날아가네[牕裏日光飛野馬]"[238]라고 하였으니, 먼지를 야마(野馬)라고 한 것이다. 아지랑이는 밭 사이에서 생기는 기운으로 말과 같다. 불경(佛經)에서 이른바 "더울 때 야마나 양염(陽焰)과 같다"라는 것도 이를 말한 것이다.[239]

당시(唐詩)의 "백 길의 살랑이는 실줄기 다투어 수목을 두르네[百丈遊絲爭繞樹]"[240]라는 구절도 이 아지랑이를 노래한 것이다.

황매장
黃梅瘴

『번우잡록(番禺雜錄)』에서 "오령(五嶺) 남쪽에는 2, 3월에 청초장(青草瘴)이 되고, 4, 5월에는 황매장(黃梅瘴)이 되고, 6, 7월에는 신수장(新水瘴)[241]이 되며, 8, 9월에는 황모장(黃茅瘴)이 된다"라고 하였다. '장(瘴)'은 지금의 '풀 향기'이다.

---

235) 徐州人, 謂塵土爲蓬塊.(『博物志, 卷六, 物名攷』)

236) 『莊子, 逍遙遊』.

237) 한악(韓偓) : 당나라의 시인. 자는 치요(致堯) · 소자동랑(小字冬郎). 그의 시는 강개하여 당시 문단의 분위기와 매우 달랐다. 향렴체(香奩體)를 잘 짓는 것으로 이름이 났다. 저서로 『한내한별집(韓內翰別集)』이 있다.
 *『松南雜識』에는 '韓渥'으로 되어 있다.

238) 「안빈(安貧)」.

239) 莊子言, 野馬也, 塵埃也, 乃是兩物. **古人卽謂野馬爲塵埃**, **如吳融云**, **動梁間之野馬**, **及**韓渥**云**, **窗**裏日光飛野馬, **皆**以塵爲野馬, **恐不然也**. 野馬, 乃田野間**浮**氣**耳**. **遠望如羣羊**, **又如水波**. 佛書謂, 如熱時野馬, 陽焰, 卽此物也.(『夢溪筆談, 卷三, 辨證』)
 →莊子言, 野馬也, 塵埃也, 乃是兩物. 韓渥**詩**, **窓**裏日光飛野馬, **是**以塵爲野馬**矣**. 野馬乃田野間氣, **如馬爾**. 佛書**所**謂, 如熱時野馬, 陽焰, **謂**此也.(『松南雜識』)

240) 노조린(盧照鄰)의 「장안고의(長安古意)」.

241) 『松南雜識』에는 '新水瘴'으로 되어 있음.

장모
瘴母

『번우기(番禺記)』에서 '오양(五羊)'이라고 하였다.

오령(五嶺) 남쪽에는 어떤 물건이 공중에서 내려오는 것을 보일 때가 있는데 처음에는 탄환 같다가 차츰 수레바퀴만큼 커지고 결국 사방으로 흩어진다. 사람이 이것에 맞으면 병이 드니 '장모(瘴母)'라고 한다.[242)]

안개는 땅의 기
霧是地氣

운서(韻書)에서 "땅의 기가 발산하였는데 하늘이 응하지 않아서 안개가 된다"[243)]라고 하였다.

『망기경(望氣經)』[244)]에서 "안개가 붉으면 병란이 일어나고 안개가 푸르면 재앙이 생긴다"[245)]라고 하였다.

『제왕세기(帝王世記)』[246)]에서는 "사흘 간 짙은 안개가 끼면 반드시 큰 비가 내린다. 비가 오지 않더라도 그런 안개를 무릅쓰고 가서는 안 된다"라고 하였다.

『박물지(博物志)』에서 말하였다.

왕숙(王肅)[247)]과 장형(張衡)[248)]과 마균(馬鈞)[249)]이 함께 짙은 안개를

---

242) 嶺表, **或**見物自空而下, 始如彈丸, 漸如車輪, 遂四散, 人中之卽病, 謂之瘴母. 嶺表錄.(『海錄碎事, 卷九, 上, 瘴母』)→嶺表, 見**有**物自空而下, 始如彈丸, 漸如車輪, 遂四散, 人中之卽病, 謂之瘴母.(『松南雜識』)

243) 地氣發, 天不應**曰**霧.(『廣韻』)→地氣發, 天不應**而成**霧.(『松南雜識』)

244) 망기경(望氣經) : 당나라 소악(邵諤)의 저술.

245) 望氣經曰, **十月癸巳**, 霧赤爲兵, 青爲殃.(『太平御覽, 卷十五, 天部, 十五, 氣』)→望氣經曰, 霧赤爲兵, 青爲殃.(『松南雜識』)

246) 제왕세기(帝王世記) : 중국 진(晉)나라의 황보밀(皇甫謐)이 편찬한 책. 1책.

무릅쓰고 길을 갔는데 한 사람은 아무 탈이 없고 한 사람은 병이 나고 한 사람은 죽었다. 그 까닭을 물어보자 아무 탈이 없었던 사람이 말하였다.

"나는 술을 마셨고 병이 난 사람은 음식을 많이 먹었고 죽은 자는 빈 속이었습니다."[250]

속설에서는 "겨울과 봄 안개는 사람을 죽이고 여름 안개는 사람을 기쁘게 하고 가을 안개는 사람을 소생시킨다"라고 한다.

『오대사(五代史)』에서 "마은(馬殷)[251]이 '무고한 사람을 죽일 때마다 하늘은 큰 안개를 내린다[每殺不辜, 天必大霧]'라고 말하였다"라는 기록이 있다.[252]

---

247) 왕숙(王肅) : 삼국 시대 위(魏)나라의 학자(195~256). 자는 자옹(子雍). 가규(賈逵)와 마융(馬融)의 학문에 능하였으며, 여러 경전에 주석을 붙였으며 금·고문을 가리지 않고 명가의 해석을 종합했다. 정현학파(鄭玄學派)와 대립하여 '왕학(王學)'이라 불렸다. 『공자가어(孔子家語)』 등의 책을 위조했다.

248) 장형(張衡) : 후한의 학자(78~139). 자는 평자(平子). 월식을 관찰하고 혼천설(渾天說)을 주장하였으며, 그의 『영헌(靈憲)』은 당시의 천문지식을 총결한 것이다. 시부(詩賦)에도 능하여 「이경부(二京賦)」·「귀전부(歸田賦)」 등의 작품이 있다.

249) 마균(馬鈞) : 마균(馬均)이라고도 함. 중국 삼국 시대 부풍(扶風) 출신. 자는 덕형(德衡). 지남거(指南車) 등 여러 가지 기계를 만들어 생산 효율을 높였다. 제갈량(諸葛亮)의 연노(連弩)를 개조해 발석거(發石車)를 만들었다. 당시에 '교사절세(巧思絶世)'라 불렸다.

250) 爾雅曰, 地氣發, 天不應曰霧 …… 帝王世紀曰, 凡重霧三日, 必大雨, 雨未降, 霧不可冒行. …… 博物志曰, 王肅張衡馬均者, 昔俱冒霧行, 一人無恙, 一人病, 一人死. 無恙者飮酒, 病者食, 死者空腹, …… 望氣經曰, 十月癸巳, 霧赤爲兵, 青爲殃.(『太平御覽, 卷十五, 天部, 十五, 霧』) → 韻書曰, 地氣發, 天不應而成霧. 望氣經曰, 十月癸巳, 霧赤爲兵, 青爲殃. 帝王世紀曰, 重霧三日, 必大雨, 雨未降, 其霧不可冒行. 博物志曰, 王肅張衡馬均, 俱冒重霧行, 一人無恙, 一人病, 一人死, 問其故, 無恙者曰, 我飮酒, 病者飽食, 死者空腹.(『松南雜識』)

事類曰, 有三人同行霧中, 一飮酒, 一喫飯, 一空肚, 空肚者死, 酒者病, 飮者不病不死.(규장각본 『松南雜識』)

251) 마은(馬殷) : 오대(五代) 초국(楚國)의 건립자(852~930). 재위 기간은 907~930년. 자는 패도(霸圖). 통치 기간 동안 농상(農桑)을 장려하고, 차화(茶貨) 무역을 발전시켰다.

252) 『五代史, 卷六十六, 楚世家, 第六, 馬殷』.

몽송
霧淞

『자림(字林)』[253]에 "찬 기운이 나무에 구슬처럼 응결된 것[寒氣結木如珠]"이라고 하였다.

증공(曾鞏)[254] 시에서,

원림(園林)의 초하루 조용히 바람 없는데　　園林初日靜無風[255]
몽송(霧淞)이 어디나 똑같이 꽃을 피웠다　　霧淞花開處處同[256]

라고 한 말이 이것이다.

단이슬
甘露

『서응도(瑞應圖)』[257]에서 "기름처럼 엉기고 엿처럼 맛있다"라고 하였고, 『진중흥서(晉中興書)』[258]에서는 "일명 '하늘의 술[天酒]'이라고도 한다"[259]라고 하였다.

---

253) 자림(字林) : 남조(南朝) 송여침(宋呂忱)이 편찬. 문자훈고(文字訓詁)의 중요한 책. 71권.

254) 증공(曾鞏) : 북송의 문학가(1019~1083). 당송팔대가(唐宋八大家)의 한 사람. 호는 남풍(南豊), 자는 자고(子固). 어려서부터 구양수(歐陽修)에게 문장으로 인정 받았으며, 산문은 평이전중(平易典重)하다는 평을 받았다.

255) 『松南雜識』에는 '園林初日淨無風'으로 되어 있음.

256) 『松南雜識』에는 '霧淞花開樹樹同'으로 되어 있음.

257) 서응도(瑞應圖) : 양(梁)나라 고야왕(顧野王)이 만듦.

258) 진중흥서(晉中興書) : 진(晉)나라 하법성(何法盛)이 편찬하였으나, 실은 치소(郗紹)가 지은 것이다. 『남사(南史), 서광전(徐光傳)』에 보인다.

259) 晉中興書曰, 王者, 敬養耆老, 則甘露降於松栢, 尊賢容衆, 則芹葦受之. 甘露者, 仁澤也, 其凝如脂, 其美如飴. …… 瑞應圖曰, 露色濃, 甘者謂之甘露. 王者施德惠, 則甘露降其草木, 又甘露者, 美露也. 神靈之精, 仁瑞之澤, 其凝如脂, 其甘如飴, 一名膏露, 一名天酒.(『太平御覽, 卷十二, 天部, 十二』) → 瑞應圖云, 凝如脂, 美如飴. 晉中

『춘추위(春秋緯)』260)에서는 "무로(武露)는 흩뿌리면 문로(文露)는 자욱하다"261)라고 하였는데 그 주석에 "단 이슬이 그 나라에 내릴 때, 흩뿌리면 사람들이 무(武)를 숭상하고 자욱하면 문(文)을 숭상한다"라고 하였다.

서리 내릴 조짐
霜候

『금경(禽經)』262)에서 "상(鸘)이 날아다니면 서리가 내리고, 해오라기가 날아다니면 이슬이 오고 우(鷸)가 날아다니면 비가 온다"라고 하였다. 살펴보건대 상양(商羊)263)을 말한 것이다.

두보(杜甫)의 시에 "서리 내리기 전 옛 나라에 흰 기러기 날아온다[舊國霜前白雁來]"264)라고 하였는데, 주석에서 "흰 기러기가 날아오면 서리가 내리기에 상신(霜信)이라고 한다"265)라고 하였다.

민간에서 "기러기가 울면 스무 날이 안 되어서 서리가 온다"라고 한다. 농가(農家)에서는 유두날[流頭日]에는 어김없이 우레가 치는데 조만

興書云, 一名天酒.(『松南雜識』)

260) 춘추위(春秋緯) : 위서(緯書)의 일종. 『수서(隋書), 경적지(經籍志)』의 주석에서 양(梁)나라 때, 『춘추위(春秋緯)』 30권이 있었지만 이미 전하지 않는다고 기록하고 있다.

261) 武露布, 文露沈. 〈甘露降其國, 布散者, 人尙武, 沉重者, 人尙文, 春秋緯.〉(『廣博物志, 卷三, 天道, 三』) → 春秋緯曰, 武露布, 文露沈, 註, 甘露降其國, 布散者, 人尙武, 沉重者, 人尙文.(『松南雜識』)

262) 금경(禽經) : 구본(舊本)의 제목에는 사광(師曠)이 편찬하고, 진(晉)의 장화(張華)가 주석한 것으로 되어 있다. 장화의 주석에 고야왕의 『서응도(瑞應圖)』와 임방(任昉)의 『술이기(述異記)』를 인용하였고 양대(梁代)의 책이 출현하는 것 등으로 보아 위탁하여 쓰여졌음이 틀림없다. 남송 말부터 위작이 수백 년간 전해졌으나, 이 책의 문사가 왕왕 인용되었기에 가치가 있다.

263) 상양(商羊) : 전설상의 새. 이 새가 날아다니면 큰 비가 온다고 함. 전하여 홍수·수재의 예보라는 뜻으로 쓰임.

264) 「구일오수(九日五首)」.

265) **鮑曰** …… 白雁**似鴈而小**, **秋深則來**, **白雁**至**則霜降**, **北人**謂**之**霜信.(『補注杜詩, 卷三十, 九日五首』의 주석) → 白雁至謂霜信.(『松南雜識』)

간 서리가 내릴 조짐으로 여긴다. 또 유월에 꿩이 울면 반드시 서리가 사라진다고 한다.

수가
樹稼

한(漢)나라 속담에 "수가(樹稼)를 현달한 관리가 겁낸다"라고 하니, 수가는 대개 안개와 이슬이 번갈아 응고되어 만들어진다. 또 목개(木介)도 서리와 비가 서로 얼어서 만들어진다.

싸락눈
米雪

『비아(埤雅)』에서 말하였다.

민(閩) 지방 방언으로 싸락눈[米雪]이라고 하니 그 싸락눈의 눈알이 쌀 같은 것을 말하는데 이른바 피눈[稷雪]이다. 지금 이름은 색설(濇雪)인데, 습설(濕雪)이라고도 한다.[266]

학눈
鶴雪

당시(唐詩)에 "학눈의 상서로운 꽃이 새롭다[鶴雪瑞花新]"[267]라고 하니

266) 閩俗謂之米雪, 言其霰粒如米, 所謂稷雪, 義盖如此. 今名濇雪, 亦曰濕雪.(『埤雅, 卷十九, 雪』)→閩俗謂之米雪, 言其霰粒如米, 所謂稷雪, 義盖如此. 今名濇雪, 亦曰濕雪.(『松南雜識』)

대개 눈은 풍년이 들 좋은 징조이다. 그러므로 상서로운 색이 학처럼 희다. 송나라 인종(仁宗)[268] 때의 붉은 눈도 역시 좋은 징조이다.

시화(詩話)에서 당시(唐詩)에,

바람 앞에 한(恨) 품은 천 점 매화	風前有恨梅千點
인적 없는 사장엔 한 줄기 달빛만	沙上無人月一痕

라고 하니 오묘하다"[269]라고 하였다.

근세 참봉(參奉) 이광려(李匡呂)[270]의 시에,

성곽에 둘러싸인 누대는 완전히 새벽 같고	樓臺帶郭全疑曙[271]
가지 늘어진 대와 잣나무 조용히 그늘 없네	竹栢低枝靜不陰[272]

라고 하니 운치가 매우 높다.[273]

---

267) 낙빈왕(駱賓王)의 「영설(詠雪)」.

268) 인종(仁宗) : 송나라의 5번째 황제. 재위 기간은 1023~1063년.

269) 晩醉扶笻過竹村, 數家殘雪擁籬根, 風前有恨梅千點, 沙上無人月一痕. 〈苕溪漁隱叢話, 此卽吳可晩春詩. 易其題, 改詩中三四字而已.〉(『宋詩紀事, 卷三十八, 譚知柔, 晩醉口占』)

270) 이광려(李匡呂) : 조선 후기의 학자(1720~1783). 본관은 전주(全州), 자는 성재(聖載), 호는 월암(月巖) · 칠탄(七灘). 학행으로 천거되어 참봉에 임명된 적이 있을 뿐 관직에 나아가지 않았다. 그의 학문은 양명학(陽明學)을 바탕으로 하였고 시문 역시 명분이나 격식에 구애되지 않고 성령(性靈)을 발현하는 방향으로 큰 성과를 거두었다.

271) 『李參奉集』에는 '樓臺帶郭全疑曉'로 되어 있음.

272) 「正月望日, 出轡橋雪甚, 共至梧柳軒, 夜深還」.

273) 韻最高.(규장각본 『松南雜識』) → 韻較高.(『松南雜識』)

눈 내리기를 기원하다
祈雪

『아희원람(兒戲原覽)』에서 "눈은 음양의 응결로 오곡의 정기가 된다"[274]라고 하였다.

퇴계(退溪) 이황(李滉)과 율곡(栗谷) 이이(李珥)는 모두 눈 내리기를 기원하는 글[祈雪文]을 지었다.

주(周)나라의 노래에 "풍년 드는 겨울에는 반드시 눈이 쌓인다[豐年之冬, 必有積雪]"[275]라고 하였다. 또 보리에도 요긴해서 세 번 흰 눈을 보아야 하는데 지금의 섣달 전 세 번의 흰 눈이다.[276]

눈이 대지에 한 자 오면 벌레는 세 자 들어간다. 그러므로 소식의 시에 "살아남은 황충도 응당 천 자 땅 속으로 들어간다[遺蝗入地應千尺]"[277]라고 하였다.

또 봄눈은 두보(杜甫)의 시에서,

아스라이 해를 향해 엷어지고	微微向日薄
끊임없이 사람에게서 멀어진다	脈脈去人遙[278]

라고 하였다. 소식의 시에서,

꽃 지는 철인 양 수많은 나무에서 녹아내리고	萬木盡如花落候
비 오는 때와 같이 사방 처마에서 울어대누나	四簷鳴似雨來時[279]

274) 雲者, **天地積陰寒則爲雪**, 陰陽凝而**成**爲五穀之精.(『兒戲原覽, 形氣』) → 雲者, 陰陽凝而爲五穀之精.(『松南雜識』)

275) 詩, 采薇雨, 雪霏霏, 信南山, 上天同雲, 雨雪雰雰, 豐年之冬, 必有積雪. 箋, 成王之時, 陰陽和, 風雨時, 冬有積雪, 春而益之以小雨.(『玉海, 卷一百九十五, 瑞雪, 周大雪』)

276) 至後第三戌爲臘, 臘前三兩番雪, 謂之臘前三白. 大宜菜麥. 諺云, 若要麥見三白.(『農政全書, 卷十一, 農事, 占候』)

277) 「설후서북대벽이수(雪後書北臺壁二首)」.

278) 「우설(又雪)」.

라고 하였으니 절창(絶唱)이다.

279) 萬木盡如花落候, 四簷鳴缺雨來時. **晴雪**. **王安石嘗擧此三聯云**, **唐人詩**.(『全唐詩, 卷七百九十六, 無名氏』) → **坡詩**, 萬木盡如花落候, 四簷鳴似雨來時.(『松南雜識』)

2. 세시류(歲時類)

단월은 일년의 첫 날
端月首祚

『색은(索隱)』[1]에 "진(秦)나라 이세(二世) 3년(B.C. 207) 정월에 '정(正)'자를 피하여, '단월(端月)'이라고 하니, 시황(始皇)의 이름이 '정(政)'이기 때문이다. 지금까지도 정(正)을 평성(平聲)으로 발음한다"라고 하였다.

왕희지(王羲之)[2]는 '정월 초하루 일 년의 첫 날(元正首祚)'이라고 썼다.

---

1) 색은(索隱) : 『사기(史記)』 주석서의 하나. 당나라 사마정(司馬貞)이 편찬.
2) 왕희지(王羲之) : 진(晉)나라의 서예가(307~365). 자는 일소(逸少). 우군장군(右軍將軍)을 지냈으며, 해서(楷書)·행서(行書)·초서(草書)의 3체를 예술적 완성의 영역까지 끌어올려 서성(書聖)이라고 불린다.

정월 초하루에 경하 드림
元日慶賀

『한서(漢書)』에 "한(漢)나라는 겨울 10월을 첫 달로 삼았는데 7년[3]에 장락궁(長樂宮)이 낙성되어 군신들이 조회하고 하례하였다"[4]라고 하였다. 무제(武帝)[5]는 인월(寅月)[6]을 첫 달로 삼았으니 정월 초하루에 하는 경하(慶賀)는 고제(高帝) 때부터 시작되었다고 한다.

우리나라는 신라 진덕왕(眞德王)[7] 때부터 시작되었다.

떡국모임
湯餠會

당나라의 풍속에 '정월 초하루의 조회(三朝)[8]를 떡국모임(湯餠會)'이라고 하였고 또, 생일에도[生申][9] 떡국을 차려 냈다.

당나라 현종(玄宗)[10]때에는 황후 왕씨(王氏)가 팔을 걷어붙이고 한 말의 면을 빚었다고 한다.

유우석(劉禹錫)[11]의 시에서 "젓가락을 당겨 국 속의 떡을 건진다[引箸

---

3) 7년 : 한(漢) 고조(高祖) 7년이므로 기원전 201년임.

4) 漢七年, 長樂宮成, **諸侯**群臣朝**十月**.(『前漢書, 卷四十三, 酈陸朱劉叔孫傳, 第十三』) →漢**冬十月歲首**, 七年, 長樂宮成, 群臣朝賀.(『松南雜識』)

5) 무제(武帝) : 전한(前漢) 제7대 황제(B.C. 156~B.C. 87). 성은 유(劉), 이름은 철(徹), 묘호는 세종(世宗). 중앙 집권을 강화하고 흉노를 외몽골로 내쫓는 등 여러 지역을 정벌하였으며, 중앙아시아를 통하여 동서 교류를 왕성하게 했다. 재위 기간은 B.C. 141~B.C. 87.

6) 인월(寅月) : 음력 1월을 이름.

7) 진덕왕(眞德王) : 신라 제 28대 여왕. 재위 기간은 647~654년.

8) 삼조(三朝) : 연(年)·월(月)·일(日)의 시작인 정월 초하루를 이름.

9) 생신(生申) : 본래는 신백(申伯)이라는 사람의 생일이라는 뜻인데 뒤에는 생일을 축하하는 말로 사용됨.

10) 현종(玄宗) : 당나라 제11대 황제. 재위 기간은 712~755년.

11) 유우석(劉禹錫) : 당나라의 문학가(772~842), 낙양(洛陽) 출신. 자는 몽득(夢得). 유종

擧湯餠]"[12]라고 한 말이 이것이다.

지금 정월 초하루 아침의 떡국은 대체로 오래된 풍속인 듯하다.

산초잣나무술
椒栢酒

『예기(禮記), 월령(月令)』[13]에서 "산초잣나무술(椒栢酒)을 올린다"[14]라고 하니, 산초는 옥형성(玉衡星)[15]의 정기라서 그것을 먹으면 사람이 늙지 않는다고 한다. 잣나무는 선약(仙藥)이니 지위가 높은 사람과 낮은 사람이 서열대로 앉아 연소자가 먼저 마시고 각자 이 술을 존장(尊長)에게 올려 헌수(獻壽)한다.

도소주
屠蘇酒

『사시찬요(四時纂要)』[16]에서 "도소(屠蘇)는 손사막(孫思邈)[17]의 암자 이름이다. '도(屠)'는 귀신의 기운을 끊는 것이고, '소(蘇)'는 사람의 혼을 깨운다는 의미이다"라고 하였다.

원(柳宗元)과 교의가 두터워 '유유(劉柳)'라고 불렸으며, 만년에 백거이(白居易)와 화창한 것이 많아 '유백(劉白)'이라고도 불렸다.

12) 「송장관부거(送張盥赴擧)」.

13) 예기(禮記): 오경(五經)의 하나. 예에 관한 해설, 이론을 서술할 것. 전한의 대성(戴星)이 고례(古禮)에 관한 기록을 정리했다고 함.

14) 『예기(禮記)』가 아니라 『형초세시기(荊楚歲時記)』에 나오는 내용임.

15) 옥형성(玉衡星): 북두성(北斗星)의 제5성(星).

16) 사시찬요(四時纂要): 당나라 한악(韓鄂)이 여러 농서(農書) 가운데 날씨·작물 재배법·축산법 등을 모아서 만든 책으로 전체 5권이다.

17) 손사막(孫思邈): 당나라의 의학자(581~682). 백가(百家)에 능통하고 노장의 도에 조예가 깊었으며, 음양과 의술에 통달했다. 저서에 『천금방(千金方)』이 있다.

『광운(廣韻)』[18]에는 "어떤 사람이 초가 암자[草菴]에 살면서 매 해의 섣달그믐에 약 한 첩을 주고 주머니에 넣어서 우물 속에 담가 두게 한다. 정월 초하룻날 그 물을 떠다가 술동이에 넣은 것을 '도소주(屠蘇酒)'라고 한다. 온 가족이 그것을 마시면 전염병을 앓지 않는다"라고 하였다.

동훈(董勛)[19]은 "젊은이는 세월을 얻는 까닭에 먼저 마시고, 노인은 세월을 잃는 까닭에 뒤에 마신다"라고 하였다.

소식(蘇軾)[20]의 시에는,

다만 한없는 수심이 건강을 해치지만	但把窮愁搏長健
제일 뒤에 도소주 마시는 일 사양치 않네	不辭最後飮屠蘇[21]

라고 하였다.

오신반
五辛盤

『풍토기(風土記)』[22]에 "정월 초하루에는 파·마늘·부추·여뀌·겨자를 섞어 먹는 것을 '오신반(五辛盤)'이라고 부르니, 새해를 맞이하는 의미를 취한 것이다"라고 하였다.

---

18) 광운(廣韻) : 송나라 진팽년(陳彭年)·구옹(邱雍) 등이 절운(切韻) 등을 근거로 하여 체계적으로 증보한 운서. 26,194자를 206운으로 나누어 배열하고 글자마다 음훈(音訓)을 주해하였음.

19) 동훈(董勛) : 후한(後漢) 사람. 호는 전좌(傳座). 『상우록(尙友錄)』 10권에 본문의 내용이 있다.

20) 소식(蘇軾) : 북송의 문인(1036~1101). 자는 자첨(子瞻), 호는 동파(東坡). 당송 팔대가의 한 사람으로, 구법파(舊法派)의 대표자이며, 서화에도 능했다.

21) 不**辭**最後飮屠蘇.(『集註分類東坡先生詩, 除夜野宿常州城外二首』) → 不**妨**最後飮屠蘇.(『松南雜識』)

22) 풍토기(風土記) : 진(晉)나라 주처(周處)가 편찬. 지금은 일실되었으나, 고서 중에 인용한 것이 산견됨.

도탕·선목
桃湯仙木

『백거이육첩(白居易六帖)』[23]에 “정월 초하루에 복숭아 부적을 만들어 문에 붙이니, ‘선목(仙木)’이라 하고 복숭아탕(桃湯)을 마셔서 사악한 기운을 물리친다”라고 하였다.

『풍속통의(風俗通義)』[24]에 “동해 도삭산(度朔山)에 복숭아나무가 삼천 리에 걸쳐 서려 있다. 그곳에 두 명의 신이 있으니 ‘루(壘)’와 ‘울(鬱)’이라고 하는데 나란히 갈대 끈을 잡고 상서롭지 못한 기운을 묶어 죽인다. 황제(黃帝)[25] 때에 신도(神荼)·울루(鬱壘)[26] 형제가 있었는데 귀신을 잘 잡는 특성이 있다”[27]라고 하였다.

들창 위에 닭을 그림
畫鷄牖上

『습유기(拾遺記)』[28]에서 “요임금 때에 지지국(秪支國)에서 중명조(重明

---

23) 백거이육첩(白居易六帖) : 일명은 『육첩(六帖)』 또는 『백공육첩(白孔六帖)』. 본편 30권과 속편 30권을 송나라 공전(孔傳)이 합쳐 100권으로 만든 것. 『북당서초(北堂書鈔)』를 모방하여 성어(成語)·고실(故實)을 잡채(雜采)하여 사조(詞藻)에 도움이 되게 한 것.

24) 풍속통의(風俗通義) : 후한(後漢) 말의 학자 응소(應劭)가 편찬한 저서. 『풍속통』이라고도 한다. 당나라 이전의 목록에는 30권으로 되어 있으나, 송나라 이후 10권으로 전해진다. 또 원본에는 「황패(皇霸)」·「정실(正失)」·「건례(愆禮)」·「과예(過譽)」·「십반(十反)」·「성음(聲音)」·「궁통(窮通)」·「사전(祀典)」·「괴신(怪神)」·「산택(山澤)」·「성씨(姓氏)」의 11편이었으나, 현존하는 것은 「성씨」편이 빠졌다.

25) 황제(黃帝) : 중국의 전설상의 제왕. 복희씨(伏羲氏)·신농씨(神農氏)와 함께 삼황(三皇)이라고 칭함.

26) 신도(神荼)·울루(鬱壘) : 상고 시대 귀신을 잡아 호랑이에게 먹일 수 있는 사람으로, 문신(門神)으로 전해진다.

27) 謹按黃帝書, 上古之時有荼與鬱壘昆弟二人, 性能執鬼, 度朔山上章桃樹下, 簡閱百鬼, 無道理妄爲人禍害, 荼與鬱壘縛以葦索執以食虎.(『風俗通義, 桃梗, 葦茭, 畫虎』) → 東海度朔山上有桃樹, 蟠屈三千里, 有二神, 性能執鬼, 曰壘曰鬱, 竝執葦索, 縶不詳之鬼, 殺之. 黃帝時, 有神荼鬱壘兄弟, 性能執鬼.(『松南雜識』)

鳥)[29]를 바쳤는데, 일명은 쌍정(雙睛)이다. 맹수를 잘 쫓고 여러 가지 악이 해를 입히지 못하게 한다"라고 하였다.

지금 정월 초하루에 나무에 새기거나 쇠로 주물하기도 하고 혹은 들창 위에 닭을 그리기도 하니 바로 그것이 전해내려 온 형상이다.

소리로 점을 침
響卜

『귀곡자(鬼谷子)』[30]에서 말하였다.

고요한 밤에 부엌을 청소하고 향과 등을 켜 놓고 축원하며 손으로 솥의 물을 휘젓고 물 위에 국자를 놓으면 저절로 돈다. 국자 자루가 가리키는 곳을 따라 거울을 안고 문을 나가 은밀히 처음 들리는 소리를 듣는 것이 바로 '소리로 치는 점[響卜]'이다. 감응한 뒤에 말을 해야 하니, 정월 초하루에 1년의 길흉을 점친다.

의춘첩
宜春帖

『형초기(荊楚記)』[31]에 "입춘(立春) 날에 비단을 오려서 제비 모양을 만

---

28) 습유기(拾遺記) : 지괴소설집. 찬자에 대한 정설이 없다. 진(晉) 왕가(王嘉)의 찬, 혹은 양(梁) 소기(蕭綺)의 찬, 혹은 왕가의 찬 소기의 록(錄) 등 여러 가지 설이 있다. 권수에 대해서도 설이 분분하다.

29) 중명조(重明鳥) : 눈동자가 두 개 있는 새.

30) 귀곡자(鬼谷子) : 1권. 전국 시대(戰國時代) 귀곡자(鬼谷子)가 편찬. 귀곡자는 행적이 불명하여, 이 책은 후인의 위작일 가능성이 높다. 패각(捭闔) · 반응(反應) 등 12편으로 나누어진다.

31) 형초기(荊楚記) : 육조 시대 호남성(湖南省) · 호북성(湖北省)을 중심으로 하는 형초

들어 머리에 쓰고 '의춘(宜春)'이란 글자를 붙인다"라고 하였는데, 지금의 춘첩(春帖)[32]이 이것이다. 시골 풍속에는 입춘날 아침에 보리를 캐어 새 뿌리가 세 가닥이면 풍년들 조짐이라고 한다. 나는,

새 마을에 살지만 옛 풍습대로	居是新鄉隨舊俗
문 밖에 나가 보리 캐어 봄 뿌리를 살피네	出門采麥見春根

라고 시를 지었다.

주자(朱子)는 「도부(桃符)」 시에서 "임금을 사랑하고 태평성대를 바라네[愛君希道泰]"[33]라고 하였으니, 두보(杜甫)의 시 "나라를 근심하고 풍년을 기원하네[憂國願年豊]"[34]에 대(對)를 맞춘 것이다.

농상
農詳

「동경부(東京賦)」[35]에서 "방성(房星)[36]이 때에 맞춰 자리 잡으니, 땅은 기름지고 지기가 솟구치네[農詳晨正, 土膏脉起]"라고 하였는데, 주석에서 "천전성(天田星)은 입춘날 오(午) 방향[37]에 뜨니 농사를 시작할 때이다"라고 하였다.

또 한(漢)나라의 농요(農謠)에서,

지방의 풍속을 기록한 연중세시기로 6세기 무렵 양(梁)나라 종름이 지은 총 10권의 책. 이것을 7세기 초 수(隋)나라 두공섬(杜公贍)이 주를 달아 1권으로 엮은 것이 『형초세시기(荊楚歲時記)』이다.

32) 춘첩(春帖) : 입춘날 집안의 기둥에 붙이던 글씨.

33) 『朱子語類, 卷一百七』.

34) 「오종(吾宗)」.

35) 동경부(東京賦) : 후한 장형(張衡 : 78~139)의 작품으로 낙양(洛陽)의 풍속을 노래함.

36) 방성(房星) : 28수의 별자리 중 네 번째 별들로 말의 수호신.

37) 오(午) 방향 : 정남방을 말함.

이월 초저녁에 참성이 뜨니	二月昏參星夕[38]
살구꽃 활짝 피고 뽕잎은 새하얗네	杏花盛桑葉白
은하수 각성을 비추어 밤새 지을 수 있고	河射角堪夜作
이성이 지고 물에 뼈가 생기네	犁星沒水生骨[39]

라고 하였다. 민간에,

꾀꼬리 내 보리를 보고	黃栗留看我麥
오디가 익으니 또한 때에 맞지 아니한가	桑葚熟不亦是應節

라는 말이 있다.

인일
人日[40)]

위수(魏收)[41)]가 "첫째 날 닭을 만들고, 둘째 날 개를 만들었으며, 셋째 날 돼지를 만들고, 넷째 날 양을 만들었다. 다섯째 날 소를 만들고, 여섯째 날 말을 만들었으며, 일곱째 날 사람을 만들고, 여덟째 날 곡식을 만들었다. 그 날은 생겨난 동물이 주가 되는데 날씨가 흐리면 재앙이 든다"라고 말하였다.

두보의 시에서,

---

38) 『松南雜識』에는 '三月昏參星夕'으로 되어 있음.
39) 최식(崔寔)의 「농가언(農家諺)」.
40) 인일(人日) : 정월 초이렛날을 말함.
41) 위수(魏收) : 북제(北齊)의 문인(506~572). 자는 백기(伯起). 문장이 뛰어났으며, 문선제(文宣帝)의 명을 받아 『위서(魏書)』 130권을 편찬함.
* 위의 내용은 『위서(魏書), 卷百四』의 "收曰"로 시작하는 부분을 인용해 온 것임.

정월 초하루부터 인일까지 元日到人日
흐리지 않은 날이 없구나 未有不陰時[42]

라고 하였으니, 아마도 천보(天寶)[43] 말년인 듯하다. 사람이 만물의 영장이기 때문에 이교(李嶠)[44]의 시에 "정월 초이레 가장 신령한 날[七日最靈辰]"[45]이라고 하였다. 또 휘장에 '人'자를 붙이기도 하였으므로, 당시(唐詩)에는,

금을 아로새겨 머리꾸미개 만드는 일은 鏤金作勝傳荊俗
형(荊)의 풍속에서 전해졌고,
비단을 오려 사람을 만드는 것은 剪綵爲人起晉風[46]
진(晉)의 풍속에서 시작되었네

라고 하였다.

우리나라에는 인일응제(人日應製)[47]가 있다.

42) 「인일이수(人日二首)」.
43) 천보(天寶) : 당 현종(玄宗)의 연호(742~756).
44) 이교(李嶠) : 당나라 시인. 자는 거산(巨山). 글재주가 있어서 낙빈왕(駱賓王) · 왕발(王勃)과 교유했으며 중년에는 소미도(蘇味道)와 함께 '소이(蘇李)'라고 불려졌고, 말년에는 문단의 원로가 되었다. '문장사우(文章四友 : 杜審言 · 李嶠 · 崔融 · 蘇味道)'의 한 사람이며, 저서로 『이교잡영(李嶠雜詠)』이 있다.
45) 「봉화인일청휘각연군신우설응제(奉和人日淸暉閣宴群臣遇雪應制)」.
46) 이상은(李商隱)의 시 「인일즉사(人日卽事)」. "文王喩復今朝是, 子晉吹笙此日同. 舜格有苗旬太遠, 周稱流火月難窮. **鏤金作勝傳荊俗, 剪綵爲人起晉風**. 獨想道衡詩思苦, 離家恨得二年中."
47) 인일응제(人日應製) : 조선 시대 성균관 유생에게 인일(人日)에 보이던 과거로 철에 따라 보이던 삼일제(三日製) · 칠석제(七夕製) · 구일제(九日製) · 황감제(黃柑製)와 함께 오순절제(五巡節製)라고 함.

신일
愼日

우리나라 풍속에 정월의 첫 자(子)·오(午) 자가 들어가는 날과 이월(二月) 초이틀을 '신일(愼日)'이라고 한다.

달도 · 낙유
怛忉樂遊

지봉(芝峯) 이수광(李睟光)[48]이 말하였다.

달도(怛忉)는 슬퍼하고 근심하며 금기(禁忌)한다는 의미이다. 신라(新羅)에서는 용(龍)은 비를 내리게 할 수 있고, 말은 수고로운 일에 부릴 수 있고, 돼지와 쥐는 곡식을 축내기 때문에 매년 자(子)·오(午)·해(亥)·진(辰) 자가 들어가는 날에 제사를 진설해서 복을 빌고 화를 물리쳤다.[49]

'낙유(樂遊)'는 『후한서(後漢書), 동이전(東夷傳)』에서 "부여국(夫餘國)에서 정월에 나라 안에서 연일 큰 대회를 열어 마시고 즐겼으니 이를 '영

---

48) 이수광(李睟光) : 조선의 중기의 문신·실학자(1563~1628). 자는 윤경(潤卿), 호는 지봉(芝峰), 본관은 전주(全州). 명나라를 수차례 방문하여 사신으로서의 역할을 수행하는 한편, 『천주실의(天主實義)』·『중우론(重友論)』·『속이담(續耳潭)』등을 가지고 들어와 1614년 『지봉유설(芝峰類說)』을 간행하여 한국에 천주교와 서양문물을 소개하는 등 실학 발전의 선구자가 되었다.

49) 東方舊俗, 以歲首及正月上子午日二月初一日, 謂之愼日, 又按新羅時, 以龍能興雨, 馬能服勞, 猪鼠耗穀, 每歲首辰午亥子日, 設祭祈禳, 禁百事, 相與遊樂, 謂之怛忉, 輿地勝覽曰, 怛忉, 言悲愁而禁忌也.(『芝峯類說, 卷一, 時令部, 節序』)→怛忉, 悲愁而禁忌也, 新羅時, 以龍能興雨, 馬能服勞, 猪鼠耗穀, 每歲首辰午亥辰, 設祭祈禳.(『松南雜識』)
* 원문을 해체하여 순서를 재배열 하였음.

고(迎鼓)'라고 한다"라고 한 것이다.

묘일에 실로 강묘를 묶다
卯日兎絲

『한서(漢書), 왕망전(王莽傳)』에서 "劉(유)라는 글자는 卯(묘)와 金(금)과 刀(도)의 결합이다. 정월(正月)에 강묘(剛卯)[50]와 금도전(金刀錢)을 만든다"라고 하였는데, 그 주석에서 "묘(卯)는 길이가 세 치, 너비가 한 치 네 푼이고, 사각형에 금과 옥으로 만든다. 두 줄로 '정월묘일(正月卯日)' 또는 '질일엄묘(疾日嚴卯)'라고 새긴다"[51]라고 하였다. 모두 예순 여섯 자로, 정월 묘일(卯日)에 이 도장을 만들어 차고 다녀 상서롭지 못한 일을 없앤다.

『진고(眞誥)』[52]에 "다섯 번째 묘(卯) 자가 들어가는 날에 마음을 재계하고 정신을 보존하면 옥녀(玉女)가 내려와 모실 것이다"라고 하였다. 황정견(黃庭堅)[53]의 「강묘변(剛卯辨)」[54]에 "絲는 끈이다"라고 하였으며, 『자휘(字彙)』[55]에 "絲'의 음은 '호'이다"라고 하였다.

---

50) 강묘(剛卯) : 한대(漢代)에 관리들이 재액(災厄)을 피하기 위해 차고 다니던 장식품. '강(剛)'은 강한 것, '묘(卯)'는 한왕(漢王)의 성인 유(劉) 자를 나누어 묘금도(卯金刀)라 한 묘(卯)자이며, 유씨(劉氏)를 뜻한다.

51) 『漢書, 卷九十九, 列傳, 第六十九』.

52) 진고(眞誥) : 양(梁)나라 도굉경(陶宏景)이 신선술에 관해 기록한 총 20권의 책.

53) 황정견(黃庭堅) : 송나라의 시인 · 서예가(1045~1105). 강서성(江西省) 분녕(分寧) 출신. 자는 노직(魯直), 호는 산곡도인(山谷道人) · 부옹. 소식과 함께 '소황(蘇黃)'으로 불리는 송나라의 대표적 시인으로 북송(北宋) 말에서 남송(南宋) 초에 걸쳐 그의 시풍이 널리 유행하였으며 강서파(江西派)의 시조로 일컬어진다.

54) 『格致鏡原, 卷四十九, 日用器物類, 一』에 "棤絲絲繩也. 見金陵學宮所刻山谷辨剛卯說, 音護"로 되어 있고, 『通雅, 卷三十七, 衣服』에도 "黃山谷辨剛卯說, 但云, 絲絲繩也"라고 되어 있다.

55) 자휘(字彙) : 명나라의 매응조(梅膺祚)가 편찬하였고 1615년 간행된 자전. 33,000여 자의 한자를 214의 부수로 나누고, 부수의 배열과 부수 내부의 한자 배열은 모두 자획(字劃)의 많고 적음에 따랐다. 214부의 자획순 한자배열법은 청나라의 『강희자전(康熙

지금 풍속에 묘(卯)를 토끼(兎)라 하여 실에 꿰어 매고 다니며 꺼리는 일이 많은 것은 사실 여기에서 유래하였다.

약밥
藥飯

신라의 역사에서 말하였다.[56]

소지왕(炤知王)[57] 정월 초하루에 천천정(天泉亭)에 행차할 때 까마귀 한 마리가 봉해진 편지 한 통을 물고 와서 울었다. 그 편지의 겉에는 '열어보면 두 사람이 죽고, 열어보지 않으면 한 사람이 죽는다'라고 적혀 있었다. 일관(日官)이 '한 사람이란 왕을 말하는 것입니다'라고 아뢰었다. 왕이 그것을 열어보니 '거문고 갑을 쏘라[射琴匣]'고 쓰여 있었다. 궁으로 들어가 거문고 갑을 쏘니 갑 속에서 중이 화살에 맞아 죽었다. 그는 바로 내전(內殿)의 번수승(樊修僧)[58]으로 왕비와 간통한 자였다.

이로부터 우리나라에 찰밥을 지어 과일과 맛난 것을 섞어 까마귀에게 제사 지내는 풍속이 생겼다. 중국에서도 진미(珍味)로 여긴다.

근세에도 특정한 시절(時節)에만 먹는 성찬으로 만들어 가묘(家廟)에 올린다. 나는 다음과 같은 시를 지었다.

소지왕 이전에는 찰밥 없었고,	炤智王前糯飯無
밤에 거문고 곡조 울더니 편지와 들어맞네	夜啼琴曲有書符

字典)』과 1937년에 간행된 『사해(辭海)』에 계승되었다.

56) 『삼국유사(三國遺事), 기이(紀異), 사금갑(射琴匣)』과 대략적인 내용은 동일하나 내용상 다소 차이가 있다.

57) 소지왕(炤知王) : 신라 제21대 왕. 재위 기간은 479~500년.

58) 번수승(樊修僧) : 『삼국유사』에서는 '분수승(焚修僧)'이라고 하였음. 주로 궁궐 안의 절에서 향을 사르며 불도(佛道)를 닦는 중을 말함.

우리나라 사람들 차례만 알기에 東人但識茶爲禮
집집마다 조상에겐 제사지내도 까마귀 제사는 없다네 祭祖家家不祭烏

귀밝이술
耳明酒

『사기원(事紀原)』[59]에서 "한(漢)나라의 박사(博士)가 총명하고 위엄 있는 사람을 뽑아 좨주(祭酒)로 삼았다"라고 하였다.

백거이(白居易)[60]의 시에서 "대보름날 귀밝이술[上元耳明酒]"[61]이라고 하였으니, 요즘의 귀밝이술에 대한 이야기도 아마 '귀 밝히고 눈 밝히는 좨주[聰明祭酒]'라는 말에서 유래된 듯하다.

종이연에 불 붙여 날리기
紙鳶火颺

『삼국사기(三國史記)』에서 말하였다.

별이 월성(月城)에 떨어지자 김유신(金庾信)이 불을 안은 허수아비를 연에 태워서 바람에 실어 날려 보내며 "떨어진 별이 다시 하늘로 올라갔다"라고 하였다.[62]

---

59) 사기원(事紀原) : 『사물기원(事物紀原)』을 말하는 듯함.
60) 백거이(白居易) : 당나라의 시인(772~846). 자는 낙천(樂天), 호는 향산거사(香山居士). 그가 죽은 뒤 당시 황제인 선종(宣宗)은 그의 사회에 대한 문화적 공헌을 들어 '문공(文公)'이라는 시호를 내려주었다.
61) 백거이의 시에서는 찾을 수 없다.
62) 『三國史記, 列傳, 金庾信傳』.

지금도 종이 연에 불붙은 줄을 매달아 날려 보내는 것을 '제액(除厄)'이라고 하니 여기서 비롯되었다.

더위팔기
賣暑

오(吳)나라 풍속에 섣달 그믐날 아이들이 거리를 돌아다니며 "네게 어리석음 팔았다, 네게 우매함 팔았다"라고 소리친다. 오나라 사람들은 많이 어리석었기 때문에 자신들에게 남아도는 것을 팔려고 한 것이다.

범성대(范成大)[63]의 시에,

아이 말하기를 "노인이 사겠다면 돈은 필요 없어요	兒云翁買不須錢
외상으로 어리석음 판 것 천백 년이죠"	奉賖癡獃千百年[64]

라는 구절이 있다.

지금의 더위팔기도 그러한 뜻일 것이다.

나는 다음과 같이 시를 지었다.

속을까봐 아침에 일어나 말하지 않으니	朝起無言恐見欺
아는 이 만나도 모르는 사람 대하듯	相逢便若不相知
허다한 어리석음이 더위보다 많건만	許多癡了多於暑
더위 파는 사람들 왜 어리석음 팔지 않나	賣暑人人詎賣癡

---

63) 범성대(范成大) : 남송(南宋)의 시인(1126~1193). 자는 치능(致能), 호는 석호거사(石湖居士). 육유(陸游)와 친교를 맺고, 남송사대가(南宋四大家)의 한사람으로 꼽힌다. 소주(蘇州) 교외 석호(石湖)에 별장을 짓고, 말년에 그곳에서 청신한 시를 많이 썼다. 저서에 『석호거사시집(石湖居士詩集)』이 있다.

64) **兒云**翁買不須錢, 奉賖癡獃千百年.(『石湖居士詩集, 賣癡獃詞』)→翁買不須錢, 奉賖癡獃三百年.(『松南雜識』)

용의 알로 밥짓기
龍卵造飯

『형초세시기(荊楚歲時記)』에서 “갈대횃불로 우물물을 비춘다”[65]라고 하였다. 지금 농가에서 새벽에 불을 켜고 우물을 비추어 물을 길어다 밥을 지으니, 그것을 ‘용의 알[龍卵]’이라고 한다.

용의 밭갈기
龍耕

『신증동국여지승람(新增東國輿地勝覽)』에서 말하였다.

연안(延安)의 와룡지(臥龍池)는 겨울이면 얼어서 터지는데 가로로 갈라지기도 하고 세로로 갈라지기도 하니 ‘용이 밭가는 것(龍耕)’이라 한다. 다음 해의 풍흉(豊凶)을 점칠 때 가로로 갈라지면 풍년이 되고, 세로로 갈라지면 홍수가 나며, 전혀 갈라지지 않으면 흉년이 든다고 한다. 안노생(安魯生)[66]이 왕에게 보고하자 왕이 담당 관리에게 명하여 제사 드리게 하였다.[67]

---

65) 正月末日夜蘆苣火照井, 厠中則百鬼走.(『荊楚歲時記』)

66) 안노생(安魯生) : 고려・조선 시대의 무신. 본관은 죽산(竹山), 호는 춘곡(春谷). 공양왕 3년(1391) 군자소윤(軍資少尹)으로 서북면 찰방별감(察謗別監)이 되어 명나라와의 밀무역을 엄단하여 국경지대의 기강을 세우고, 병조총랑(兵曹摠郎)으로 있을 때 정몽주가 살해되자, 그 일파로 몰려 이성계에 의하여 유배되었다. 조선 개국 후 태종 때 경상도안렴사(慶尙道按廉使) 좌사간(左司諫)을 지내고 예조참의(禮曹參議)로 1408년 명나라에 다녀왔다.

67) **每**冬月, **池**冰拆裂, 或縱或橫, **邑人**謂**之**龍耕, **以**占翌年豊歉, 橫則豊, 縱則水溢, 全不拆**裂**則歉, **本朝太宗時**, 安魯生聞**于朝**, 命有司, **每歲春秋**致祭.(『新增東國輿地勝覽, 延安都護府, 山川』)→**延安臥龍池**, 冬月冰裂, 或橫或縱, 謂龍耕, 占翌年豊歉, 橫則豊, 縱則水溢, 全不拆則歉, 安魯生**上**聞, 命有司致祭.(『松南雜識』)

지금도 와룡지에서는 정월 대보름 밤에 제사를 드린다. 이날 인근 마을의 소는 쟁기질을 한 것처럼 땀을 흘린다고 하니 기이하다.

흰죽으로 누에에게 제사지내다
白粥祭蠶

『형초세시기(荊楚歲時記)』에는 "정월 대보름날 흰죽으로 누에에게 제사지내고 자고를 맞아들여[迎紫姑][68] 누에농사를 점친다"[69]라고 하였다. 『속제해기(續齊諧記)』[70]에서 말하였다.

> 오현(吳縣)의 장성(張成)이 어떤 부인을 보았는데 그녀가 말하였다. "이곳은 그대의 잠실(蠶室)이고 저는 지신(地神)입니다. 정월 보름에 흰죽을 만들어 제사 지내면 누에치는 일이 백 배나 잘될 것입니다."[71]

『이원(異苑)』[72]에서 말하였다.

---

68) 영자고(迎紫姑) : 고대 민간 풍속의 하나. 자고(紫姑)는 측신(厠神)의 이름.

69) 正月十五日作豆糜, 加油膏其上, 以祠門戶. 其夕, 迎紫姑, 以卜將來蠶桑竝占衆事 →上元白粥祭蠶, 迎紫姑, 卜蠶桑.(『松南雜識』)

70) 속제해기(續齊諧記) : 양(梁)나라 오균(吳均)이 기이한 이야기를 모아 기록한 동양무의(東陽無疑)의 『제해기(齊諧記)』를 이어서 편찬한 책.

71) 吳縣張成, 見一婦人, 立宅東南角, 謂成曰, 此地是君蠶室, 我卽地神, 正月半日, 可作白粥, 泛膏於上以祭之, 當令君家蠶葉百倍, 言訖而去, 成如其言, 大得蠶. 續齊諧記.(『古今事文類聚, 前集, 卷三十六, 民業部, 農家』) → 吳張成, 見一婦人, 謂曰, 此地蠶室, 我卽地神, 正月望日, 作白粥祭之, 蠶業百倍.(『松南雜識』)

72) 이원(異苑) : 육조(六朝) 송나라 때 총 10권으로 편찬한 설화집으로 작자는 유경숙(劉敬叔)이다. 현존하는 것은 명나라 때 다시 편집한 것이다. 육조 시대에 많이 편집된 지괴서(志怪書)의 하나이며, 당시 인물에 관한 기괴한 삽화(揷話), 민간에 전승되는 초자연적인 설화에서부터 불교설화에 걸쳐 있어 다른 지괴서에 비해 내용이 상당히 다채롭다.

자녀(紫女)가 "나는 어떤 사람의 첩으로 본부인에게 시샘을 받아 항상 더러운 일만 하다가 정월 보름날에 죽었다"라고 말하였다. 세상 사람들이 그 인형을 만들어 밤에 측간이나 돼지우리에서 맞이하였다."[73)]

『황사(荒史)』[74)]에는 "잠총국(蠶叢國)[75)]에선 푸른 옷을 입고 백성들에게 양잠을 가르쳤는데, 지금 촉(蜀)나라의 청의신(靑衣神)이 이것이다"라고 하니 『예기(禮記)』에서 국의(鞠衣)[76)]를 올렸다는 것과 같다. 또 여자 조각상에 말가죽을 씌우는 것은 마두낭(馬頭娘)[77)] 때문이다.

---

73) 異苑曰, **世有**紫女云. 是人家妾, 爲大婦所嫉, 每以穢事**相**役, **正月十五日**, **感激而**死, **故**世人, **以其日**, 作其形, 夜於厠間**或**猪**欄邊**迎之.(『古今事文類聚, 前集, 卷三十八, 卜流不一』) → 異苑曰, 紫女云. 是人家妾, 爲大婦所嫉, 每以穢事役, 上元日死, 世人作其形, 夜於厠間猪欄迎之.(『松南雜識』)

74) 황사(荒史) : 명나라 진사원(陳士元)이 찬술한 책으로 총 6권. 천지개벽에 대한 내용으로 이루어져 있음.

75) 잠총국(蠶叢國) : 잠총국은 촉(蜀) 지방을 말하는데, 잠총은 촉왕(蜀王)의 선조라고 하며 사람들에게 잠업을 가르쳤다고 한다.

76) 국의(鞠衣) : 고대 왕후(王后)의 육복(六服)의 하나로 황의(黃衣)를 말함. 『禮記, 月令』에 "是月也, 天子乃薦鞠衣于先帝"라고 하였으며 정현(鄭玄)은 "爲將蠶, 求福祥之助也. 鞠衣, 黃桑之服"라고 주석했다.

77) 마두낭(馬頭娘) : 마두양(馬頭孃)이라고도 함. 중국 신화의 잠신(蠶神)이다. 말머리에 사람의 몸을 한 소녀라고 함. 고대 고신씨(高辛氏) 때 촉(蜀)에 잠녀(蠶女)가 있었는데 그녀의 아버지가 쫓기는 몸이 되었다. 집에는 말 한 필만이 남았었는데 소녀의 어머니가 "누구라도 아버지를 찾아오면 딸을 배필로 주리라"고 했다. 말이 그 이야기를 듣고 달려 나가 아버지를 태우고 돌아왔다. 이로부터 딸이 울면서 음식을 먹지 않아 아버지가 그 까닭을 묻고는 노하여 말을 죽이고 뜰에 그 가죽을 말렸다. 그 딸이 말가죽 곁을 지나자 말가죽이 갑자기 일어나 딸을 태우고 상수(桑樹) 가로 달려갔다. 딸은 변하여 누에가 되어 실을 토하여 인간의 옷을 만들어 주게 되었다.

다리 밟기
踏橋

강극성(姜克誠)[78]의 시에서,

> 젊은이들 보름날을 좋은 때로 기억하니　　年少佳辰記上元
> 다리 밟고 달구경하며 맛난 술에 취하지　　踏橋玩月醉芳樽

라고 하였다. 아마도 고려 때부터 다리 밟기 놀이가 시작된 듯 한데 다리 밟기 놀이를 하면 한 해 동안 다리에 병이 없다고 한다. 이날 밤 통금을 해제하니 이를 '방야(放夜)'라고 한다. 남자와 여자들이 길을 가득 메운다. 더욱이 부인들은 가마를 타고 다리 밟는 것을 좋은 놀이로 여겼다. 심지어 아내를 잃어버리는 사람도 있어서 관아에서 금하였으나 그만두지 않았다. 임진왜란 이후에야 이 풍속이 없어졌다고 한다.

안동(安東) 지방의 풍속에 이날 밤에는 고을의 나이 어린 부녀자들이 곱게 단장하고 길가에 나와 엎드려 가고 물고기 비늘처럼 기어서 오부(五部)를 돌아다니는 놀이가 있으니 '놋다리 밟기[路橋踏]'라고 한다. 그런데 어떤 인동(印童) 하나가 여인의 복색으로 꾸며 섞여 들어가 이방(吏房)의 딸을 끼고 달아난 일 때문에 이 놀이도 폐지되었다고 한다.

모마날
耗磨

장열(張說)[79]이 시에서,

---

78) 강극성(姜克誠) : 조선 중기 문신(1526~1576). 본관은 진주(晉州), 자는 백실(伯實), 호는 취죽(醉竹). 좌찬성 강희맹(姜希孟)의 4대손. 명종 1년(1546)에 진사가 되고 53년 별시문과에 병과로 급제했다. 시를 잘 지었다.

79) 장열(張說) : 당의 문학가(667~730). 자는 도제(道濟)·설지(說之). 낙양 출신. 부염

정월의 오늘 아침 줄어드니 上月今朝減[80]
모마날이라 전해오네 流傳耗磨辰
도리어 아무런 일 하지 않으려 하고 還將不事事
시정 사람과 함께 술에 취하네 同醉俗中人[81]

라고 하였다.

『월령광의(月令廣義)』[82]에서 "16일을 모마(耗磨[83])라고 하여 술을 마시지 않고 창고도 열지 않으며 귀신이 설치는 날이라고 해서 멀리 가지도 않는다"라고 하였다.

하늘 구멍 메우기
補天穿

강동(江東) 사람들은 정월 24일 지붕 위에 전병(煎餠)을 놓아두니 '하늘 구멍 메우기(補天穿)'라고 하는데, 여와(女媧[84])가 돌을 녹였던 날인 듯하다. 지금은 이런 풍속이 없지만 전병의 유래라고 한다.

『하소정(夏小正)』[85]에서 말하였다.

(浮艶)한 문풍을 탈피하여 강건하고 실용적인 작품을 추구했다.

80) **上**月今朝減.(『張燕公集, 卷九』)→**今**月今朝減.(『松南雜識』)

81) 「모마일음이수(耗磨日飮二首)」.

82) 월령광의(月令廣義) : 명나라의 풍응경(馮應京)과 대임공(戴任共)이 편찬한 농가서(農家書). 25권.

83) 모마(耗磨) : 모마날. 음력으로 정월 16일. 이날은 일하지 않고 도둑이 들었다가 잡혀도 웃으며 보내주며, 보배·부녀자·수레·말 등을 훔친 도둑을 잡아도 죄주지 않는다.

84) 여와(女媧) : 중국 고대 신화에 등장하는 여신으로 천지를 보수하고 인류를 창조한 조물주. 『회남자(淮南子)』에는 태고에 하늘을 떠받치고 있던 4개의 기둥이 부러져 대지가 갈라지고 큰 화재와 홍수가 발생했으며, 맹수와 괴조(怪鳥)가 횡행하여 사람들을 괴롭혔는데 이때 여와가 5색으로 빛나는 돌을 녹여 하늘의 뚫린 부분을 메우고, 큰 거북의 다리를 잘라 하늘과 땅 사이를 괴어 지상이 다시 평안해졌다고 한다.

85) 하소정(夏小正) : 『대대례기(大戴禮記)』의 편명으로 매월(每月)의 물후(物候)를 기록했다. 『수서(隋書), 경적지(經籍志)』에는 『대대례기』 속에서 따로 『夏小正』 1권을 뽑

개구리 겨울 잠 깨고 기러기는 북으로 날아간다. 까투리 나래 치며 울고, 물고기 얼음 밑까지 올라온다. 농부는 쟁기를 손질하고 정월에 쟁기에 제사지낸다. 비로소 울창주를 쓰고 동산에는 부추 난다. 때로 큰바람 불고 추워도 언 길이 녹는다. 두더지 나오고 농부는 밭을 고른다. 수달은 물고기 잡아 제사지내고 매는 비둘기로 변한다. 눈 녹은 땅에 제사지내고 비로소 공전(公田)에서 일을 한다. 쑥을 뜯으니 국성(鞠星)이 뜬다. 초저녁 참성(參星)이 뜨니 북두칠성 자루가 드리워져 있다. 버들에 움이 트고 매화·살구·산복숭아 꽃이 핀다. 개구리밥에 열매 맺히고 닭은 새끼 품어 기른다.[86)]

중화절
中和

당나라 이필(李泌)[87)]이 아뢰었다.

"정월 그믐을 절기(節氣)로 삼는 것은 잘못이니, 이월 초하루를 중화절(中和節)로 삼아야 합니다. 이 날에는 푸른 주머니에 온갖 곡식·오이·오얏·과일 등의 씨를 담아 서로 안부를 묻고 건네주는데 이를 '씨앗드리기(獻生子)'라고 합니다. 백관(百官)들에게는 농서(農書)를 올리게 하여 농사에 힘쓰라는 뜻을 보이십시오."[88)]

아 놓았는데 이때부터 『夏小正』의 별본(別本)이 있게 되었다.

86) 正月, 啓蟄, 雁北鄕, 雉震呴, 魚陟負氷, 農緯厥耒, 初歲祭耒, 囿有見韭, 時有俊風. 寒日滌凍塗, 田鼠出, 農率均田, 獺獸祭魚, 鷹則爲鳩, 農及雪澤, 初服于公田, 采芸, 鞠則見, 初昏參中, 斗柄縣在下, 柳梯, 梅杏杝桃則華, 緹縞, 鷄桴粥.(『大戴禮記 夏小正』) →初昏參中, 斗柄縣在下, 啓蟄, 雁北鄕, 雉震呴, 魚陟負氷, 農緯東厥耒〈緯東〉, 初歲祭耒〈祭始爲耒〉, 始用暢〈鬯也〉, 囿有見韭, 時有俊風〈俊大〉, 寒日滌凍塗〈滌解凍爲〉, 塗田鼠出, 農率均田, 獺祭魚, 鷹則化鳩, 農及雪澤〈凍解〉, 初服于公田, 采芸〈蒿也〉, 鞠則見, 柳梯, 梅杏杝桃則華, 緹蕩〈緹賓蕩莎〉, 鷄桴粥〈伏養〉.(『松南雜識』)

87) 이필(李泌): 당나라의 명신(722~789), 자는 장원(長源).

88) 泌**謂**, **廢**正月晦, 以二月朔爲中和節, **因賜大臣戚里尺**, **謂之裁度**. **民間**以青囊盛百

경칩
驚蟄

「월령(月令)」에서 "2월 경칩이라 하니 칩거했던 벌레들이 모두 깨어나는 것을 말한다"라고 하였다. 그러므로 '칩거하던 벌레가 문에 붙는다[蟄蟲附戶]'는 글이 있다. 근래 늙은 농부에게 들으니 '蟄(칩)'이란 틀어박혀 있는다는[蟄伏] 의미의 '蟄'자가 아니라 바로 개구리 이름이니 봄기운이 돌면 얼음과 눈이 있더라도 반드시 먼저 우는 놈이라고 한다.

화조
花朝

『제요록(提要錄)』에는 "2월 15일을 '화조(花朝)'라 한다"라고 하였다. 『한묵기(翰墨記)』에는 "낙양(洛陽)에서는 2월 2일을 '화조'라 한다", 또 "2월 12일은 '온갖 꽃들의 생일[百花生日]'이다"라고 하였다.

한식
寒食

『형초세시기(荊楚歲時記)』에서 말하였다.

동지(冬至) 뒤 103일째 날을 '불 때 밥하는 날[炊熟日]'이라 하니, 불 때는 것을 금지하므로 미리 아침·저녁밥을 지어 놓는다. 진(秦)나라 사람

穀瓜果種, 相問遺號爲獻生子, **里閭釀宜春酒, 以祭勾芒神, 祈豊年**. 百官進農書, 以示務本.(『新唐書, 卷一百三十九, 列傳, 第六十四, 李泌傳』)→泌奏曰, **以**正月晦**爲節, 非也, 請**以二月朔爲中和節, 以青囊盛百穀瓜果種, 相問遺號爲獻生子, 令百官進農書, 以示務本.(『松南雜識』)

들은 '냉절(冷節)'이라고 한다. 불 때는 것을 금하는 이유는 개자추(介子推)[89] 때문이 아니라 용기성(龍忌星)이 목(木)의 자리에 해당되고 동방에 속해 있어 불기운이 성할까 두려워했기 때문이다. 그렇기 때문에 불 때는 것을 금하고 '금연(禁烟)'이라고 하였다.

당나라 재상들은 도미주(酴醾酒)로 연회를 즐겼는데 도미화(酴醾花)[90]를 따다 술을 빚은 것인가? 세상에서는 동지에서부터 날수를 세어 구구(九九) 81일째 되는 날 구구사(九九詞)를 많이 지었다.

또 말하기를 '구구가 다하면 추위가 끝나고, 삼복(三伏)이 지나면 더위가 다 간다[九盡寒盡, 伏盡熱盡]'라고 하니, 곧 한식동풍백오절(寒食東風百五節)[91]이다. 또한 일백오일한식우(一百五日寒食雨),[92] 이십사번화신풍(二十四番花信風)[93]이다.

사일
社日

『설문해자(說文解字)』[94]에서 "청도신(淸道神)에게 기원하는 것을 사(社)

---

89) 개자추(介子推) : 진(晉)나라 문공(文公)이 국란을 당하여 개자추 등 여러 신하를 데리고 국외로 탈출하여 방랑할 때, 허기져 쓰러진 문공을 개자추가 넓적 다리살을 베어 먹여 살렸다고 한다. 뒤에 왕위에 오른 문공이 개자추에게 벼슬을 주려하자 면산(緜山)에 들어가 나오지 않았고 그를 나오게 할 목적으로 불을 질렀으나 끝내 나오지 않고 타 죽었다. 그 뒤 그를 애도하는 뜻에서 불을 금하고 찬 음식을 먹는 풍속이 생겼다고 한다.

90) 도미화(酴醾花) : 장미과의 만생(蔓生) 관목으로 첫여름에 연한 푸른빛을 띤 흰 꽃이 핀다. 그 빛깔이 흡사 도미주의 빛과 같다 한다.

91) 동지(冬至)에서부터 105일째 되는 날이 한식이므로 이렇게 부름.

92) 일백오일한식우(一百五日寒食雨) : 동지부터 105일째 날이 한식이므로 이렇게 부름.

93) 이십사번화신풍(二十四番花信風) : 24절기 가운데 소한(小寒)에서 곡우(穀雨)까지 부는 바람으로 5일마다 새로운 바람이 불고 그에 따라 꽃이 차례로 핀다고 한다.

라고 한다"라고 하였다. 길을 가는 사람은 길한 일이거나 흉한 일이거나 모두 '사(社)'라고 이름 한다. 혜함(嵇含)[95]은 "십일(十日)을 한(漢)나라 때는 병오일(丙午日), 위(魏)나라 때는 정미날(丁未日), 진(晉)나라 때는 매 계절의 첫 번째 달 유(酉)자 들어가는 날에 제사를 지냈으니, 각각 그 운행(運行)에 따른 것이다"라고 하였다.[96]

『만년력(萬年曆)』에는 "입춘과 입추가 지난 다섯째 무일(戊日)을 각각 춘사(春社)·추사(秋社)라고 하고 풍년을 기원하는데 지금도 그대로 사용한다"라고 하였다.

요관(姚寬)[97]의 『서계총어(西溪叢語)』에서 "두보는 시에서 '사일에 복날 일을 쓴다'라고 하였는데 오류이다. 『진사(秦史)』에서 처음 복사사(伏祠社)를 사용하니 바로 같은 날이다. 한(漢)나라 때 와서야 춘사(春社)·추사(秋社)를 복일(伏日)과 구분하였다"라고 하였다.[98]

운서(韻書)에서 "이 날 파와 마늘을 팔뚝에 매다니 총명하게 셈을 잘할 수 있다고 여겼기 때문이다"[99]라고 하였다.

---

94) 설문해자(說文解字) : 후한(後漢)의 허신(許愼)이 100년경에 엮은 자전으로 9,000여 자를 540부로 나누고 육서(六書)에 따라 글자를 분석하고 풀이했다.

95) 혜함(嵇含) : 서진 사람(263~306). 자는 군도(君道). 학문을 좋아하고 문장에 뛰어났음.

96) 社之在於世, 尙矣, 自天子至於庶人, 莫不咸用, 有漢十日丙午, 魏氏擇用丁未, 至于大晉則社孟月日則酉日, 各因其行運, 三代固有不同, 雖共奉社而莫議, 社之所由興也. 說文云, 祈淸道神, 爲之社, 有事於道者, 吉凶偕名.(「社賦序, 嵇含」)→說文云, 祈淸道神, 爲之社, 有事於道者, 吉凶偕名. 嵇含曰, 漢一日丙午, 魏用丁未, 晉則孟月酉日, 各因其行運.(『松南雜識』)

97) 요관(姚寬) : 송나라의 문인. 자는 영위(令威), 호는 계서거사(溪西居士).

98) 杜甫詩, 尙想東方朔, 詼諧割肉歸, 社日用伏日事, 蘇黃皆以爲誤也. 史記年表秦德公二年, 始作伏祠社, 乃同日. 至漢, 方有春秋二社與伏分也.(『西溪叢語, 卷上』)→以杜詩, 社日用伏事. 秦史始用伏祠社, 乃同日也. 至漢, 方有春秋二社與伏分也.(『松南雜識』)

99) 俗傳社日繫臂葱蒜於臂, 能聰明計算.(『山堂肆考』)

사우
社雨

『제요록(提要錄)』에서 말하였다.

사공(社公)[100]과 사모(社母)는 묵은 물을 먹지 않는다. 그래서 사일(社日)에 내리는 비를 '사옹우(社翁雨)'라 한다.

육구몽(陸龜蒙)의 시에,

몇 방울의 사옹우	幾點社翁雨
한 차례 화신풍	一番花信風[101]

이라는 구절이 있다.[102]

『쇄언(瑣言)』에서 "사주(社酒)를 마시면 귀 먹지 않는다"라고 하였으니, 이것은 마치 한식밥으로 흉터를 없앤다는 것과 같다.

이도(李濤)의 시에는 "귀머거리를 고치는 술 한 병"[103]이라 하였고, 『본초강목(本草綱目)』[104]에는 "사주를 벽에 뿜어 모기를 없애는데 이를 '제여주(祭餘酒)'라고 한다"라고 하였다.

『몽화록(夢華錄)』[105]에 "추사(秋社)에는 사고(社餻)·사주(社酒)를 서로 주

---

100) 사공(社公) : 토지신을 달리 부르던 말.

101) 「자견시삼십수(自遣詩三十首)」.

102) 提要錄云, 社公社母, **不社舊水**. **故社日必雨**, 謂之社翁雨. 陸**魯望**詩, 幾點社翁雨, 一番花信風.(『歷代詩話, 卷五十四』) → 提要錄云, 社公社母, **不食舊水**, **故雨**, 謂之社翁雨, 陸**龜蒙**詩, 幾點社翁雨, 一番花信風.(『松南雜識』)

103) 社公今日沒心情, **爲乞治聾酒一瓶**. 惱亂玉堂將欲遍, 依稀巡到第三廳.(『全唐詩, 卷七百三十七, 李濤, 春社從李昉求酒』)

104) 본초강목(本草綱目) : 명나라의 의사 이시진(李時珍)이 지은 한방의 약재·약학에 관한 책. 각지를 여행하면서 그 지방의 독자적 단방(單方), 즉 민간요법을 조사하여 26년 만에 완성했다. 내용은 전52권, 수록된 약품 수는 1,903종에 달하는 방대한 책이다.

105) 몽화록(夢華錄) : 『동경몽화록(東京夢華錄)』. 송나라의 맹원로(孟元老)가 편찬. 송이

며, 여러 가지 고기를 섞어 밥 위에 얹은 것을 '사반(社飯)'이라 한다"[106]라고 하였다.

『하소정(夏小正)』에서 말하였다.

기장 밭에 가서 씨앗 뿌리고 홑옷을 입는다. 비로소 양이 자라나서 제 힘으로 먹고 자라네. 모든 남녀들이 안락해지고 좋은 날 만무(萬舞)를 추며 태학(太學)으로 들어간다. 다랑어 잡아 제사지내고 제비꽃이 핀다. 쑥 뜯어오고 꿈틀대는 개미 알 털어 언다. 제비 낮게 날며 살 곳 찾으며 악어껍질 벗겨 북을 만든다. 꾀꼬리는 울고 향초꽃 핀다. 때로 순을 따먹을 수 있다.[107]

원사
元巳

『풍속통의(風俗通義)』에서 "사(巳)는 복(福)의 의미이다. 나쁜 병이 낫고 큰 복이 오기를 기원한다"[108]라고 하였다.

「남도부(南都賦)」[109]에서,

남쪽으로 천도한 후 도성의 잡다한 내용들을 기록함. 10권.

106) **八月**秋社, 各以社糕社酒, 相賚, **送貴戚宮院**, 以**猪羊肉腰子妳房肚肺鴨餅瓜薑之屬**, **切作棋子片樣**, **滋味**調和, 鋪於飯上, 謂之社飯.(『東京夢華錄, 秋社』) → 秋社, 各以社糕社酒, 相遺, 以**諸肉**調和, 鋪於飯上, 謂之社飯.(『松南雜識』)

107) 往耰黍禪, 初俊羔助厥母粥, 綏多女士, 丁亥, 萬用入學, 祭鮪, 榮堇, 采蘩, 昆小蟲抵蚳, 來降燕睇, 剝鱓, 有鳴倉庚, 榮芸, 時有梯始收.(『夏小正』) → 往耰黍禪〈單衣〉, 初俊羔助厥母粥〈俊大也, 羔食草木而不食於母〉, 綏多女士, 丁亥, 萬用入學, 祭鮪, 榮堇, 采蘩, 昆小蟲抵蚳〈卵也〉, 來降燕睇〈視可室〉, 剝鱓〈爲鼓〉, 有鳴倉庚, 榮芸, 時有梯始收〈稊稗割之.〉(『松南雜識』)

108) 巳者祉也, 邪疾巳去, 祈介祉也.(『風俗通義, 卷八, 禊』)

109) 남도부(南都賦) : 후한(後漢)의 문인 장형(張衡 : 78~139)이 자신과 광무제(光武帝)의 출신지인 남양을 찬미해서 지은 작품으로, 「서경부(西京賦)」·「동경부(東京賦)」·「사현부(思玄賦)」·「귀전성(歸田城)」 등이 대표작으로 꼽힌다.

삼월 첫머리	暮春之首
원사일(元巳日)	元巳之辰
수레바퀴 나란히 하여	方軌齊軫
양빈에 노니네	遊于陽濱

라고 하였다.

장화(張華)[110]의 「상사편(上巳篇)」에,

고선(姑洗)[111]가락 시절에 어울리고	姑洗應時月[112]
원사(元巳)라 좋은 때 시작되네	元巳啓良辰

라고 하였는데, 그 주석에서 "삼일(三日)은 상사일(上巳日)을 말한다"라고 하였다. 『송서(宋書)』에서 "위(魏)나라 이후로 삼일(三日)이라고만 썼지, 다시는 사(巳)를 쓰지 않았다"[113]라고 하였다.

소식(蘇軾)은 사(詞)에서,

봄빛이 삼분	春色三分
먼지가 이분	二分塵土
흐르는 물 일분	一分流水[114]

이라고 하였다.

---

110) 장화(張華) : 서진(西晉) 시대 문인・정치가(232~300). 자는 무선(茂先). 하북성(河北省) 출신. 위(魏)나라 초에 태상박사(太常博士)가 되었고, 서진을 섬기면서 오(吳)나라 토벌에 공을 세웠다. 벼슬이 사공(司空)에 이르러 장무군공(壯武郡公)에 올랐으나, 조왕(趙王) 사마윤(司馬倫)의 난으로 일족과 함께 살해당했다. 저서로는 천하의 이문(異聞)과 신선에 관한 이야기 및 고대 일화 등을 모은 『박물지(博物志)』가 있다.

111) 고선(姑洗) : 음률 이름.

112) 姑洗**應時**月.(『古詩紀, 卷三十一』) → 姑洗**暎**三月.(『松南雜識』)

113) 『宋書, 卷十五, 志, 第五』.

114) 「수룡음(水龍吟)」.

발계
祓禊

『진사(晉史)』의 "관계(觀禊)"에 대한 주(註)에 "계(禊)는 결제(潔祭)[115]의 이름이다"라고 하였고, 『후한서(後漢書), 예의지(禮儀志)』에 "상사일(上巳日)에는 벼슬아치와 백성들이 모두 동쪽으로 흐르는 물가에서 목욕을 하여 묵은 때를 씻어 낸다"[116]라고 하였다. 『난정기(蘭亭記)』에 "계사(禊事)를 닦았다"[117]라고 한 말이 이것이다.

『풍속통의(風俗通義)』에는 "정(鄭)나라의 풍속에 진수(溱水)와 유수(洧水)의 물가에서 초혼례(招魂禮)를 하고 혜초(蕙草)와 난초(蘭草)로 상서롭지 못한 것을 제거했기 때문에 상사일을 '발계(祓禊)의 날'이라고 부른다"라고 하였다.

『도경(圖經)』[118]에 "연못 북쪽(池陽)에서 상사일에 부녀자들이 냉이꽃(薺花)으로 기름을 찍어 축원을 하면서 뿌려 보아 물속에 용과 봉황, 꽃의 형상이 나타나면 길하다고 하니 이것을 '유화복(油花卜)'이라 한다"라고 하였다.

유상
流觴

『제해기(齊諧記)』에서 말하였다.

지우(摯虞)가 말하였다.

---

115) 결제(潔祭) : 몸을 깨끗이 하는 제사.

116) 『後漢書, 志, 第四』.

117) 永和九年, 歲在癸丑, 暮春之初, 會于會稽山陰之蘭亭, 修禊事也.(王羲之, 「蘭亭集序」)

118) 도경(圖經) : 청나라 초악(楚鄂) · 최응계(崔應階)가 편찬함.

"서조(徐肇)의 세 딸이 난지 삼 일만에 모두 죽자 물가에서 씻고 구비져 흐르는 물에 술잔을 띄웠다 합니다."

속석(束晳)[119]이 말하였다.

"성왕(成王)이 낙양(洛陽)에 도읍 했을 때 우상(羽觴)을 흐르는 물에 띄워 흐르게 하였습니다. 또 진(秦)나라 소왕(昭王)이 하수 구비에 잔을 놓아두니 어떤 사람이 샘에서 나와 수심검(水心劍)을 바치면서 '서하(西夏)[120]를 다스릴 것입니다'라고 말하였습니다. 이로 인하여 '곡수연(曲水宴)'을 베풀었습니다."[121]

두더지가 메추라기로 변하다
田鼠化爲鴽

『정자통(正字通)』[122]에서 "여(鴽)는 메추라기[鶉]"라고 하였다. 십이지신(十二支神) 중에 자(子 : 쥐)는 수의 위치(水位 : 북쪽)이니, 쥐는 오행 중 수(水)에 해당된다. 오성(午星)이 사라지면 바로 순화(鶉火)의 차례이다. 대개 3월은 대신성(大辰星)이 떠서 불이 생겨나는 기후인 까닭에 두더지가 3월(辰月)에 메추라기로 변한다. 8월에 대신성(大辰星)이 사라지고 구월이

---

119) 속석(束晳) : 서진(西晉)의 문학가(?~약300). 자는 광미(廣微). 박학다식하였고 명예를 추구하지 않았다.

120) 서하(西夏) : 중국의 북서지역인 지금의 감숙성(甘肅省) 지역을 말함.

121) 齊諧記, 晉武帝問尙書摯虞曰, 三日, 曲水其義何指, 答曰, 漢章帝時, 平原徐肇以三月初生三女, 至三日俱亡. 一村以爲怪, 乃相與攜酒, 至東流水邊, 洗滌去災. 遂因流水以泛觴曲水之義, 起於此也. 帝曰, 若如所談, 便非嘉事. 尙書郎束晳曰, 摯虞小生不足以知此. 臣請說其始, 昔周公卜城洛邑, 因流水以泛酒, 故逸詩云, 羽觴隨波流. 又秦昭王三月上巳, 置酒河曲, 有金人自東而出, 奉水心劍曰, 令君制有西夏及秦霸諸侯, 乃因其處, 立爲曲水.(『荊楚歲時記』) → 齊諧記, 摯虞云, 徐肇二女死三日, 乃水邊濯洗, 以濫觴曲水. 束晳云, 成王卜洛時, 羽觴隨波. 又秦昭王置酒河曲, 有人自泉而出, 捧水心釼曰, 制有西夏, 因立曲水宴.(『松南雜識』)

122) 정자통(正字通) : 명나라 장자열(張自烈)이 지은 자전. 중국 자전사(字典史)에서 『자휘(字彙)』와 『강희자전(康熙字典)』을 잇는 위치에 있다.

되어 불기운을 거둬들이면 메추라기가 8월(酉月)에 쥐가 되니 이것은 신(辰)과 사(巳)가 사라지기 때문이다. 자오(子午)[123]는 음양(陰陽)의 극점이고 신이 교합하여 변화하는 것이다.[124]

『하소정(夏小正)』에서 말하였다.

> 참성이 사라지고 뽕잎을 딴다. 버들잎 무성히 늘어지고 양떼들 몰려다닌다. 땅강아지 울고 대부에게 얼음을 나누어준다. 고삼(苦蔘)을 캐고 첩이 누에치기 시작한다. 양잠에 종사하고 보리알 맺기를 기원한다. 조금 가뭄이 들고 두더지는 메추라기로 변한다. 오동나무에 꽃 피고 비둘기 운다.[125]

청화
淸和

『운옥활투(韻玉活套)』에 "청화(淸和)는 절기의 이름이 아니다"라고 하였다. 『거가필용(居家必用)』[126]에서 '초여름[首夏]'이라고 하니, 청화는 바로 염양(艷陽)[127]이다.

---

123) 자오(子午) : 자(子)는 정북(正北), 오(午)는 정남(正南)의 방위에 해당하니 남쪽과 북쪽을 말함.

124) 卽鶉**鶴**. **莊子**, **田鼠化爲鶉**, 十二支神, 子水位, 鼠屬水, 午伏, 乃鶉火之次, **豈可移易**. 蓋三月大辰, 候當出火故, 田鼠, 至**建**辰月化**爲**駕. 八月辰伏, **九月**當納火, 而駕**于建**酉月爲鼠者, 辰巳伏也. 子十午陰陽之極, 神交爲變化.(『正字通』)→**駕**卽鶉**也**, 十二支神, 子水位, 鼠屬水, 午伏, 乃鶉火之次. 盖三月大辰, 候當出火, 故田鼠, 至辰月化駕. 八月, 辰伏**當納**, 當納火而駕酉月爲鼠者, 辰巳伏也. 子午陰陽之極, 神交爲變化.(『松南雜識』)

125) **三月**, 參則伏, 攝桑, **委楊**, 羵羊, 蟄則鳴, 頒冰, 采識, 妾子始蠶, 執養宮事, 祈麥實, 越有小旱, 田鼠化爲駕, 拂桐芭, 鳴鳩.(『夏小正』)→參則伏, 攝桑, 羵羊, 蟄則鳴, **委楊**, 頒冰 采識, 妾子始蠶, 執養宮事, 祈麥實, 越有小旱, 田鼠化爲駕, 拂桐芭, 鳴鳩.(『松南雜識』)

126) 거가필용(居家必用) : 저자 미상이나 원대(元代) 사람으로 추정. 유서(類書)로 총 10권.

여름은 새의 계절
夏其虫羽

『월령(月令)』의 주석에서 말하였다.

왕혁(王奕)[128]이 말하였다. "봉황은 날짐승의 으뜸이 되기에 남방의 별들이 주조(朱鳥)가 된다. 또한 봉황을 붉은 메추리[丹鶉]라고도 한다"라고 말하였다.

복숭아나무도장을 문에 걸어두다
桃印施門

『후한서(後漢書), 예의지(禮儀志)』에서 "하지에는 음기(陰氣)가 싹터 무성한 만물을 손상시킬까 두려워한 까닭에 길이 여섯 촌, 너비 세 촌짜리 복숭아나무도장[桃印]에 오색으로 글을 써서 문에 둔다"[129]라고 하였다. 유소(劉昭)는 "본래 한(漢)나라 제도에 그것으로 나쁜 기운을 그치게 하였다"라고 하였다.

위수(魏收)의 「단오시(端午詩)」에서,

병화(兵禍)를 물리치려고 귀(鬼)자를 쓰고 辟兵書鬼字
신통한 도장[神印]에는 신령한 글씨를 쓰네 神印題靈文

---

127) 염양(艷陽) : 화창한 봄.
128) 왕혁(王奕) : 남송의 문인.
129) **仲夏之月**, **萬物方盛日**, 夏至陰氣萌作, 恐**物不楙**, **其禮**, **以朱索連葷菜彌牟朴蠱鍾**, 以桃印長六寸方三寸, 五色書文如法, 以施門戶.(『後漢書, 卷十五, 禮儀志, 第五, 禮儀, 中』) → 夏至陰氣萌作, 恐傷物茂, 以桃印長六寸方三寸, 五色書文, 以施門戶.(『松南雜識』)

라고 한 말이 이것이다.

소만 · 망종
小滿芒種

『주례(周禮) · 도인(稻人)』[130]에 "못에 풀이 돋으면 망종(芒種)을 심는다"라고 하였고, 그 주석에 "도(稻)는 보리다"라고 하였다.

자전(字典)에는 "망(芒)을 혹 망([illegible])으로 쓴다"라고 한다.

『설부(說郛)』[131]에 "소만(小滿[132])에는 보리의 기운이 이때 조금 영글지만[小滿] 익지는 않는다. 망종(芒種[133])은 여러 곡식 가운데 까끄라기[芒]가 있는 것인데, 보리가 이때에 이르러 익게 마련이다"[134]라고 하였다. 어떤 사람은 보리는 이때에 수확할 수 있고, 벼는 이때에 파종할 수 있다고 한다. 운서(韻書)에는 "망(芒)은 풀이 아닌 까닭에 보리 따위의 곡식을 망종(芒種)이라고 한다"라고 하였다. 지금 농가에서는 백로(白露)를 '도망종(稻芒種)'이라고 한다.

---

130) 주례(周禮) : 『의례(儀禮)』 · 『예기(禮記)』와 함께 '삼례(三禮)'라 하며, 십삼경의 하나이다. 천(天) · 지(地) · 춘(春) · 하(夏) · 추(秋) · 동(冬)을 본떠서 6관(六官)의 관제(官制)를 만들고, 천명(天命)의 구현자인 왕의 국가 통일에 의한 이상 국가 행정 조직의 세목 규정을 상세히 설명했다. 6편 360관(官).

131) 설부(說郛) : 명나라 초기 도종의(陶宗儀)가 편찬한 총서(叢書)로 수록된 책은 725종에 달한다. 이 총서는 수필 · 필기(筆記) · 설화(說話) 등의 잡기(雜記)에 중점을 두었으며, 그 속에는 일서(逸書)도 포함되어 있다.

132) 소만(小滿) : 24절기의 하나. 입하(立夏)와 망종(芒種) 사이에 들며, 5월 21일경이다.

133) 망종(芒種) : 24절기의 하나. 소만(小滿)과 하지(夏至) 사이에 들며, 이맘때가 되면 보리는 익어 먹게 되고 모를 심게 된다. 6월 6일 무렵이다.

134) 小滿, **四月中**, **謂**麥之氣, 至此, 方小滿, 而未熟也, 芒種, **五月節**, **種該數類之種**, **謂**種**之**有芒者, 麥也, 至是當熟**矣**.(『說郛, 蠏眞子錄』) → 小滿, 麥之氣, 至此, 方小滿, 而未熟也, 芒種, **諸**種之有芒者, 麥也, 至是當熟.(『松南雜識』)

관등놀이
燈夕

『춘명퇴조록(春明退朝錄)』135)에서 "한(漢)나라에서 저녁부터 낮까지 태을성(太乙星)에 제사를 드렸기 때문에 등불을 단상에 가득 늘어놓았다"라고 하였는데, 지금 보름밤에 하는 관등(觀燈) 놀이는 그것이 전해 내려온 일이다. 당나라와 송나라, 그리고 지금까지 중국이 모두 그러하다. 고려 때에는 정월대보름날 밤에도 관등놀이를 하였다.

의종(毅宗)136) 때에 백선연(白善淵)137)이 사 월 팔 일에 왕의 나이에 맞춰 구리 불상을 주조하고, 관음보살을 그려 석가의 생일에 등불을 켜고 복을 빌었는데, 의종이 밤에 몰래 가서 구경하였다.

『대반열반경(大般涅槃經)』138)에 "여래(如來)를 화장(火葬)하고 사리(舍利)를 모두 수습하여, 단지를 금상(金牀) 위에 놓으니 천인(天人)이 꽃을 뿌리면서 음악을 연주하며 성을 돌자 걸음걸음마다 등이 켜져 연등이 십이 리까지 이어졌다"139)라고 하였다.

당나라 최액(崔液)140)의 시에,

무수히 둥근 불등(佛燈) 불 밝혀 있으니　　神燈佛火百輪張

---

135) 춘명퇴조록(春明退朝錄) : 송나라의 학자 송민구(宋敏求)가 지음. 3권.
136) 의종(毅宗) : 고려의 제18대 왕(재위 1146~1170). 시호는 장효(莊孝).
137) 백선연(百善淵) : 고려 의종 때의 환관. 『高麗史, 卷一百二十二, 列傳, 第三十五, 宦者, 百善淵』 조목에 자세하다.
138) 대반열반경(大般涅槃經) : 석가모니의 열반을 주로 설한 불경. 초기에 성립된 열반경을 흔히 소승열반경이라 하며, 대승불교 홍기 후 성립된 경전을 『대승열반경』이라 하나 두 경의 이름은 모두 『대반열반경』이다.
139) 涅槃經曰, 如來闍維訖, 收舍利, **罌**置金床上, 天人散花奏樂繞城, 步步**燃**燈十二里.(『藝文類聚, 卷四, 正月十五日』)→涅槃經曰, 如來闍維訖, 收舍利, **瞿**置金床上, 天人散花奏樂繞城, 步步**然**燈十二里.(『松南雜識』)
140) 최액(崔液) : 당나라 정주(定州) 출신. 자는 윤보(潤甫). 최식(崔湜)의 아우. 관직은 전중시어사(殿中侍御史)에 이르렀다. 최식 때문에 영주로 좌천되었다가 석방되어 돌아오는 중에 병으로 사망했다. 시를 잘 지었으며 문집이 있다.

부처 모습 새기고 그려 칠보로 장식했네	刻像圖形七寶裝
그림자 속에서 황금 입술로 하는 말 들리는 듯	影裏如聞金口說
공중에서 옥호(玉毫)[141] 광채 흩어지듯 하네	空中似散玉毫光[142]

라고 하였다.

대개 연등(燃燈)은 본래 불가에서 나온 듯하다. 이날 사찰에서는 용화회(龍華會)[143]를 열고 새해 첫날부터 콩을 모아두었다가 이 날이 되면 삶은 물로 불상을 씻으니, 지금 콩을 삶는 것이 이 풍속인가 보다.

살펴보건대 『설문해자(說文解字)』에는 "호(灝)는 콩 삶은 물이다"라고 하였다. 장전례(長箋禮)에 콩 삶은 물로 머리를 감는다. 석가가 콩 삶은 물로 몸을 닦았기 때문에 4월 초파일에 콩 삶은 물로 불상을 씻는다.

『하소정(夏小正)』에서 말하였다.

> 묘성(昴星)이 나타나고 초저녁에 남문성(南門星)이 정위치에 뜬다. 씽씽매미 울고 동산엔 살구 열린다. 쥐참외 열리는데 씀바귀 캐고 애기풀 돋아나네. 이때 크게 가뭄이 든다. 망아지 잡아다가 길들인다.[144]

단오
端午

『통감해(通鑑解)』에 "단(端)은 시작이고 오(午)는 거스른다는 뜻이다. 5

---

141) 옥호(玉毫) : 부처의 미간에 있는 흰 털.

142) 「상원야륙수(上元夜六首)」.

143) 용화회(龍華會) : 미륵이 성불한 후 중생을 제도하는 법회. 56억 7천만 년 후에 나타나서 용화나무 밑에서 도를 이루고, 세 차례 설법을 한다고 한다.

144) 四月, 昴則見, 初昏南門正, 鳴札, 囿有見杏, 鳴蜮, 王萯莠, 取荼, 莠幽, 越有大旱, 執陟攻駒.(『夏小正』)→昴則見, 初昏南門正, 鳴札〈蚻〉, 囿有見杏, 鳴蜮, 王萯秀〈王瓜〉, 取荼秀, 越有大旱, 幽執陟攻駒〈陟升之君也, 攻敎服車〉.(『松南雜識』)

월에는 음기(陰氣)가 양기(陽氣)를 거슬러 땅을 무릅쓰고 나온다. 이 달 이 날 오시(午時)가 천중절(天中節)이다"라고 말하였다.

쑥으로 만든 사람
艾人

『세시기(歲時記)』에 "단오날 진흙으로 장천사(張天師)[145]의 상을 만들어 쑥으로 수염을 붙이고, 마늘로 주먹을 만들어 문에 세워 둔다"라고 하였다.

장득상(章得象)[146]의 시에,

쑥 잎 사람 모양 된 뒤	艾葉成人後
석류꽃 씨 맺힐 즈음	榴花結子初

이라고 하였고, 또

국화 재로 보리벌레 없애고	鞠灰辟麥蠹
구관조 잡아다 말 가르치네	取鸜鵒教語

라고 하였다.

145) 장천사(張天師) : 후한(後漢)말 2세기 중반 무렵에 생긴 오두미도(五斗米道 : 天師道, 후에 正一教라고도 했다)의 개조(開祖) 장릉(張陵)을 말함. 도교의 전승에 따르면 장릉이 하늘에서 천사(天師)의 칭호를 받았으며, 142년 '신출노군(新出老君 : 새로 세상에 나타난 老子)'이라는 이름이 내려졌다고 한다.

146) 장득상(章得象) : 송나라의 문신(978~1048). 자는 희언(希言), 시호는 문헌(文憲) · 문간(門簡).

청포단지
靑蒲丹脂

『세시기(歲時記)』에서 "창포로 실을 만들거나 가루를 내서 술에 띄운다"라고 하였다.

장득상(章得象)의 시에,

창포꽃 술에 띄우니 요임금 술이 푸르고	菖花汎酒堯樽綠
향초 잎 실로 꼬니 초나라 떡이 향긋하다	菰葉縈絲楚粽香

라고 하였다. 또 창포를 아로새겨 인형을 만들기 때문에 왕증(王曾)[147]의 첩자(帖子)에,

내일 아침이 천중절이니	明朝知是天中節
창포를 새겨 사악한 기운 물리치려하네	旋刻菖蒲要辟邪

라고 하였다.

『포박자(抱朴子)』[148]에서 "비단을 오려 적령부(赤靈符)를 만들어 가슴에 붙이면 병화(兵火)를 물리 칠 수 있으니 바로 차두부(釵頭符)로 머리를 쪽지는 것이다"[149]라고 하였다. 지금 푸른 창포에 붉은 기름을 물들여 머리에 꽂는 것은 여기서 유래하였다.

소식(蘇軾)의 시에서,

---

147) 왕증(王曾) : 송나라의 문신. 자는 효선(孝先), 봉호는 기국공(沂國公).

148) 포박자(抱朴子) : 317년에 중국 동진의 갈홍(葛洪)이 내편·외편·자서로 나누어 지은 도가서(道家書). 내편은 불로장생의 선술(仙術)과 구체적인 이론을 실관적(實觀的) 지식에 의해 논하고, 경전(經典)·계율(戒律)·금기(禁忌) 등을 기술했다. 외편은 유교적 정치론으로 정치·처세의 이해득실이 논술되어 있다. 총 8권으로 내편 20편, 외편 50편만이 전한다.

149) **五月五日, 作**赤靈符著心**前**.(『抱朴子, 內篇, 卷三, 雜應, 第十五』) → **剪綵爲**赤靈符, 著**於**心, **可辟病, 卽釵頭符綴髻鬟**.(『松南雜識』)

이내 몸 비단실 따라 묶이고	身隨絲絲繫
마음은 창포김치 인양 쓰네	心與菖歜苦

라고 하였다.

풀싸움
鬪草

『세시기(歲時記)』에서 이 날 온갖 풀을 밟는다고 하였는데, 또 풀싸움 놀이도 있다.

장득상(章得象)의 시에,

오 일에 명엽초 상서로운 꼬투리 열리고	五蓂開瑞莢
백 가지 풀 향기로운 차와 다투네	百草鬪香茗

라고 하였다. 또

오일에 꽃을 보니 쌍으로 난 잎 어여쁘고	五日看花憐並葉
오늘 아침 풀싸움에서 마땅한 사내 얻으리	今朝鬪草得宜男

라고 하였다. 또 경도희(競渡戲)[150]는 굴원(屈原)[151]을 건져내려고 한 일에서 비롯되었다.

---

150) 경도희(競渡戲) : 배를 저어 빨리 건너기를 겨루는 놀이.

151) 굴원(屈原) : 초(楚)나라 때의 충신・시인. 이름은 평(平), 자는 원(原). 왕족 출신으로 회왕(懷王)의 좌도(左徒)가 되어 내정과 외교에 비상한 능력을 발휘했으나, 그로 인해 다른 신하들의 미움을 받았다. 나라를 걱정하며 동정호(洞庭湖) 근처를 방랑하다가 멱라수(汨羅水)에 몸을 던져 죽었다. 이때가 5월 5일이었으며 그 후부터 이곳에 공물(供物)을 바치는 습속이 생겼다. 「초사(楚辭)」에 모두 25편의 작품이 실려 전한다.

수단
水團

『풍토기(風土記)』[152]에서 "부드러운 잎에 쌀을 싸서 종자(粽子)[153]를 만들었는데, 본래 구회(歐回)[154]가 굴원을 위해 종자를 던진 일[155]에서 나왔다"라고 하였다.

『천보유사(天寶遺事)』[156]에는 "곡식을 빻은 가루로 둥글게 종자를 만들어 금쟁반에 쌓아놓고 작은 각궁(角弓)으로 쏘아서 맞춘 사람이 먹는다.[157] 대개 반질반질 미끄러워 맞추기 어렵다"라고 하였다. 이것이 수단(水團)[158]의 시작이며, 또 백단(白團)이라고도 한다. 오색(五色)의 사람·동물·꽃·과일의 형상을 섞는데, 가장 정교하게 만든 것을 적분단(滴粉團)이라고 한다. 어떤 것은 사향(麝香)을 첨가하기도 한다. 또 건단(乾團)이 있으니 물에 넣지 않은 것이다.

장뢰(張耒)[159]의 시에,

---

152) 풍토기(風土記) : 진(晉)나라의 주처(周處)가 편찬. 일실되었음. 다만 고서 가운데 인용한 것이 보임.

153) 종자(粽子) : 찰기장이나 찹쌀을 대나 갈대잎에 싸서 익힌 음식. 그 모양은 세모뿔 모양 등 여러 가지이다. 각서(角黍), 종자(糉子).

154) 구회(歐回) : 한나라의 문신.

155) 굴원이 5월 5일 멱라수에 빠져 죽었기에, 초나라 사람들이 이날 대나무통에 쌀을 담아 강물에 던져 제사지냈다. 하루는 대낮에 굴원이 구회(歐回) 앞에 나타나 자신에게 제사 지내 주는 일은 좋지만 그것을 교룡들이 훔쳐 먹기에 교룡이 싫어하는 고련(苦楝) 잎으로 통을 막고 오색의 비단 실로 묶어서 던져 달라고 하기에 그의 말대로 했다.

156) 천보유사(天寶遺事) : 오대의 왕인유(王仁裕)가 엮은 필기소설. 4권. 『개원천보유사(開元天寶遺事)』.

157) **飣**盤中.(『說郛』) → **釘金**盤中.(『松南雜識』)

158) 수단(水團) : 흰떡을 젓가락만 하게 밀어서 한푼 반 길이로 썰어서 마르기 전에 꿀물에 넣어 실백을 띄운 음식.

159) 장뢰(張耒) : 송(宋)나라 때 시인(1054~1114). 호는 가산(柯山), 자는 문잠(文潛). 소년시절부터 재능을 보여 유학중에 소식(蘇軾)에게 인정받아 그의 문인이 되었으며, 뒤에 소문사학사(蘇門四學士)의 한 사람이 되었다. 진주(陳州)에 은거하면서 많은 문인들을 지도했으며, 완구선생(宛丘先生)이라 불렸다. 특히 악부체(樂府體)에 능했다. 저서에 『가산집(柯山集)』이 있다.

수단은 얼음물에 담궜다가 사탕을 입히고 水團氷浸砂糖裹
투명한 종자는 숭아(崧兒)를 섞는다 透明角黍崧兒和

라고 하였다.[160]

지금 생강·계피·귤·대추 등의 맛난 속을 넣은 것을 소수단(蔬水饂)이라고 하는데, 근래 중국으로부터 전래되었다.

『하소정(夏小正)』에서 말하였다.

> 참성(參星)이 뜨니 하루살이 극성맞고 올빼미 운다. 날이 길어지니 오이를 먹을 수 있고 씽씽매미 나타나서 십오 일만에 모였다가 보름되면 사라진다. 난초와 여뀌를 김매고 물을 댄다. 비둘기는 매가 되고 쓰르라미 운다. 초저녁에 대화성이 하늘 가운데 뜨니 기장·콩·붉은 조를 심는다. 매실을 볶고 난초를 갈무리 해두며 말을 나누어준다.[161]

유두일
流頭

신라의 옛 풍속에 유두일(流頭日)에 동쪽으로 흐르는 물에 머리를 감고 모여 술을 마시니, 이를 유두연(流頭宴)이라고 한다. 수단(水饂)을 먹는데, 어떤 사람은 오래된 홰나무 잎으로 냉도(冷淘)[162]를 만든 것에서 유래되었다 말한다.

월암(月巖) 남종현(南鍾玄)[163]의 시에서 말하였다.

---

160) 『古今事文類聚, 射粉團』의 내용과 동일함.

161) **五月**, 參則見, 蜉蝣有殷, 鴂則鳴, 時有養日, 乃瓜, 良蜩鳴, 匽之興, 五日翕, 望乃伏, 啓灌藍蓼, 鳩爲鷹, 唐蜩鳴, **初昏大火中**, **煮梅**, **蓄蘭**菽糜, 頒馬.(『夏小正』)→參則見, **初昏大火中**, 浮游有殷, 鴂則鳴, 時有養日, 乃**衣**瓜, 良蜩鳴, 匽之興, 五日翕, 望乃伏, 啓灌藍蓼, 鳩爲鷹, 唐蜩鳴, **種黍菽糜**, **煮梅**, **蓄蘭**, 頒馬.(『松南雜識』)

162) 냉도(冷淘) : '냉면(冷麪)'을 말함.

유두날은 참으로 시골의 예법이라	流頭眞野禮
집집마다 사당에 올리고 아뢴다	廟遷白家家
나라의 풍속 자못 오래 되었으니	國風殊久矣
할아버지께서도 아신다네	祖考亦知也

혹자는 유대(流大)의 머리를 유두(流頭)라고도 한다.

개 씻기는 날
浴狗

『산중일석화(山中一夕話)』에서 말하였다.

당인(唐寅)164)이 3월 3일에 목욕을 하고 있을 때였다. 어떤 손님이 찾아왔는데 목욕을 한다고 만나주지 않았다. 유 월 육일에 당인이 그 손님을 찾아가자 그도 목욕을 한다고 만나주지 않았다. 그러자 당인이 그 집 벽에 다음과 같이 썼다.

그대가 옛날 나를 방문했을 때 내가 목욕했었고	君昔訪我我沐浴
내가 지금 그대를 방문하니 그대가 목욕하네	我今訪君君沐浴
그대가 옛날 나를 방문했을 때 삼 월 삼 일이었고	君昔訪我三月三
내가 지금 그대를 방문한 날은 유 월 육일이네	我今訪君六月六

3월 3일은 불상을 씻기는 날이고, 6월 6일은 개를 씻기는 날이다.

163) 남종현(南鍾玄) : 조선 후기의 문인. 호는 월암(月巖). 서울 서대문 월암(月巖)에 거주하였으며 조재삼의 친구로 알려져 있음. 본관은 의령(宜寧). 고종 28년(1891), 증광시 병과13 등으로 합격한 남학희(南學熙)의 부친.

164) 당인(唐寅) : 명나라의 화가(1470~1523). 자는 백호(伯虎), 호는 육여거사(六如居士). 남종화와 북종화를 융합한 산수화를 만들어냈다. 가정기(嘉靖期), 오파(吳派)의 문인 화풍(文人畵風)의 완성에 커다란 영향을 주었다.

삼복
三伏

『한서(漢書), 교사지(郊祀志)』에서 "가을은 음양오행에서 쇠(金)가 불(火)을 대신하기에 불을 꺼린다. '庚(경)'자가 들어가는 날에는 반드시 숨는다"라고 하였다. 하지(夏至)가 지난 세 번째 경일(庚日)이 초복(初伏), 네 번 째 경일(庚日)이 중복(中伏), 입추(立秋) 뒤 첫 번째 경일(庚日)이 말복(末伏)이다. "진덕공(秦德公)[165]이 처음으로 복날을 제정하고 개를 찢어 악한 기운을 막았다"[166]고 하니, 바로 하관부고(夏官副辜)다. 지금 복날 개장국은 여기서 유래하였다. "한(漢)나라 화제(和帝)가 하루 종일 문을 닫게 하였다"[167]라고 하였는데, 주석에 "온갖 귀신이 다닌다"라고 하였다.

정효(程曉)[168]는 시에서,

의례 삼복날엔	平生三伏日
길에 다니는 수레 없네	道路無行車
문을 닫고 더위 피해 누워	閉門避暑臥
드나들며 서로 찾지 않네	出入不相過

라고 하였다.

『하소정(夏小正)』에서 "초저녁 북두성 자루 바로 위에 있으니, 복숭아씨를 볶고 매는 비로소 사냥줄 아네[初昏斗柄, 正在上, 煮桃, 鷹始摯]"라고 하였다.

165) 진덕공(秦德公) : 진(秦) 무공(武公)의 동생. 선공(宣公)・성공(成公)・목공(穆公)의 아버지.
166) 『史記, 卷二十八, 封禪書, 第六』.
167) 『後漢書, 卷四, 本紀, 第四』.
168) 정효(程曉) : 삼국 시대 위나라 사람. 자는 계명(季明). 여남태수(汝南太守)를 역임.

네 번의 가을
四秋

『관자(管子)』[169]에서 말하였다.

한 해에 네 번의 가을이 있는데 사시(四時)에 나뉘어 있다. 그러므로 농사가 시작되어 대오를 이룬 농부들에게 농기구를 나누어주기를 청하니 이를 '봄의 가을'이라고 한다. 한여름이 되어 목화를 따서 실을 자아내니 이것을 '여름의 가을'이라고 한다. 한가을에 오곡을 모아 수확해 들이니 이것을 '가을의 가을'이라고 한다. 한겨울에 방안에서 여자들이 길쌈질 하니 이것을 '겨울의 가을'이라고 한다고 한다.[170]

또 『광운(廣韻)』[171]에서 "대나무의 가을은 3월이고 난초의 가을은 9월이다"라고 하였다.

---

169) 관자(管子) : 춘추 시대의 제나라 재상인 관중(管仲)이 지은 책. 부민(富民)·치국(治國)·경신(敬神)·포교(布敎)를 서술하고 패도 정치를 역설했다. 원본은 86편이었다고 하나 원나라 이후 76편이 남아 오늘날까지 전한다.

170) **夫**歲有四秋, 而分有四時, 故曰農事且作, **請**以什伍農夫賦耜鐵, 此**之**謂春之秋, 大夏且至絲纊之所作, 此**之**謂夏之秋, **而**大秋成, 五穀之所會, 此**之**謂秋之秋, 大冬營室中, 女事紡績, 緝縷之所作**也**, 此**之**謂冬之秋.(『管子, 輕重乙』) → 歲有四秋, 而分有四時, 故曰農事且作, 以什伍農夫賦耜鐵, 此**之**謂春之秋, 大夏且至絲纊之所作, 此**之**謂夏之秋, 大秋成, 五穀之所會, 此謂秋之秋, 大冬營室中, 女事紡績, 緝縷之所作, 此**之**謂冬之秋.(『松南雜識』)

171) 광운(廣韻) : 1008년 송나라 때 진팽년(陳彭年) 등이 임금의 명으로 한자를 운(韻)에 따라 분류하여 배열하고, 글자마다 운과 뜻을 주해(註解)한 『대송중수광운(大宋重修廣韻)』의 약칭으로 전5권.

칠석
七夕

『월령수편(月令粹編)』[172]에서 말하였다.

칠석[173]은 초회왕(楚懷王) 때 처음 만들어졌다. 또 어떤 사람은 오대(五代)[174]에 시작된 듯하다고 한다. 진(晉) 이전에는 가을 제사 때만 고요(皐陶)[175]에게 제사를 지냈는데, 효무제(孝武帝)가 칠석에 제사를 드렸다.

『형초세시기(荊楚歲時記)』에서 "견우(牽牛)가 직녀에게 장가들 때 천제(天帝)의 돈 이만전(二萬錢)을 빌려서 결혼식을 하고 오랫동안 상환하지 못해서 영실성(營室星)으로 쫓겨났다"[176]라고 하였다. 또 6일에 내리는 비를 세거우(洗車雨 : 수레 씻는 비)라 하고, 7일에 오는 비를 쇄루우(灑淚雨 : 눈물 뿌리는 비)라고 한다.

『회남자(淮南子)』[177]에서 "까마귀와 까치가 은하수를 메워 직녀를 건네준다"[178]라고 하였다.

---

172) 월령수편(月令粹編) : 진(秦)나라의 가모(嘉謨)가 편찬. 총 22권.
173) 칠석(七夕) : 음력으로 칠월 초이렛날의 밤. 이때에 은하의 서쪽에 있는 직녀와 동쪽에 있는 견우가 오작교에서 일 년에 한 번 만난다는 전설이 있다.
174) 오대(五代) : 중국에서, 동진(東晉)이 망한 뒤부터 당나라가 건국되기 이전까지의 과도기에 흥망한 다섯 왕조. 남조(南朝)의 송(宋)·제(齊)·양(梁)·진(陳)과 남북을 통일한 수(隋)를 이른다. ≒ 전오대.
175) 고요(皐陶) : 중국 고대의 전설상의 인물. 순(舜)임금의 신하로, 구관(九官)의 한 사람이다. 법을 세우고 형벌을 제정하였으며, 옥(獄)을 만들었다고 한다.
176) 牽牛娶織女, **借**天帝二萬錢, 下禮久不還, 被驅在營室**中**.(『荊楚歲時記』의 주석) → 牽牛娶織女, **取**天帝二萬錢, 下禮久不還, 被驅在營室.(『松南雜識』)
177) 회남자(淮南子) : 중국 전한의 회남왕인 유안(劉安)이 편찬한 철학서. 형이상학·우주론·국가 정치·행위 규범 따위의 내용을 다루었다. 원명은 『회남홍렬(淮南鴻烈)』이며, 현재는 21권만 전한다.
178) 현존하는 『회남자』에는 일실된 내용으로 타서에 인용되어 있음.

우리나라에는 오제(梧製 : 칠석날 보는 과거)가 있다.

걸교
乞巧[179]

『형초세시기(荊楚歲時記)』에서 "아녀자들이 구멍이 아홉 개인 바늘로 달을 향해서 실을 뀔 수 있으면 좋은 솜씨를 얻게 된다"라고 하였다. 사조(謝眺)[180]의 부(賦)에서,

팽팽한 실로 바늘 가운데를 꿰고　縷條緊而貫中
가는 바늘로 하늘을 뚫네　針鼻細而穿空

라고 하였고, 양박(楊朴)[181]의 시에서,

해마다 세상에 좋은 솜씨 내려주길 빌고　年年乞與人間巧
세상에 좋은 솜씨 이미 많다고 말하지 않네　不道人間巧已多

라고 하였다. 『풍속통(風俗通)』에는 '교절(巧節)'이라고 하였다.

---

179) 걸교(乞巧) : 칠석날 밤에 행하던 부녀자들의 행사. 음력 7월 7일 밤에 부녀들이 견우·직녀 두 별에게 오색실을 바치며 바느질을 잘하게 해달라고 비는 풍속이다. 당나라 때에는 장식한 망루를 세웠으므로 걸교루(乞巧樓)라 하였고 송나라 때에는 7월 6일에 행하는 일이 많았다고 한다. 이 풍속은 우리나라에도 전해져 걸교라고 했다.

180) 사조(謝眺) : 남조(南朝) 제(齊)나라 시인(464~499). 자(字)는 현휘(玄暉), 양하(陽夏 : 지금의 하남성) 출신. 서경(敍景)에 뛰어나고, 사령운(謝靈運)의 산수시(山水詩)를 계승하였으며, 미(美)를 통찰하는 감수성이 예민했다. 상서이부랑(尙書吏部郎)에 발탁되었으나 황제폐위 음모에 말려들어 36세로 옥사했다.

181) 양박(楊朴) : 송나라의 시인. 자는 계원(契元). 정주(鄭州) 출신.

가을 사냥제사
貙膢

불가(佛家)에서는 이 날 모두 발을 씻기 때문에 백종(白踵)이라고도 한다. 『한서(漢書), 무제본기(武帝本記)』에서 "5일 동안 문에 제사지내고 북쪽으로 사냥을 나간다"[182]라고 하였다. 『설문해자(說文解字)』를 살펴보니 "입추날에 추(貙)가 짐승을 잡아 제사지내기 때문에 납제(膢祭)[183]의 이름으로 삼았다"라고 하였다. 또 초(楚)나라 풍속에 2월에 음식으로 제사지내는 것을 루(膢)라고 한다. 또 풍년을 기원하는 것을 신이루(新離膢)라 한다.

중원백종
中元百種

『도장경(道藏經)』[184]에서 "이 날 태상노군(太上老君)[185]이 원시천존(元始天尊)[186]과 함께 모여 세상을 복되게 한다"라고 하였다.

『형초세시기(荊楚歲時記)』에서 "중·비구니·도인·속인이 모두 그릇을 채워 여러 부처에게 공양한다"[187]라고 하였다. 그 주석에서 말하였다.

---

182) 『漢書, 卷六, 武帝本紀, 第六』의 주석.

183) 납제(臘祭) : 납일(臘日)에 한 해 동안 지은 농사 형편과 그 밖의 일들을 여러 신에게 고하는 제사. ≒ 납제(臘祭)·납평제·납향제.

184) 도장경(道藏經) : 도가서(道家書)의 총칭. 소장된 것은 무려 5,500책. 명나라 정통(正統)·만력(萬曆) 연간에 2번 판각됨.

185) 태상노군(太上老君) : 도가(道家) 사상의 시조로 알려진 노자(老子)를 도교에서 신으로 모실 때의 존칭.

186) 원시천존(元始天尊) : 도교(道教) 최고의 신. 태초에 자연의 기(氣)를 받고 태어났으며, 천지만물을 창조하는 조물주(造物主)로서, 초인과(超因果)·초시공(超時空)의 상주불멸(常住不滅)하는 존재이다.

187) 七月十五日, 僧尼道俗, 悉營盆供諸**佛**.(『荊楚歲時記』) → 七月十五日, 僧尼道俗, 悉營盆供諸**寺院**.(『松南雜識』)

불경에 "목련비구(目連比丘)[188]는 그 어미가 아귀로 환생하여 먹지 못하는 것을 보고, 부처에게 아뢰었다. 그러자 부처가 7월 15일에 온갖 맛난 음식과 다섯 가지 과일을 갖추어 그릇에 담아 시방(十方)[189] 대덕불(大德佛)에게 공양하고 여러 중들을 독려하여 모두 시주하게 한 후에 받아먹게 하라고 하였다. 그렇게 하자 어머니가 아귀의 고통에서 벗어났다. 목련이 부처에게 '내세의 불제자로 효순(孝順)을 행하는 자가 또 의당 우란분(盂蘭盆)[190]을 받들 수 있습니까?'라고 말하였다"라고 하였다.[191] 지금의 백종불공(百種佛供)이다.

『하소정(夏小正)』에서 말하였다.

> 패랭이와 물억새가 피어나고 삵괭이가 비로소 사나워진다. 고인 물에 개구리밥이 자라나고 서늘한 바람 일어나니 개구리밥이 피어난다. 은하수 남북으로 정위치하고 쓰르라미 운다. 초저녁에 직녀성이 정동방(正東方)에 있고 때때로 장마비 내린다. 쑥바귀에 물을 주며 북두성자루가 아래로 드리워지면 해가 뜬다.[192]

---

188) 목련비구(目連比丘) : 부처의 제자로, 신통력이 가장 뛰어나다. 그의 어머니가 아귀도에 떨어지자 신통력으로 구해냈다.

189) 시방(十方) : 사방(四方) · 사우(四隅) · 상하(上下)를 통틀어 이르는 말. ≒ 십방.

190) 우란분(盂蘭盆) : 아귀도에 떨어진 망령을 위하여 여는 불사(佛事). 목련존자가 아귀도에 떨어진 어머니를 구하기 위해 석가모니의 가르침을 받아 여러 수행승에게 올린 공양에서 비롯한다. 하안거(夏安居)의 끝 날인 음력 칠월 보름을 앞뒤로 한 사흘 간 여러 가지 음식을 만들어 조상이나 부처에게 공양한다. ullambana.

191) 經**又云**, 目連見其亡母生餓鬼中, **卽以鉢盛飯**, **往餉其母**, **食未入口**, **化成火炭**, **遂不得食**, 目連**大叫**, **馳還**白佛, 佛言**汝母罪重**, **非汝一人所奈何**. **當爲十方衆僧威神之力**, **至**七月十五日, **當爲七代父母厄難中者**, 具百味五菓以著盆中, 供養十方大德佛, 勅衆僧皆爲施主**祝願**, **代七代父母行禪定意**然後, 受食. **是時**, **目連母**, **得**脫**一切**餓鬼之苦, 目連白佛, **未**來世佛弟子行孝順者, 亦應奉盂蘭盆供養.(『荊楚歲時記』) → **佛**經**曰**, 目連**比丘**, 見其亡母生餓鬼中, **不得食**, 目連白佛, 佛言七月十五日, 具百味五菓著盆中, 供養十方大德佛, 勅衆僧皆爲施主然後, 受食. 脫餓鬼之苦. 目連白佛, **永**來世佛弟子, 行孝順者, 亦應奉盂蘭盆供養.(『松南雜識』)

192) 莠萑葦, 狸子肇肆, 湟潦生苹, 爽死, 苹莠, 漢案戶, 寒蟬鳴, 初昏織女正東鄕, 時有霖雨, 灌艸+余, 斗柄縣在下則旦.(『夏小正』) → 初昏織女正東鄕, 斗柄縣在下則旦, 莠

바둑점
碁卜

『서경잡기(西京雜記)』[193]에서 "8월 4일에 대나무 아래에서 바둑으로 점을 친다. 이긴 사람은 일년 내내 복이 있고, 진 사람은 병이 생긴다"라고 하였다.

가배회
嘉俳會

신라사[194]에서 말하였다.

왕이 왕녀(王女)로 하여금 육부(六部)의 여자들을 거느리고 칠 월 보름에 넓은 뜰에서 길쌈질을 하도록 한다. 8월 보름에야 성적을 매겨 진 편이 술을 차려내서 함께 춤추고 노래 하니 가배회(嘉俳會)라고 한다. 그때 한 여자가 일어나 춤을 추니 회소곡(會蘇曲)이라고 부른다.

세상에서 추석(秋夕)을 가회(嘉會)라고 하는 것이 여기에서 유래되었다 한다. 제주도[耽羅] 사람들은 이 날 그네를 뛰거나 닭 잡기 놀이를 한다.

환葦, 狸子肆, 湟潦生苹, 爽死, 苹莠, 漢案戶, 寒蟬鳴, 時有霖雨, 灌.(『松南雜識』)

193) 서경잡기(西京雜記) : 진(晉)나라의 갈홍(葛洪)이 지은 책. 전한(前漢)의 천자(天子)와 후비(后妃) 및 저명한 사람의 일화, 궁중의 제도와 풍습 따위에 관한 기록이다. 6권.

194) 『三國史記, 卷一, 新羅本紀, 第一, 儒理尼師今, 九年』.

달을 보고 잉태하다
視月孕胎

『쇄쇄록(碎瑣錄)』[195]에서 "중추에 달이 없으면 토끼가 새끼를 배지 못하고 조개가 알을 배지 못하며 보리가 열매를 맺지 못한다"라고 하였다. 지금 농가에서는 이 날 비가 내리면 다음 해 보리농사에 흉년이 든다고 한다. 또 "비록 이 날 궂은비가 오더라도 천주봉(天柱峯)만은 달이 뜬다"라고 하였다.

『하소정(夏小正)』에서 말하였다.

> 오이 껍질 벗겨 먹고 흑색과 녹색의 옷을 입는다. 대추는 따고 밤은 떨어진다. 개똥벌레가 모기를 다 잡아먹지 못하고 대화성이 숨는다. 사슴이 사람들처럼 어울려 다니고 메추라기는 쥐로 변한다. 참성이 가운데 있으면 해가 뜬다.[196]

중양
重陽

『초사(楚辭)』에서 "중양(重陽)을 모아 제궁(帝宮)으로 들어감이여"[197]라고 하였는데, 그 주석에서 "양(陽)이 쌓여 하늘이 되는데 하늘에 아홉 겹이 있는 까닭에 중양(重陽)이라 한다"라고 하였다.

---

195) 쇄쇄록(碎瑣錄) : 송나라 온혁(溫革)의 저서.

196) 剝瓜, 玄校, 剝棗, 栗零, 丹鳥羞白鳥, 辰則伏, 鹿人, 鴽爲鼠, 參中則旦.(『夏小正』) → 辰則伏, 參中則旦, 剝棗, 玄校 〈綠色, 未嫁者衣〉, 栗零, 剝瓜, 丹鳥羞白鳥 〈丹鳥丹良白鳥蛟蚋〉, 鹿人從, 鴽爲鼠.(『松南雜識』)

197) **集**重陽入帝宮**兮**.(『楚辭章句, 卷五, 遠遊』) → 重陽入帝宮.(『松南雜識』)

소중양
小重陽

『세시기(歲時記)』에서 “도성에서는 중양절 다음 날 잔치를 하고 구경을 하는데 이를 소중양(小重陽)이라 부른다”라고 하였다.

당시(唐詩)에,

국화는 어찌 그리 몹시 쓴가	菊花何太苦
예서 두 번의 중양절을 맞네	遭此兩重陽[198]

라는 구절이 있다.

고옥(古玉) 정작(鄭碏)[199]은,

내게 노란 국화와 흰 술이 있으니	我有黃花兼白酒
가을 어느 날인들 중양절이 아니랴	九秋何日不重陽

라는 시를 지었다.

높은 곳에 오르다
登高

『속제해기(續齊諧記)』에서 “환경(桓景)이 비장방(費長房)이 가르쳐준 말을 따라 높은 곳에 올라 수유주(茱萸酒)를 마시고, 집사람들로 하여금 붉은 주머니에 수유를 담아 액(厄)을 피하게 하였다”[200]라고 하였다.

---

198) 이백(李白)의 「중양구월구일즉사(重陽九月九日卽事)」.

199) 정작(鄭碏) : 조선 시대의 학자(1533~1603). 자는 군경(君敬), 호는 고옥(古玉). 평생 벼슬에 뜻을 두지 않고 학문에만 정진했다. 시와 글씨에 뛰어났으며, 의학에도 조예가 깊어 『동의보감』 편찬에 참여했다.

당시(唐詩)에서,

멀리서도 알겠네, 형제들 높은 곳에 올라 遙知兄弟登高處
모두들 수유꽃 꽂건만 한 사람만 없는 줄 遍挿茱萸少一人[201]

라고 하였다.

『하소정(夏小正)』에서 말하였다.

화(火)가 들어가고 기러기 날아간다. 불을 관장하는 관리 불을 일으키고 날아오른 제비 칩거한다. 곰・표범・오소리・족제비・다람쥐들이 칩거하며 국화꽃 흐드러지고 보리를 심는데 왕이 비로소 갖옷을 입으며 수성이 해와 방향을 같이 한다. 참새는 바다로 들어가 조개가 된다.[202]

초조
燋糟

형(荊) 지방의 풍속에 10월 1일에 초조(燋糟)를 먹는다. 두보(杜甫) 시에서 "초당(燋糖)이 아직도 한 쟁반에 있네[燋糖幸一柈]"[203]라고 한 말이 이것이다.

---

200) 續齊諧記云, 汝南桓景, 隨費長房遊學, 長房謂之曰, 九月九日, 汝家中當有災厄, 急令家人, 縫囊盛茱萸, 繫臂上, 登山飮菊花酒, 此禍可消, 景如言擧家登山, 夕還見雞犬牛羊, 一時暴死, 長房聞之曰, 此可代也.(『荊楚歲時記』) → 齊諧記曰, 桓景, 隨費長房, 登高飮茱萸酒, 令家人絳囊, 盛茱萸以避厄.(『松南雜識』)

201) 왕유(王維)의 「구월구일, 억산동형제(九月九日, 憶山東兄弟)」.

202) **內**火, 遰鴻鴈, 主夫出火, 陟玄鳥蟄, 熊羆豹貉鼬鼪則穴, 榮鞠, 王始裘, 辰繫于日, 雀入于海爲蛤.(『夏小正』) → **納**火, 遰鴻鴈, 主夫出火, 陟玄鳥蟄, 熊羆豹貉鼬鼪則穴, 榮鞠, **樹麥**, 王始裘, 辰繫于日, 雀入于海爲蛤.(『松南雜識』)

203) 燋**糖**幸一**柈**.(『杜詩詳註, 卷二十, 十月一日』) → 燋**糟萃**一**盤**.(『松南雜識』)

또 『남월지(南越志)』에서 "민(閩) 지방의 사람들은 이 날 경돈(京飩)을 만들어 조상께 제사를 지내고 겨울이 온 것을 고한다"라고 하였다.

『정자통(正字通)』에서 "지금의 혼돈(餛飩)은 바로 교이(餃餌)로 쌀가루과 밀가루로 피를 만들고 빈속에 소를 넣으니 탄알 같다. 크기가 일정하지 않은데 대그릇에 넣어 쪄 먹는다"[204]라고 하였다.

하원
下元

도가서(道家書)[205]에서 "15일이 하원(下元)이다"라고 하였다.

소용
小舂

『악서(樂書)』[206]에서 말하였다.

응(應)은 악기의 이름이니, 매(鷹)가 사물에 응(應)하는 것과 같다. 그 획득하는 것이 작은 까닭에 소고(小鼓)를 '응(應)'이라고 하니 대고(大鼓)가 창도하는 소리에 응하기 때문이다. 소용(小舂)[207]을 응(應)이라고 하는 이유는 대용(大舂)이 창도하는 박자에 응하기 때문이다.[208]

---

204) 今餛飩, 卽餃餌, **別名**, **俗**屑米麪爲末, 空中裹餡, 類彈**凡**, **形**大小不一, 籠烝**炎**之.(『正字通』) → 今餛飩, 卽餃餌, 屑米麪爲末, 空中裹餡, 類彈**丸**, 大小不一, 籠蒸**啖**之.(『松南雜識』)

205) 『수진지요(修眞指要)』.

206) 악서(樂書) : 송나라 진양(陳暘)이 편찬한 책.

207) '舂'을 '春'으로 착각하였음. 따라서 「세서류」와 무관한 내용임.

208) 應猶鷹之應物, 其獲也小矣, 故小鼓**謂之應**, **所以應大鼓所倡之聲也**. 小舂謂之應, 所以應大**舂所倡之節也**.(『樂書』) → 應**樂**猶鷹之應物, 其獲也小矣, 故小鼓, 小**舂**謂之

『세시기(歲時記)』에서 “겨울날이 봄날처럼 따뜻하기 때문에 소춘(小春)이다”라고 하였다.

구양수(歐陽修)의 사(詞)에 “시월 소춘에 매화망울 터지네[十月小春梅蘂綻]”[209]라고 하였으니, 매화가 비로소 망울이 터지기 때문에 ‘소춘(小春)’이라 한다.

반고생신
盤古生辰

『형주토풍기(荊州土風記)』에서 “10월 16일은 반고생신(盤古生辰)인데, 이날 겨울철 날씨가 흐릴지 개일지 점친다”라고 하였다. 지금 추위와 더위에 대한 설이 여기에서 나왔다. 그래서 주(周)나라 말기에는 추운 해가 없었고, 진(秦)나라 말기에는 따뜻한 해가 없었다. 또한 「홍범(洪範)」의 “늘 일정하고 순조롭다[恒若]”라는 말이다.

무오
戊午

우리나라에서는 ‘무마일(戊馬日)’이라고 한다. 무뿌리를 우리나라에서는 무(蕪)라고 하는데 떡을 만들어 기원을 한다. 대개 『시경(詩經)』의 “길일은 무일이다[吉日維戊]”[210]와 “유(類)제사를 지내고 마(禡)제사를 지낸다[是類是禡]”[211]라고 한 것은 출병을 하고 사냥을 나갈 때 말의 신에게

應, 所以應大也.(『松南雜識』)

209) 『歐陽文忠公文集, 近體樂府, 漁家傲』.

210) 『詩經, 小雅, 吉日』.

211) 『詩經, 大雅, 皇矣』.

제사 지내기 때문이다. 오(午)는 전오(典午 : 司馬)의 오이다.

책력을 반포하다
頒曆

지봉 이수광이 말하였다.

중국에서는 시월에 책력을 반포하니 우리나라가 동지하표(冬至賀表)에 '책력을 반포하다[頒曆]'라는 말을 많이 사용하는 것은 온당하지 않다. 어떤 사람은 명나라 초기에는 동지에 책력을 반포하다가 후에는 시월 초하루에 반포하였기에 대개 모방하여 쓴 듯하다라고 하였다.[212]

『하소정(夏小正)』에서 말하였다.

이리가 짐승 잡아 제사 지내고 초저녁에 남문성이 보인다. 까마귀는 따스한 날에 오르락내리락하고 밤이 길어진다. 꿩이 물속에 들어가 이무기로 변한다. 직녀성이 정북 쪽에 떠오르면 아침이 된다.[213]

212) 中朝頒曆用十月**朔**, 而我國冬至賀表, 多用頒**朔**之語, **恐**未穩, 或言大明初, **以**冬至頒曆, 而後用十月朔, **然則當初因此創爲是語**, **而後人不察**, **遂**蹈襲**而**用之**歟**.(『芝峯類說, 卷十六, 語言部, 謬誤』)→中朝頒曆用十月, 而我國冬至賀表, 多用頒**曆**之語, 未穩, 或言大明初, 冬至頒曆, 而後用十月朔, **盖**蹈襲用之.(『松南雜識』)

213) 豺祭獸, 初昏南門見, 黑鳥浴, 時有養夜, 雉入于淮爲蜃, 織女北鄉則旦.(『夏小正』)→織女北鄉則旦, 初昏南門見, 豺祭獸, 黑鳥浴, 時有養夜, 雉入于淮爲蜃.(『松南雜識』)

아세
亞歲

『형초세시기(荊楚歲時記)』에서 "위(魏)·진(晉)에서는 축하를 받는 의식이 새해 첫날 아침에 버금가기 때문에 동지(冬至)를 아세(亞歲)라 한다"라고 하였다.

여월
荔月

「월령(月令)」에서 "11월에는 여지(荔)가 솟구쳐 난다"[214]라고 하였는데, 그 주석에서 "여지는 마해(馬薤)로 현륙(莧陸)이다"라고 하였다.

「진총전(陳寵傳)」[215]에 "양기가 처음 싹트니 11월에 난(蘭)·야간(射干)·운(芸)·려(荔)[216]가 응한다"[217]라고 하였다.

일남지
日南至

『춘추좌전, 희공(僖公), 오년』에서 말하였다.

정월 신해(辛亥), 초하루 동지에 노나라 희공이 곡삭(告朔)을 지내고 관대(觀臺)에 올라 바라보고 기록하니 예에 부합된다. 모든 춘분과 추분, 하지와 동지, 입춘과 입하, 입추와 입동에 반드시 운물(雲物)[218]을 기록

214) 仲冬之月.(『禮記, 月令』) → 十一月.(『松南雜識』)
215) 진총(陳寵) : 후한(後漢) 시대의 인물. 자는 소공(昭公). 광무제(光武帝)때 정위(廷尉), 숙종(肅宗)때 상서(尚書)를 역임하였으며 당시에 정치가 지나치게 엄하자 관대히 할 것을 주청했다.
216) 모두 화초의 이름.
217) 『後漢書, 卷四十六, 郭陳列傳, 弟三十六, 陳寵傳』.

하는 것은 재해에 대비하려는 까닭이다.[219]

「효경설(孝經說)」[220]에서 "음(陰)이 극에 이르면 양(陽)이 비로소 이른다. 남지(南至)와 더불어 삼지(三至)라 한다"라고 하였다.

나의 시에서,

왕춘(王春)은 주(周)나라 정월에서 시작되었고	王春從此周正月
천력(天曆)은 한(漢)나라 태초에서 유래하였네	天曆由來漢太初
붉은 색은 귀신을 쫓기에 팥죽 끓이고	紅是呵神煎豆粥
푸른 색은 새물건과 같기에 비린 생선 바치네	青猶新物薦腥魚

라고 하였다.

팥죽
豆粥

『형초세시기(荊楚歲時記)』에서 "공공씨(共工氏)의 아들이 동짓날에 죽어서 역귀(疫鬼)가 되었는데, 팥을 무서워 한 까닭에 죽을 쑤어 물리친다"라고 하였다. 유자휘(劉子翬[221])의 시에 "팥죽은 참으로 맛나니 형(荊) 지방 풍속 어여쁘네[豆糜厭勝憐荊俗]"라고 한 말이 이것이다. 지금 팥죽(豆粥)과 다례(茶禮)는 약반(藥飯)과 마찬가지로 명절 음식이다.

『하소정(夏小正)』에서 말하였다.

---

218) 운물(雲物) : 운기(雲氣)의 기준.

219) 五年**春王**正月辛亥朔日南至, 公**旣**視朔, **遂**登**觀**臺, **以望而**書, **禮也**. 凡分至啓閉, **必書雲物**, 爲備**故也**.(『春秋左傳, 僖公, 五年』) → 五年正月辛亥朔日南至, 公視朔, 登臺, 書**雲物**, 凡分至啓閉, 爲備.(『松南雜識』)

220) 효경설(孝經說) : 진(陳)나라 백도(伯陶)가 편찬한 책.

221) 유자휘(劉子翬) : 송나라 사람으로 자우(子羽)의 동생이다. 자(字)는 언중(彦仲). 학문에 뛰어났으며 병산(屛山)선생으로도 일컬어진다. 저서로는 문집인 『병산집(屛山集)』이 있다.

왕이 사냥 갈 때 병장기(兵仗器) 늘어놓고 농부는 따라오지 않으니 사슴뿔이 떨어진다[王狩, 陳筋革, 嗇人不從, 隕麋角].

소세
小歲

『사기(史記), 천관서(天官書)』에 "납일(臘日) 다음 날을 초세(初歲)라 한다"라고 하였다. 『사민월령(四民月令)』[222]에서는 소세(小歲)라고도 하였으며 또 시세(始歲)를 헌세(獻歲)라고 하였다. 『동경몽화록(東京夢華錄)』에서 "섣달 그믐날 밤에 서민들의 집에서는 화롯가에 모여 앉아 밤새도록 자지 않으니 수세(守歲)라고 한다"라고 하였다. 『풍토기(風土記)』에서 "섣달 그믐날 밤에 조상에게 제사를 지내고 일을 마치면 어른과 아이들이 모여 술을 마시며 송축하고 흩어지는데, 이를 분세(分歲)라고 한다"라고 하였다. 소식(蘇軾)은 촉(蜀)지방에서 연말에 문안하고 선물 주는 것을 궤세(饋歲)라 하고 술과 음식을 장만하여 서로 초청하는 것을 별세(別歲)라고 하였다.

납평
臘平

『광아(廣雅)』[223]에서 "하(夏)나라는 청사(淸祀)라 하고, 은(殷)나라는 가

---

222) 사민월령(四民月令) : 후한의 최식(崔寔)이 사민(四民), 곧 사농공상이 준거할 연중행사를 기술한 책. 주로 당시의 호족 집안의 제사, 교육, 가계, 농사 및 방위, 의약 제조 따위의 행사를 정월부터 12월까지 월별로 기술한 것으로, 원본은 없어지고 여러 책에 인용된 일문(逸文)만이 전한다.

223) 광아(廣雅) : 위(魏)나라의 장집(張揖)이 지은 책. 『이아(爾雅)』의 옛 목차를 따라 『삼창(三倉)』·『설문(說文)』·『방언(方言)』 등의 책에서 널리 채집하여 확대했다. 수(隋)나라

평(嘉平)이라 하고, 주(周)나라는 대사(大蜡) 또는 납(臘)이라 한다"라고 하였다.

진시황제가,

신선이 된 자	神仙得者
모초성	茅初成
용을 타고 하늘로 날아올라	駕龍昇天
태청(太淸)으로 들어갔네	入太淸
황제께서는 배우신다면	帝若學之
납가평(臘嘉平) 날일세[224]	臘嘉平

이라는 노래를 듣고 고쳐서 은나라의 명칭을 따랐다. 한(漢)은 주(周)의 사(蜡)를 따라 납(臘)으로 하였다.

『예기(禮記)』에서 "이기씨(伊耆氏)가 처음 사제(蜡祭)를 하였다"[225]라고 하였는데, 사(蜡)는 온갖 신에게 보답하는 것이고, 납(臘)은 선조에게 제사지내는 것이다. 어떤 이는 사냥한 짐승들로 제사를 지낸다고 말하는데, 소경(蕭炅)을 복렵시랑(伏獵侍郎)이라 하였으니[226] 꼭 틀리다고 할 수만은 없다.

도가서(道家書)에서 "정월 초하루를 천랍(天臘), 단오를 지랍(地臘), 칠석을 도덕랍(道德臘), 10월 초하루를 민세랍(民歲臘), 12월 정납일(正臘日)을

의 조헌(曺憲)이 『박아(博雅)』라고 고쳐 불렀다.

224) 神仙得者, 茅初成, 駕龍昇天, 入太淸, 時下神州, 戱赤城, 繼世而往, 在我盈, 帝若學之, 臘嘉平. 始皇聞謠歌, 乃有尋仙之志, 因改臘曰嘉平.(『太平御覽, 樂部, 十, 歌, 三』) →始皇聞茅初成之帝若學之, 臘嘉平之謠, 改從殷號也.(『松南雜識』)

225) 『禮記, 卷十一, 郊特牲』.

226) 당나라 때 임보(林甫)가 소경(蕭炅)를 호부시랑(戶部侍郎)으로 천거했다. 그런데 소경이 무식하여 중서시랑(中書侍郎) 엄준(嚴浚) 앞에서 『예기』의 '복랍(伏臘)'을 '복렵(伏獵)'으로 잘못 읽었다. 엄준이 이 일을 장구령(張九齡)에게 말했다. 장구령은 "성(省)에 어떻게 복렵시랑(伏獵侍郎)을 용납할 수 있겠는가?"라고 말하고는 그를 기주(岐州) 자사로 내쳤다.(『舊唐書, 卷九十九, 列傳, 第四十九』)

왕후랍(王侯臘)이라 한다"라고 하였다.

역가(曆家)에서 "왕은 각각 오행이 성한 날을 조(祖)로 삼고 묘일(墓日)을 납으로 삼는 까닭에 금(金)은 인(寅), 수(水)와 토(土)는 사(巳), 목(木)은 신(申), 화(火)는 현(玄)에 해당한다"라고 한 말이 그것이다. 한나라는 화덕(火德)을 표방하였으니 화는 오(午)에서 성하고 술(戌)에서 죽는다. 예를 들면 청제(青帝)는 미일(未日), 백제(白帝)는 축일(丑日), 흑제(黑帝)는 신일(辰日)인 것과 같다.

『총어(聰語)』에서 "송나라는 한나라의 납일(臘日)을 사용하였는데 기유년(己酉年) 윤팔월 겨울의 세 번째 술일(戌日)이 십일월에 있었다. 고법(古法)에는 윤달이 들면 네 번째 술일(戌日)을 납(臘)으로 하지만 11월에 있을 수 없다"라고 하였다.

명나라에서는 동지 후 세 번째 술일(戌日)을 납일로 삼았다. 『고려사』에 의하면 문종(文宗)[227]때 태사국(太史局)[228]에서 신일(辰日)을 사용하자고 주청(奏請)하였으며, 조선은 미일(未日)을 사용하였는데 대개 우리 동방은 목(木)에 속하니 목은 청제(青帝)이다. 고려는 수덕(水德)을 쓴 까닭이다.

조왕신에게 제사지내다
祭竈神

『잡오행서(雜五行書)』에 "조왕신의 이름은 선(禪)이고, 자는 자곽(子郭)이다"라고 하였다. 『형초세시기(荊楚歲時記)』에 "돼지고기와 술로 조왕신에게 제사지낸다"라고 하였다.

---

227) 문종(文宗) : 고려 제11대 왕(1019~1083). 이름은 휘(徽), 자는 촉유(燭幽), 시호는 인효(仁孝). 공음전시법・양전보수법・삼심제(三審制) 등의 법률을 제정하였으며 학문과 서도를 좋아했다. 양주 삼천사의 대지국사비(大智國師碑)는 그가 직접 쓴 글씨이다. 재위 기간은 1046~1083년.

228) 태사국(太史局) : 고려 시대에 천문(天文)・역수(曆數)・측후(測候)・각루(刻漏)를 맡아보던 관아. 태복감.

살펴보건대 한(漢)나라 음자방(陰子方)이 새벽에 밥을 짓는데 조왕신이 나타나자 누런 양으로 제사지냈다고 한다.

범성대(范成大)[229]는 "조왕신이 동지 다음 날 천제를 조회하고 일년의 일을 아뢴다[神翌日朝天. 白一歲事]"[230]라고 하였다.

금강역사가 역귀를 쫓는다
金剛逐疫

『여씨춘추(呂氏春秋)』에 "납일 하루 전날 북을 두드려 역병의 귀신을 몰아내니 이것이 '축제(逐除)'라고 한다"라고 하였다.[231] 또 '나(儺)'라고도 한다.

『후한서, 예악지(禮樂志)』에서 말하였다.

> 전욱씨(顓頊氏)에게 세 아들이 있었는데 하나는 강수(江水)에 살면서 학질귀신이 되었고, 하나는 약수(若水)에 살면서 망양혹귀(魍魎蜮鬼)가 되었고, 하나는 방 모퉁이에 살면서 어린아이를 잘 놀라게 한 까닭에 소아귀(小兒鬼)가 되었다. 그래서 나(儺)로 몰아내었다. 축귀(逐鬼)하는 동자들은 붉은 두건을 쓰고 땡땡이북을 잡고, 방상씨(方相氏)[232]는 도끼를 쥐고 무당들은 갈대비를 들었다.

---

229) 범성대(范成大) : 남송 때의 정치가 시인(1126~1193). 자는 치능(致能), 호는 석호거사(石湖居士). 남송 사대가의 한 사람으로 강서시파(江西詩派)의 영향을 받고, 청신한 시풍으로 전원의 풍경을 읊었다. 저서에 『전원잡흥(田園雜興)』·『석호거사시집』 등이 있다.

*『松南雜識』에는 범성대의 자 '致能'이 '至能'으로 오기되어 있다.

230) 「납월촌전악부십수병서(臘月村田樂府十首幷序)」.

231) **今人**, **臘歲前**一日, 擊鼓驅疫, 謂之**逐**除, **是也**.(『呂氏春秋, 卷十二, 季冬紀, 第十二, 十二月紀』의 주석) → **前歲**一日, 擊鼓驅**疫癘之鬼**, 謂之**害**除.(『松南雜識』)

232) 방상씨(方相氏) : 주(周)나라 때의 관직이름. 역귀를 몰아내는 방상(方相)의 형상을 하고 의식을 행한다.

지금 관청의 마고(魔鼓)가 이것이다.

나식(羅湜)[233]의 시에,

구나 북소리 둥둥둥 사방을 울리며	儺鼓鼕鼕動四閭
동으로 몰고 서로 쫓느라 어수선하네	東驅西逐勢紛如
해마다 너는 흰머리만 늘어난다지	年年聞汝徒添白
어떻게 하면 세상의 귀신을 없앨까	海內何曾一鬼除

라는 구절이 있다.

『형초세시기』에 "납고(臘鼓)[234] 울리니 봄 풀이 돋아 난다"라고 하였고, 또 "금강역사가 역귀를 쫓는다"[235]라고 하였다.

일 년의 저녁
歲夕

『상서대전(尙書大傳)』에서 "일 년의 저녁, 한 달의 저녁, 하루의 저녁[歲之夕, 月之夕, 日之夕]"[236]이라고 하였는데, 그 주석에 "정월에서 4월까지가 한 해의 아침이고, 5월부터 8월까지가 한 해의 점심이며, 9월부터 12월까지가 한 해의 저녁이다"[237]라고 하였다. 지금은 제석(除夕)이라고

---

233) 나식(羅湜) : 조선 시대의 학자(1498~1546). 자는 정원(正源), 호는 장음정(長吟亭). 김굉필·조광조의 문인(門人). 명종 원년(1545) 을사사화 때에 강계에 유배된 뒤 사약을 받고 죽었으며, 선조 1년(1568)에 신원(伸冤)되었다. 저서에 『장음정유고(長吟亭遺稿)』가 있다.

234) 臘鼓.(『荊楚歲時記』) → 葛鼓.(『松南雜識』)

235) 金剛力士, **以**逐疫.(『荊楚歲時記』) → 金剛力士, 逐疫**鬼**.(『松南雜識』)

236) 『尙書大傳, 周書, 周傳』.

237) **自**正月, 盡四月, **謂**歲之朝, **自**五月, 盡八月, **爲**歲之中, **自**九月, 盡十二月, **爲**歲之夕.(『尙書大傳』) → 正月, 盡四月, **爲**歲之朝, 五月, 盡八月, 歲之中, 九月, 盡十二月, 歲之夕.(『松南雜識』)

하니 옛 것을 버리고 새 것을 펼친다는 말이다. 또 세(歲)와 제(除)는 음이 서로 비슷하다.

『형초세시기(荊楚歲時記)』에서 "해가 다하고 밤이 다했기 때문에 술과 안주를 마련하여 새해를 맞이한다"라고 하였으니 바로 두보(杜甫)의 시 「각야(閣夜)」와 가도(賈島)[238]의 「제시(祭詩)」이다.

당시(唐詩)에,

올해 오늘밤이 다하고	今歲今宵盡
내년 내일을 재촉한다	明年明日催[239]

라는 구절이 있고, 농암(農巖) 김창협(金昌協)[240]의 시에,

늘그막은 점점 나그네살이와 같고	老境漸同羈客住
여생은 돌아가는 친구를 전송하는 것 같네	殘年似送故人歸

라는 구절이 있다. 나의 시에,

닭 깃드는 이 저녁은 올해이고	鷄棲此夕爲今歲
개 짖는 내일은 또 한 해라네	犬吠明朝又一年

---

238) 가도(賈島) : 중당(中唐) 때의 시인(779~843). 자는 낭선(浪仙). 그의 시는 북송(北宋)의 맹교(孟郊)와 더불어 '교한도수(郊寒島瘦)'라 평한 것처럼 풍족한 정서는 결핍되어 있지만, 서정적인 시는 매우 세련되어 세세한 부분까지 잘 묘사되어 있다. 그는 1자 1구도 소홀히 하지 않고 고음(苦吟)하여 쌓아올리는 시풍이었으므로, 유명한 '퇴고(推敲)'의 어원이 된 일화는 그의 창작 태도에서 생기게 된 것이라 할 수 있다.

239) 사청(史靑)의 「응소부득제야(應詔賦得除夜)」.
* 明年明日**催**(「應詔賦得除夜」) → 明年明日**來**(『松南雜識』)

240) 김창협(金昌協) : 조선 중기의 학자 · 문신(1651~1708). 자는 중화(仲和), 호는 농암(農巖) · 삼주(三洲). 숙종 8년(1682)에 문과에 급제하고 집의(執義) 대사성을 지냈으나, 아버지 김수항(金壽恒)이 기사환국 때 사사(賜死)되자 벼슬을 버리고 은거하여 성리학 연구에 몰두했다. 당대의 문장가이며 서예에도 능했다. 저서에 『농암집』 · 『사단칠정변(四端七情辨)』 등이 있다.

라는 구절이 있다.

등조허모
燈照虛耗

『동경몽화록(東京夢華錄)』에서 말하였다.

도성의 사람들은 중과 도사를 불러 경(經)을 읽고 부뚜막 위에 꼽등이[241]를 붙이고 부뚜막 문에 술지게미를 바르니 그것을 취사명(醉司命)이라고 하다. 밤에 침상 아래에 불을 켜니 이를 조허모(照虛耗)라 한다.[242]

궁한 귀신을 전송하다
送窮鬼

『당사시보감(唐四時寶鑑)』에서 "고양씨(高陽氏)의 아들이 해진 옷을 입고 죽 먹기를 좋아하다가 그믐날에 거리에서 죽었다. 세상에서는 이 날 해진 옷과 죽을 거리에 버린다"라고 하였다. 한유(韓愈)[243]의 「송궁문(送窮文)」과 당경(唐庚)[244]의 「유궁(留窮)」에 이런 내용이 있다.

---

241) 꼽등이 : 메뚜기목 꼽등잇과의 곤충을 통틀어 이르는 말.

242) 都人, 至夜, 請僧道, 看經, **備酒果**, **送神**, **燒合家替代錢紙**, 帖竈馬**於竈上**, **以**酒糟, **塗抹竈門**, **謂之醉司命**, **夜於牀底**點燈, 謂**之**照虛耗.(『東京夢華錄, 卷十, 十二月』)→ 都人, 至夜, 請僧道, 看經, 帖竈馬, **抹**酒糟點燈, 謂照虛耗.(『松南雜識』)

243) 한유(韓愈) : 당나라의 문인 · 정치가(768~824). 자는 퇴지(退之), 호는 창려(昌黎). 당송 팔대가의 한 사람으로, 사륙변려문을 비판하고 고문(古文)을 주장했다. 시문집에 『창려선생집』 등이 있다.

244) 당경(唐庚) : 송나라 사람. 자는 자서(子西). 백호(伯虎)의 동생이며 세상에서는 노국선생(魯國先生)이라고도 한다. 『당자서집(唐子西集)』이 있다.

줄로 인형을 매달다
繩繫偶人

『형초세시기(荊楚歲時記)』에서 말하였다.

어떤 상인이 청호군(靑湖君)을 만났는데 청호군이 무엇을 원하느냐고 묻자 다만 여원(如願)을 달라고 하였다. 그러자 그가 한 여종을 주었는데 이름이 '여원(如願)'이었다. 그녀는 상인이 찾는 물건이 있으면 모두 가져다 주었다. 그 후 정월 초하루에 늦게 일어났다고 그녀를 때리자, 똥통 속으로 들어가 보이지 않았다. 지금 정월 초하루에 가는 줄로 인형을 만들어 똥통 속에 던지며 "소원대로 되게 하라"라고 한다.[245]

우리나라에서 '제웅(除俑)'이라고 부르니 제야(除夜)에서 나온 말이다. 실제로는 여원(如願)인데 제액(除厄)으로 와전된 것이다.

내 시에,

여원인(如願人) 완성되면 풀에 기대 세우고	如願人成依草立
도소주(屠蘇酒)[246] 익으면 잔에 가득 붓기를	屠蘇酒熟屬盃深

이라는 구절이 있다.

245) 有商人區明者, 過彭澤湖, 有車馬, 出自稱靑湖君, 要明過家, 厚禮之, 問何所須, 有人教明但乞如願. 及問, 以此言答, 靑湖君甚惜如願, 不得已許之, 乃一少婢也. 靑湖君語明曰, 君領取, 至家, 如要物, 但就如願, 所須皆得, 自爾, 商人, 或有所求, 如願竝爲卽得. 數年遂大富. 後至正旦, 如願起晚, 商人以杖打之, 如願以頭鑽入糞中, 漸沒失所, 後商人家漸貧. 今北人正旦夜, 立於糞掃邊, 令人執杖打糞堆, 以答假痛, 又以細繩繫偶人, 投糞掃中云. 令如願, 意者, 亦爲如願故事耳.(『荊楚歲時記』)→有商人見淸湖君, 君問何所須, 但乞如願. 後得婢, 名如願, 商有求悉致之, 後因正朝晚起, 撻之, 走入糞壤中不見, 今正朝, 細繩繫偶人投糞中云.(『松南雜識』)

246) 도소주(屠蘇酒) : 설날에 먹으면 나쁜 기운을 물리치고 장수한다는 술.

횃불로 밭을 비추다
火炬照田

『풍토기(風土記)』에서 “오(吳) 지역의 촌락에서는 제석(除夕)에 횃불을 긴 장대에 묶어서 찬란하게 온 들판을 비추어 내년 풍년을 기원한다”라고 하였다. 지금 시골의 도처에서 모두 그렇게 한다.

백거이(白居易)의 시에,

들풀 타올라 꺼지지 않으니	野火燒不盡
봄바람 불어 또 살아나네	春風吹又生[247]

라는 구절이 있다.

쥐불
鼠火

『해문록(該聞錄)』[248]에서 “어떤 노인이 산도깨비에게 동티가 났다. 이전(李畋)이 그날 밤 뜰에서 대나무를 터뜨리게 하자 새벽이 되니 조용하게 안정되었다고 한다”라고 하였다.

소식의 시에,

폭죽소리에 이웃 귀신 놀라고	爆竹驚鄰鬼
구나(驅儺)에 아이들 모여드네	驅儺聚小兒[249]

247) 「부득고원초송별(賦得古原草送別)」.

248) 해문록(該聞錄) : 송나라의 이전(李畋)이 편찬. 총 10권.

249) 爆竹**驚鄰鬼**, **驅儺**聚小兒.(『東坡全集, 卷二十八, 荊州十首』) → 爆竹聚小兒.(『松南雜識』)

라는 구절이 있다. 지금 풍속에 불을 문 앞에 놓는 것을 '쥐불(鼠火)'이라 한다. 『하소정(夏小正)』에서 말하였다.

『하소정(夏小正)』에서 말하였다.

솔개가 울고 말개미 땅속에서 달린다. 작은 마늘을 임금께 바치고 관리가 돌다리에 가서 고기를 잡으니 사슴뿔이 떨어진다.250)

초하루 길일
朔吉

『설문해자(說文解字)』에서 "삭(朔)은 매달 첫 날이니 비로소 깨어난다"라고 하였으니, 우리나라에서 '날'로 훈석하는 것은 잘못이다.

『논어(論語)』에서 "초하루에는 반드시 조복을 입는다[吉月必朝服]"라고 하였는데, 그 주석에서 "『주례(周禮)』에 정월 초하루에 나라의 법을 읽고 모두 길례(吉禮)를 따라 흉(凶)·빈(賓)·군(軍)·가례(嘉禮)를 구별한다"251)라고 하였다. 이른바 월길(月吉), 곧 정월의 길일(초하루)에 대궐문에 법을 내린다는 말이 바로 이것이다. 『시경(詩經)』에 "2월 초하루[二月初吉]"252)라고 하였는데, 주석에 "군자가 일을 거행할 때는 일찍 하는 것을 숭상하기에 삭(朔)이 길(吉)이 된다"라고 하였다.

---

250) 鳴弋, 玄駒賁, 納卵蒜, 虞人入梁, **隕麋角**.(『夏小正』) → 鳴弋, 玄駒賁, 納卵蒜, 虞人入梁.(『松南雜識』)

251) 『論語, 鄕黨』.

252) 『詩經, 小雅, 小明』.

보름
月望

『주례, 향사(鄕士)』의 주석에서 “달이 크면 15일을 보름이라 하고, 달이 작으면 16일을 보름이라 한다”라고 하였으니, ‘해와 달이 서로 바라본다(望)’라는 의미이다.

우리나라에서는 ‘망(望)’을 ‘바라보다’라고 훈석(訓釋)한다. 우리나라 말에 열흘 전을 초생(初生)이라고 하는 것은 그 날 달이 처음 생기기 때문이다.

저녁
夕

『설문해자(說文解字)』에서 “석(夕)자는 달이 반쯤 보이는 모양을 따른다”라고 하였는데, 주석에 “월(月)자의 반이다”라고 하였다. 달이 처음 뜰 때 저녁에 서쪽에서 보이기 때문에 반달(半月)을 ‘석(夕)’이라 한다.

『예기(禮記)』에서 “달이 서쪽에서 뜬다”[253]라고 하였다.

그믐
晦陰

『설문해자(說文解字)』에서 “회(晦)자는 ‘일(日)’자를 따르고 ‘매(每)’자를 따른다”라고 하였으니, 오직 해만 있고 달은 없다. 우리나라에서는 그믐[今陰]이라고 훈석한다.

『춘추공양전(春秋公羊傳)』에 “그믐에 여섯 마리 익조가 거꾸로 날아갔

253) 『禮記, 卷十, 禮器』.

다[提月六鷁退飛]"[254]라고 하였는데, 그 주석에 "제월(提月)은 그믐[晦日]이다"라고 하였다.

상한
上澣

운서(韻書)에서 "'한(澣)'은 '완(浣)'이라고도 되어 있으니 옷의 때를 세탁하는 것이다"라고 하였다. 당나라 관제(官制)에 열흘에 하루를 관리에게 목욕하도록 휴가로 주었다. 그러므로 한(澣)을 기준으로 상순(上旬)·중순(中旬)·하순(下旬)으로 나누었다.

협순
浹旬

운서에서 "浹(협)은 '가득하다'는 뜻이다"라고 하였다. 갑(甲)에서부터 계(癸)까지를 협일(浹日)이라 하고, 자(子)에서부터 해(亥)까지를 협진(浹辰)이라 한다.

『춘추좌씨전(春秋左氏傳)』에서 "협순(浹旬)"[255]이라고 하였는데, 그 주석에서 "12일이다"라고 하였다.

254) 『春秋公羊傳, 卷十一, 僖公十六年』.
255) 『春秋左傳, 卷二十六, 成公九年』.

이십 념
二十念

지봉(芝峰) 이수광(李睟光)이 말하였다.

이십을 념(念)이라 하는데, 당나라 때부터 이미 그러하였다. 패사(稗史)에 "불가에서는 이십 념(念)이 일 순(瞬)이 되고, 이십 순이 탄지(彈指)가 된다"[256]라고 하였다. 『운부군옥(韻府群玉)』에 "수주 백이십알(數珠百卄顆)"이라고 하였으니, 수주(數珠)는 바로 염주(念珠)이다."[257]

『기원략(紀元略)』에서 "당 후주(後主) 종가(從珂)는 어릴 때 자(字)를 이십삼(二十三)이라 하였으니 정월 23일에 태어났기 때문이다. 신하들이 아뢸 때 다만 양순삼(兩旬三)이라고 하였고, 혹 물건을 헤아리다가 이십이에 이르면 이십 사로 건너뛰니 감히 존호를 지칭하지 못하기 때문이다"라고 하였다.

우중
禺中

『회남자(淮南子)』에서 "해가 양곡(暘谷)에서 나와 형양(衡陽)에 이르는 것을 우중(禺中)이라 한다"[258]라고 하였는데, 그 주석에 "정오에 가까우

---

256) 『翻釋名義集, 時分』.

257) **俗以**二十爲念, 自唐已然, **未知何義**, **按**稗史, 佛家, 以二十念, 爲一瞬, 以二十瞬, 爲**一**彈指, 又韻府**群玉**曰數珠百卄顆云, 數珠卽念珠也.(『芝峯類說, 卷七, 文字部, 文義』) → 二十爲念, 自唐已然, 稗史**云**, 佛家, 以二十念, 爲一瞬, 以二十瞬, 爲彈指, 又韻府曰數珠百卄顆云, 數珠卽念珠也.(『松南雜識』)

258) 日出**于**暘谷, **浴于咸池**, **拂于扶桑**, **是謂晨明**, **登于扶桑**, **爰始將行**, **是謂晨明**, **至于曲阿**, **是謂旦明**, **至于曾泉**, **是謂蚤食**, **至于桑野**, **是謂晏食**, 至**于**衡陽, **是謂**隅中.(『淮南子, 天文訓』) → 日出暘谷, 至衡陽**曰**隅中.(『松南雜識』)

면 대개 번우(番禺)에 이른다"라고 하였다. 또한 "해가 우연(虞淵)에 이르는 것을 고용(高舂)이라 하고, 연석(連石)에 이르는 것을 하용(下舂)이라고 한다"[259]라고 하였다.

초경 · 인정
初更人定

지봉 이수광이 "우리나라는 초경(初更)을 해시(亥時)라 하고, 인정(人定)을 종동(鍾動)이라 한다"[260]라고 하였다.

한유(韓愈)의 시 「기몽(記夢)」에 "백 이십 각도 잠시라네[百二十刻須臾間]"라는 구절이 있으니, 당나라의 물시계는 요즘 것과 다르다.

이령(李郢)의 시에 "밤새 시간가는 소리 가을밤이 길구나[二十五聲秋夜長]"[261]라는 구절이 있는데, 밤의 시각이 오(五)와 오(五)가 번갈아 이십오가 되니 우리나라와 같다.

살펴보건대 한(漢)나라 내흡(來歙)의 소(疏)에 '인정(人定)'이라는 말이 있으니 한나라 때부터 인정(人定)이라 말한 것이다.

전예(田豫)[262]가 "종이 울리고 물시계 시간이 다 되어도 쉼없이 밤에 돌아다니니 이것이 죄인이다"[263]라고 하였다.

『형통(刑統)』에서 "문을 닫고 북을 친 뒤와 문을 열고 북을 치기 전에 통행하는 것을 모두 '범야(犯夜)'라 한다"[264]라고 하였다.

---

259) 『淮南子, 天文訓』.

260) **人定**亥, **今**俗謂初更鍾動**曰**人定.(『芝峯類說, 卷一, 天文部, 日月』)→初更, 俗謂亥**時**, 人定謂鍾動.(『松南雜識』)

261) 「숙항주허백당(宿杭州虛白堂)」.

262) 전예(田豫) : 위(魏)나라의 문신.

263) 鐘鳴漏盡, **而**夜行不**休**, 是罪人也.(『通志』)→鐘鳴漏盡, 夜行不**止**, 是罪人也.(『松南雜識』)

264) **閉門**鼓後, **開門**鼓前, **有行者**, **皆爲**犯夜.(『唐律疎義, 卷二十六』)→鼓後鼓前, **謂**犯夜.(『松南雜識』)

『당서(唐書), 예악지(禮樂志)』에서 “새벽 사 각(刻)에 한 번 북을 치면 일 엄(嚴)이 되고 두 번 북을 치면 이 엄이 된다”[265]라고 하였다.

명월
明月

승암(升庵) 양신(楊愼)[266]이 “내달이 명월(明月)이다”라고 하였다.

『춘추좌전(春秋左傳)』에서 거월(去月)을 또한 작월(昨月)이라 할 수 있고, 거년(去年)을 작년(昨年)이라 하고, 내일(來日)은 명일(明日) 또는 소조(素朝)라 하였다. 『설문해자(說文解字)』에서 “철(喆)은 밝다(明)는 뜻이다”라고 하였다. 명일을 철조(喆朝)라고 하는데, 우리나라에서는 잘못하여 ‘힐(詰)’자로 쓴다.

관루제기
觀漏制器

『설문해자(說文解字)』에서 “청동기에 물을 받고 눈금을 새기는데 밤낮이 백 개의 눈금이다”라고 하였으니 물이 새어 떨어지는 의미를 취한 것이다.

『아희원람(兒戲原覽)』에서 “황제가 처음으로 떨어지는 물을 보고 기구를 만들어서 법칙을 취하여 밤낮을 구분하였다”[267]라고 하였다.

『주례(周禮)』의 주석에서 “태사(太史)가 법을 만들어 마흔 여덟 전(箭)

---

265) **五刻**, 搥一鼓, 爲一嚴, …… 二**刻頃**, **搥**二鼓, 爲二嚴.(『唐書, 卷二十, 禮樂志, 第十』)
→**未明四刻**, 搥一鼓, 爲一嚴, …… 二鼓, 爲二嚴.(『松南雜識』)

266) 양신(楊愼) : 명나라의 문학가. 자는 용수(用修), 호는 승암(升菴). 경학(經學)과 시문이 탁월하였으며 박학으로 이름 높았다. 저서에 『단연총록(丹鉛總錄)』·『승암집(升菴集)』 등이 있다.

267) 刻漏, 黃帝, 創觀漏水, 制器取則, 以分晝夜.(『兒戲原覽, 創始』)

을 두었다"라고 하였다.

『후한서, 율력지(律曆志)』에서 "큰 항아리로 물시계를 만들고 화살을 띄워 시각을 표시한다"라고 하였다.

『당국사보(唐國史補)』[268]에서 "혜원(惠遠)[269]이 여산(廬山) 속에서 시간을 알지 못하기에 청동 잎으로 기구를 만들었는데 연꽃 모양과 같았다"라고 하였다.

우리나라 신라 헌덕왕(憲德王)[270] 때에 처음 돌을 다듬어 첨성대를 만들고 그 속을 통하게 하여 사람이 오르내리며 관찰하였다. 조선 세종 무오년에 흠경각(欽敬閣)[271]과 간의대(簡儀臺)[272]를 경복궁 내에 세우고 크고 작은 간의(簡儀)·혼의(渾儀)·일구(日晷)·앙부(仰釜) 등의 기구를 설치하고 『칠정산(七政算),[273] 내외편(內外篇)』을 편찬하였으니 지금의 관상감(觀象監)[274]이다.

---

268) 당국사보(唐國史補): 당나라의 이조(李肇)가 편찬한 책.

269) 혜원(惠遠): '慧遠'으로도 쓴다. 중국 진(晉)나라 여산(廬山) 동림사(東林寺)의 중으로 원공(遠公)이라고도 한다.

270) 헌덕왕(憲德王): 신라의 제41대 왕. 재위 기간 809~826년.

271) 흠경각(欽敬閣): 조선의 세종이 1437년 물시계인 옥루를 보관하기 위해 지은 건물.

272) 간의대(簡儀臺): 조선은 고려의 제도를 본받아 천문기상대로 서운관(書雲觀: 후의 觀象監)을 두었고, 간의(簡儀)와 부속시설을 수용하기 위하여 간의대를 설치했다. 경복궁 경회루 북쪽에 높이 31척(9.4m), 길이 47척(14.24m), 너비 32척(9.7m)의 석조노대(石造露臺)를 축조하고, 돌난간을 둘러 대간의를 설치한 뒤 시험을 거쳐 세종 16년(1434)에 준공했다.

273) 칠정산(七政算): 조선 초 세종 24년(1442) 완성되어 44년 3권으로 간행된 역서(曆書). 세종의 명을 받아 이순지(李純之)·김담(金淡)이 중심이 되어 편찬한 것으로 중국 원나라 때의 수시력(授時曆)을 서울의 실정에 맞게 수정 개편한 것이다. 칠정, 즉 해와 달, 그리고 다섯 행성의 운동을 계산할 수 있는 수학적 방법을 완성해놓은 것인데, 삼국 시대 이래 고려 때까지는 이런 계산이 아직 완전하지 못했던 것으로 보인다.

274) 관상감(觀象監): 조선 시대 천문·지리학(地理學)·역수(曆數: 책력)·측후(測候)·각루(刻漏) 등의 사무를 맡아보던 관청.

자명종
自鳴鍾

『당서(唐書)』에서 "대진국(大秦國)[275]의 시간을 보는 방법은 쇠저울을 매달고 쇠구슬 열 두 개를 저울의 끝에 놓는 방법으로 한 시각이 될 때마다 쇠구슬이 떨어진다"라고 하였다. 지금 아마도 마테오리치의 자명종과 비슷한 듯하다. 또, 안경같이 생긴 시계(時契)는 차고서 안에서 자동으로 돌아가는 소리를 들을 수 있으며 밖으로는 몇 시라는 글자를 볼 수 있다. 또, 저울추를 실에 묶어 청동기에 드리우면 자동으로 가다가 몇 번 치고서 그치는 것도 있다. 또한 이란(李蘭)이 청동으로 갈오(渴烏)[276] 모양을 만들어서 은룡(銀龍)으로 물을 끌어 들이면 토해 내서 구기(溝器)로 들어간다. 한 되의 물이 새면 한 근의 무게가 되고 한 시각이 지나간다. 바로 영헌(靈憲) · 혼의(渾儀)의 종류이다

향전
香篆

『향보(香譜)』[277]에서 말하였다.

요즘에는 향전(香篆)을 만드는데 그 문양으로 열두 시와 백각(百刻)을 나누어 새겨, 종일 태운다. 대개 나무에 새기는 것이 법도이고, 향의 재로 전문(篆文)을 만든다.[278]

---

275) 대진국(大秦國) : 로마.
276) 갈오(渴烏) : 물을 빨아 들이는 곡형(曲形)의 통.
277) 향보(香譜) : 송나라의 진경(陳敬)이 편찬. 심립(沈立) · 홍추(洪芻) 등 11명의 『향보』를 모아서 한 권으로 만들었다.
278) 鏤木, 以爲之以範, 香塵爲篆文.(『香譜, 香篆』) → 近世**尙奇者**, 鏤木**以**爲**之**範, 香塵爲篆文, **準**十二辰, 分百刻, **凡**燃一晝一夜.(『古今事文類聚續集, 卷十二, 香茶部, 香』)

육관가회
六管葭灰

『한서(漢書), 천문지(天文志)』에서 말하였다.

대나무로 관(管)을 만들고 갈대청으로 재를 만든다. 방을 세 겹으로 만든 후 비단을 펴고 나무로 책상을 만드는데 안은 낮고 밖은 높다. 그 위에 율(律)을 더하니 기운이 이르면 재가 날린다. 궁중에서는 십이 옥율(玉律)을 사용하는데 오직 하지와 동지라야 살펴 볼 수 있다. 영대(靈臺)에서는 죽율(竹律)을 사용한다.[279]

두보(杜甫)의 시에서 "여섯 대롱 갈대를 부니 재가 날리네[吹葭六管動浮灰]"[280]라고 한 말이 이것이다.

흙과 숯의 무게
土炭輕重

『사기(史記)』에서 "하지와 동지 사흘 전에 저울의 양쪽 끝에 같은 무게의 흙과 숯을 매달아 둔다. 음기가 이르면 흙이 무거워지고, 양기가 이르면 숯이 무거워진다"[281]라고 하였다.

후대에는 흙 대신 쇠를 사용한 까닭에 『수서(隋書), 역지(曆志)』에 "쇠와 숯의 무게로 추위와 더위를 예측하는데 착오가 없다"[282]라고 하였다.

→近世**作篆文**, **其文作**十二辰, 分百刻, 燃一晝一夜, 鏤木爲範, **以**香塵爲篆文.(『松南雜識』)

279) 『漢書, 天文志』의 내용과 『後漢書, 律曆志, 上』의 내용이 뒤섞여 있다.

280) 「소지(小至)」.

281) 『史記, 天官書』의 주석.

282) 鐵炭輕重, 無失寒燠之宜.(『隋書, 卷十七, 志, 第十二, 律曆, 中』)

토란과 오동은 윤달을 안다
藕桐知閏

『고금운회(古今韻會)』[283]에서 "연꽃의 뻗은 뿌리는 대나무의 뻗은 뿌리와 같아서 마디마다 하나의 잎과 하나의 꽃이 자란다. 꽃과 잎이 항상 짝이 되는 까닭에 '우(藕)'라고 한다"라고 하였다.

『속박물지(續博物志)』에서 "토란은 달마다 나는데, 윤달에도 한 마디가 생긴다"라고 하였다.

『둔갑서(遁甲書)』에서 말하였다.

오동으로 윤달을 구분해낼 수 있다. 한 해에 열두 장의 잎이 자라는데 변(邊)마다 여섯 장의 잎이 달린다. 아래로부터 헤아려 한 장의 잎이 한 달이 된다. 윤달이 들면 잎은 열세 장이 된다. 잎이 작은 곳을 보면 어느 달에 윤달이 들었는지 알 수 있다. 입추가 되면 잎 한 장이 먼저 떨어진다.

토란과 소귀나물
芋子慈姑

『속박물지』에서 "토란[芋]은 열두 개의 알이 빙 두르고 있는데 달의 수에 해당한다"라고 하였다.

『군방보(群芳譜)』[284]에서 "자고(慈姑)는 한 가닥 뿌리에 해마다 열두 개의 알이 생기는데, 그해에 윤달이 들면 열세 개의 알이 생기니 마치 어머니가 여러 자식에게 젖을 먹이는 모양과 같다"라고 하였다. 그 주

283) 고금운회(古今韻會) : 원나라 황공소(黃公紹)가 편찬. 고운(古韻)을 206운으로 분류하는 것은 당나라까지 계승되었는데, 황공소가 107운으로 분류하였음.
284) 군방보(群芳譜) : 명나라의 왕상진(王象晉)이 편찬한 책.

석에서 "과실의 이름이다"라고 하였다.

지치 열매와 부들잎
茈實蒲葉

『강희자전(康熙字典)』에서 "지치[茈]는 풀이름이다. 열 두 개의 열매가 맺히니 열 두 달에 해당된다. 윤달이 들면 하나가 더 생기니 명협(蓂莢)의 줄기와 같다"라고 하였다.

『이아익(爾雅翼)』에서 "부자(凫茈)는 척박한 땅에서 난다. 싹이 용수(龍鬚) 같아서 먹을 수 있다"[285]라고 하였다. 이는 두 가지 풀이 하나의 이름으로 불리는 것이다. 촉(蜀)의 맹창(孟昶)이 "살구를 보게 되면 밭갈이를 독려하고, 부들을 보게 되면 추수를 권장하라"[286]라는 조서를 내렸는데, 그 주석에서 "동지(冬至) 후 57일 만에 부들이 자란다"라고 하였다.

하고·월계
夏枯月季

『본초강목(本草綱目)』에서 하고(夏枯)는 풀이름이니 '내동(乃東)'이라 하였으며, 그 주석에서 "동지 후에 나서 5월이면 말라죽는다"라고 하였다. 또 반하(半夏)라는 것이 있는데, 『예기, 월령(月令)』에 "반하가 자란다[半夏生]"라고 하였다. 지금 꽃 중에 사계절 초하루에 피는 것이 있는데, 그 색깔이 연분홍으로 감상할 만하니 월계(月季)라고 부른다. 이것은 『북사(北史)』에서 이른바 "돌궐(突厥)이 달력을 알지 못하고 오로지 풀이 푸르다는

---

285) 凫茨生下田**中**, 苗似**龍**鬚, **而細根似指頭**, **黑色**可食.(『爾雅翼, 卷六, 釋草, 凫茨』)→凫茨生下田, 苗似**龜**鬚, 可食.(『松南雜識』)

286) 望杏**敦**耕, 瞻蒲勸穡.(「孟昶勸農桑詔」)→望杏**勸**耕, 瞻蒲勸穡.(『松南雜識』)

것으로써 기록한 것"이니, 사계절을 더욱 상세히 표현하는 것이다.

수달의 간과 코끼리 쓸개
獺肝象膽

운서(韻書)에서 "수달[獺]은 물개[水狗]이다. 간엽(肝葉)[287]이 달마다 자라난다. 골수는 흉터를 없앤다고 한다"라고 하였다. 그러므로 오비(吳妃)[288]가 뺨에 상처가 났을 때 수달의 골수를 약으로 썼다. 조개의 태(胎)가 달마다 살이 찌는 것과 같다.

『유설(類說)』[289]에서 "코끼리 쓸개는 사계절에 따라 네 다리 쪽에 있다. 봄에는 앞 왼쪽 다리에 있고 여름에는 앞 오른쪽 다리에 있다"[290]라고 하였다.

『의서(醫書)』에서 "까마귀 쓸개는 오전에는 있다가 오후에는 없어진다"라고 하였다.

『비아(埤雅)』에서 말하였다.

> 비단뱀은 꼬리가 둥글고 비늘이 없다. 몸에 반점이 있으니 오래되어 어두운 비단의 홀치기 무늬와 같다. 악어처럼 죽이기 어려우며 항상 머리를 숙이고 땅으로 기어다닌다. 쓸개는 날마다 돌아다니는데, 상순에는 머리 가까이에 있고 중순에는 심장 가까이에 있고 하순에는 꼬리 가까이에 있다.[291]

---

287) 간엽(肝葉) : 좌우로 나누어진 간의 한쪽 부분. 모양이 잎사귀와 같다. ≒ 간잎.

288) 오비(吳妃) : 서시(西施)를 이름.

289) 유설(類說) : 송나라의 증조(曾慥)가 편찬한 책.

290) 隨四時在四腿, 春在前左, 夏在前右, 秋在後左, 冬在後右, 如龜無定體也.(『類說』)

291) 尾圓無鱗, 身有斑文, 如故暗錦纈, **難死**似**鼉**, 行地**常俯其首**, 膽隨日轉, 上旬近頭, 中旬在心, 下旬近尾.(『埤雅, 卷十, 釋蟲』) → 尾圓無鱗, 身有斑文, 如故暗錦纈, 似行地, 膽隨日轉, 上旬近頭, 中旬在心, 下旬近尾.(『松南雜識』)

진(晉)나라 안함(顔含)[292]은 형수가 병이 들자 비단뱀 쓸개로 치료해 주었다.

고양이 눈과 올챙이 발
猫眼蝌足

운서(韻書)에서 "오원자(烏圓子)는 고양이인데 코가 항상 차며 하지(夏至) 하루만 따뜻하다. 아침저녁으로 눈동자가 둥글어지고, 정오에는 실처럼 수축된다"라고 하였다. 생각하건대, 코는 폐(肺)에 속하고 폐는 가을에 해당하기 때문에 차다. 하지는 여름의 기운이 극점에 이르기 때문에 코가 따뜻해진다.

눈은 간(肝)에 속하고 보는 일을 맡아 한다. 간엽(肝葉)은 회전하는데 정오에 이르면 눈동자는 거울 속에 선 줄기처럼 곧다.

『이아익(爾雅翼)』에서 "올챙이는 달이 커지면 앞 두발이 다 생기고, 달이 작아지면 뒤 두 발이 다 나온다"[293]라고 하였다.

여오계신
驢午鷄晨

『정자통(正字通)』에서 "나귀는 갈색·백색·흑색의 세 가지 색이 있다. 정오(正午)와 오경(五更 : 새벽 세 시에서 다섯 시 사이)에 처음 우니 시간에 들어맞는다"[294]라고 하였다.

『춘추운두추(春秋運斗樞)』에서 "옥추성(玉樞星)의 정기가 흩어져 닭이

---

292) 안함(顔含) : 진(晉)나라 사람. 자는 홍도(弘都). 효우로 소문이 남.

293) **科斗**, 月大盡生前兩足, 小盡生後兩足.(『爾雅翼, 卷三十, 釋魚, 科斗』) → **蝌蚪**, 月大盡生前兩足, **月**小盡生後兩足.(『松南雜識』)

294) 驢**長頰廣額修尾**, 有褐白黑三色, 以午及五更初**而**鳴, 協漏刻.(『正字通』) → 驢有褐白黑三色, 以午及五更初鳴, 協漏刻.(『松南雜識』)

된다"라고 하였다. 어떤 사람은 "닭은 양기가 쌓인 것이니 촉야(燭夜)라고도 한다"라고 하였다.

지봉 이수광이 "닭이 오경에 우는 것은 해가 장차 동남쪽[巽位]에 이르려할 때 그 기운을 감지하기 때문이다. 그러므로 중풍 든 사람은 먹을 수 없다"[295]라고 말하였다.

『주역』을 살펴보니 "손은 닭이 된다[巽爲鷄]"[296]라고 하였다. 또 주석에서 "닭은 금(金)에 해당하는 가축인 까닭에 먼저 날갯짓을 한 후에 우는 것이다. 금 기운이 비면 운다. 꿩은 화(火)에 해당하는 가축인 까닭에 먼저 울고 난 후에 홰를 치는 것이다. 화(火) 기운이 비면 운다"라고 하였다. 『단계심법(丹溪心法)』[297]에서 "닭은 토(土)에 속하는데 어찌 축시(丑時: 오전 한 시부터 세 시까지)에 우는 것이랴! 땅이 축시에서 열려서인가?"라고 하였으니, 대개 각각 뜻을 미루어서 억측하여 이치에 맞춘 것이다.

『서경(書經)』에서 "암탉은 새벽이 없다[牝鷄無晨]"[298]라고 하였고, 『진서(晉書)』에서 조적(祖逖)[299]이 한밤중에 갑자기 우는 닭소리를 듣고 "이것은 흉악한 소리가 아니다"[300]라고 하였다. 대개 황당한 닭소리는 전쟁이 일어날 징조이고, 암탉이 새벽에 울면 집안이 망하는데 징험할 수 없는 일이 허다하다.

종달새는 지기를 안다
鷚知地氣

『이아(爾雅)』에서 "종달새(鷚)는 천약(天鑰)"이라고 하였다. 민간에서는

295) 『芝峯類說, 卷二十, 禽蟲部, 鳥』.
296) 『周易, 說卦』.
297) 단계심법(丹溪心法): 원의 단계(丹溪) 주진형(朱震亨)이 찬술한 의서(醫書).
298) 『書傳, 卷九, 周書, 牧誓』.
299) 조적(祖狄): 진(晉)나라 사람. 자는 사치(士稚).
300) 『晉書, 卷六十二, 列傳, 第三十二』.

하늘에 호소하는 새[告天鳥]라고 하는데 그 울음이 피리소리 같다. 모습이 추악하나 잘 울며 소리가 높고 여운이 많다. 지금은 '종달(從達)'이라 한다. 항상 '지리지리'하고 운다. 초봄부터 첫날에 한 길을 날고, 둘째 날에 두 길을 난다. 오직 땅기운이 올라가는 것을 쫓으며 하늘가에 도달하고서야 그친다. 가을이 되면 또한 날마다 봄에 그랬던 것처럼 감소한다고 한다. 마치 제비가 오고 기러기가 오는 것은 음양의 추이를 보고 남북을 따라 오고가는 이치와 같다.

개미가 탄 맷돌처럼 하늘이 돈다
蟻磨天旋

「천문지(天文志)」에서 말하였다.

하늘은 일산처럼 둥글고, 땅은 바둑판처럼 네모나다. 하늘가가 돌면 반은 지상에 있고 반은 지하에 있다. 해와 달은 동쪽으로 운행하고 하늘은 서쪽으로 돌아서 바다로 들어가니 마치 개미가 맷돌 위에서 도는 것과 같다. 맷돌은 빠르고 개미는 느리기 때문에 서쪽으로 가지 않을 수 없다.301)

『포박자(抱朴子)』에서 "하늘은 왼쪽으로 운행하고, 해와 달은 오른쪽으로 운행한다"라고 하였고 "기삼백(朞三百)"302)의 주석에서 "하늘은 왼

301) 天圓如張蓋, 地方如棋局, 天旁轉, 如推磨而左行, 日月右行, 天左轉, 故日月實東行, 而天牽之以西沒, 譬之於蟻行磨石之上, 磨左旋, 而蟻右去, 磨疾而蟻遲, 故不得不隨磨以左廻焉.(『隋書, 卷十九, 志, 第十四, 天文, 上』)→天圓如倚盖, 地方如碁局, 天旁轉, 半在地上, 半在地下, 日月**本**東行, 天西旋, 入**於**海, 牽之以西, 如蟻行磨**上**, **磨左旋**, **蟻右行**, 磨疾, 蟻**遲**, 不得不西.(『古今事文類聚, 前集, 卷二, 天道部, 天』)→天圓如倚盖, 地方如碁局, 天旁轉, 半在地上, 半在地下, 日月東行, 天西旋, 入**于**海, 牽之以西, 如蟻行磨, 磨疾, 蟻**徐**, 不得不西.(『松南雜識』)

쪽으로 돈다"라고 하였다.

『시경(詩經), 시월지교(十月之交)』의 주석에서 "해와 달은 오른쪽으로 운행한다"라고 하였고 명나라 고제(高帝)는 "하늘은 오른쪽으로 돈다"라고 하였다. 지금의 역술가들도 그렇게 말한다.

『주례(周禮)』에서 "토규법(土圭法)[303]으로 토지의 깊이를 측량하고 해 그림자를 바르게 해서 땅의 중심을 구한다[以土圭之法, 測土深, 正日景, 以求地中]"[304]라고 하였는데, 그 주석에서 "규(圭)는 길이가 한 자 다섯 치이다. 하지(夏至)에 여덟 자 되는 표식을 세우면 그림자와 규(圭)가 같아지게 되는데 이를 지중(地中)이라 한다"라고 하였다.

육기
六氣

『아희원람(兒戱原覽)』에서 "바람·추위·더위·습기·건조·열기를 육기(六氣)라 한다"라고 하였다.[305]

오 일이 일 후(候)가 되고, 삼 후가 일 기(氣)가 되며, 육 기가 일 시(時)가 되며, 사 시가 일 년이 된다. 또 십오 분이 일 각(刻)이 되며, 팔 각이 일 시(時)가 되며, 열두 시가 일 일(日)이 된다.

302) 『書經, 堯傳』.

303) 토규법(土圭法) : 토규(土圭)는 중국 고대에 옥으로 만든 기물로 해그림자 측량에 사용됨.

304) 以土圭之法, 測土深, 正日景, 以求地中.(『周禮, 地官司徒, 上, 大司徒』)

305) 六氣, 風寒暑濕燥火.(『兒戱原覽, 附數彙』) → 風寒暑濕燥火**謂**六氣.(『松南雜識』)

오제

五際

「익봉전(翼奉傳)」306)에서 "『시경(詩經)』에는 오제(五際)가 있다"307)라고 하였는데, 그 주석에서 "오제는 묘제(卯際)·유제(酉際)·오제(午際)·술제(戌際)·해제(亥際)이다. 음양의 처음과 끝이 만나는 해에는 변개(變改)의 정치가 나온다"308)라고 하였다. 일명 오상(五常)이라고 한다.

오행

五行

『아희원람(兒戲原覽)』에서 말하였다.

검은 기운이 허공에 엉겨서 물이 비로소 생긴다. 붉은 기운이 허공에 타올라 불이 비로소 생긴다. 푸른 기운이 허공에 떠서 나무가 비로소 생긴다. 흰 기운이 허공에 비껴서 쇠가 비로소 생긴다. 누런 기운이 허공과 만나서 흙이 비로소 생긴다.309)

우리나라에서는 '青'자는 '푸를 청', '赤'자는 '붉을 적'이라고 훈석하고 발음한다. '白'자는 '희다[稀]'라고 훈석하니 그 색이 담박하고 희소(稀疎)한 것이다. '黑'자는 '검다[黔]'고 발음하니 멀리서 바라보면 그 색

---

306) 『한서(漢書)』 권75의 「眭兩夏侯京翼李傳」을 이름. 익봉(翼奉)은 한나라 사람으로 제시(齊詩)를 전공하였고 율력(律曆)과 음양(陰陽)으로 점치는 것을 좋아했다.

307) **詩**有五際.(『前漢書』) → **時**有五際.(『松南雜識』)
*詩를 時로 착각한 결과 「세시류」와 무관한 주제의 글이 되었음.

308) **五際**, 卯酉午戌亥**也**. 陽終始際會之歲, **於此**則有變改之政也.(『前漢書』) → 卯酉午戌亥. 陽終始際會之歲, 則有變改之政也.(『松南雜識』)

309) 五行者, 玄氣凝空, 水始生也, 赤氣炫空, 火始生也, 蒼氣浮空, 木始生也, 素氣橫空, 金始生也, 黃氣際空, 土始生也.(『兒戲原覽, 形氣』)

이 검은 것이다. '黃'자는 '누르다' 이니 솥바닥의 밥이 탄 밥을 누릉지라고 하는 것과 같다.

대개 '목(木)·화(火)·토(土)·금(金)·수(水)'는 차례대로 상생(相生)하고, 하나씩 띄어서 상극(相克)이 된다. 입춘의 목(木), 입하의 화(火), 입추의 금(金), 입동의 수(水)로부터 각각 칠십이 일이고 토(土)는 사계절에 왕(旺)으로 붙어서 각각 십팔일씩 된다. 우리나라는 '邦'자를 토왕방(土王邦)이라 한다. 한(漢) 고조(高祖)는 검은 사마귀가 났기 때문에[310] 이름을 방(邦)이라 하고, 자(字)를 계(季)라 하였다고 한다.

재·세·사·년
載歲祀年

『이아석문(爾雅釋文)』에서 "載(재)는 시작[始]이다"라고 하고, 그 주석에 "사물이 마쳤다가 다시 시작한다는 뜻을 취한 것이다"라고 하였다. 채옹(蔡邕)[311]이 "일 년 중에 하늘이 덮고 땅이 싣지 않음이 없다는 의미이다. 그래서 요순(堯舜) 때 載라고 말하였다"[312]라고 한 말이 이것이다.

'歲(세)'는 목성이 일 년에 한 차례 운행하다가 사시(四時 : 1년)에 공을 마치는 것이다. 그러므로 『시경(詩經)』에 "어떻게 한 해를 마치겠는가? [何以卒歲]"[313]라고 하였다. 하(夏)나라가 세(歲)라 하는 말이 이것이다.

'사(祀)'는 『설문해자』에 "제사를 그치지 않고 지내는 것이다"라고 하였다. 상(商)나라는 사시에 제사 지내는 일이 한 차례 끝나는 데서 뜻을

310) 고조는 72개의 검은 사마귀가 났다고 한다.

311) 채옹(蔡邕) : 후한(後漢) 때의 학자이며 서예가(133~192). 자는 백개(伯喈). 박학하여 시문에 능하고 수학·천문·서도·음악 등에도 뛰어났다. 저서에 『독단(獨斷)』과 『채중랑집(蔡中郎集)』이 있다.

312) 唐虞曰載, 載歲也, 言一歲莫不覆載, 故曰載也.(『獨斷, 卷上』) → 唐虞曰載, 載歲也, 言一歲莫不覆載, 故曰載也.(『松南雜識』)

313) 『詩經, 豳風, 七月』.

취하여 '祀'라고 하였다. 『서경(書經)』의 "원년(元年)이다[惟元祀]"[314]라는 말이 이것이다.

'년(年)'은 『설문해자』에 "秊으로 썼으니 곡식이 익는 것이다"라고 하였다. 주(周)나라는 일 년에 곡식이 익는 것을 취하여 일 년으로 삼았다. 그런 까닭에 '年'이라고 한다. 『시경(詩經)』에서 "예로부터 풍년이 들었네[自古有年]"[315]라고 한 말이 이것이다.

육갑

六甲

『사서(史書)』에서 말하였다.

황제(黃帝)의 신하 대교(大撓)가 북두성의 자루가 초저녁에 달을 향하는 것을 관찰하여 천간(天干)과 지지(地支)를 배합하여 갑자(甲子)를 만들었다. 천황씨(天皇氏)는 고간지(古干支)를 만들어 해(歲)의 순서를 정하였다. 십간(十干)은 십모(十母)라고도 하고, 십이지(十二支)는 십이자(十二子)라고도 한다. 지황씨(地皇氏)는 삼진(三辰)을 정하고 밤낮을 나누어 삼십일을 한 달로 만들었다. 요(堯)임금은 명협(蓂莢)으로 열흘과 초하루를 알았고 윤달을 만들었다.

지봉 이수광이 말하였다.

자(子)는 쥐로 앞 발톱이 다섯 개이므로 양(陽)이 되고 뒷 발톱이 네 개이므로 음(陰)도 되니 역가(曆家)에서 밤 자시(子時)를 오늘에 소속시

314) 『書經, 商書, 伊訓』.
315) 『詩經, 小雅, 甫田』.

키고 낮 자시(子時)를 내일에 소속시킨다. 축(丑)은 소로 발굽이 갈라졌고, 인(寅)은 범으로 발톱이 다섯 개이고, 묘(卯)는 토끼로 입술이 터져 있고, 진(辰)은 용으로 비늘이 여든 하나이다. 사(巳)는 뱀으로 혀가 둘로 갈라졌고, 오(午)는 말로 발굽이 둥글다. 미(未)는 양으로 발굽이 갈라졌고, 신(申)은 원숭이로 발톱이 다섯 개이다. 유(酉)는 닭으로 발꿈치가 없고 발톱이 네 개이고, 술(戌)은 개로 발가락이 다섯 개이며 해(亥)는 돼지로 발이 갈라졌다.[316]

고간지
古干支

『이아(爾雅)』에서 말하였다.

갑(甲)은 알봉(閼逢), 을(乙)은 전몽(旃蒙) 또는 전몽(端蒙), 병(丙)은 유조(柔兆) 또는 유조(游兆), 정(丁)은 강어(彊圉) 또는 강오(强梧), 무(戊)는 저옹(著雍) 또는 도유(徒維), 기(己)는 도유(屠維) 또는 축리(祝犁), 경(庚)은 상장(上章) 또는 상령(商嶺), 신(辛)은 중광(重光) 또는 소양(昭陽), 임(壬)은 현묵(玄默) 또는 횡애(橫艾), 계(癸)는 소양(昭陽) 또는 상장(尙章), 자(子)는 곤돈(困敦), 축(丑)은 적분약(赤奮若), 인(寅)은 섭제격(攝提格), 묘(卯)는 단알(單閼) 또는 단안(亶安), 진(辰)은 집서(執徐), 사(巳)는 대황락(大荒落), 오(午)는 돈장(敦牂) 또는 대율(大律), 미(未)는 협흡(協洽), 신(辛)은 군탄(涒灘), 유(酉)는 작악(作噩), 술(戌)은 엄무(閹茂), 해(亥)는 대연헌(大淵獻)이라고 한다.[317]

---

316) 『芝峯類說, 卷一, 時令部, 歲時』가 상당한 수준으로 변형 인용되었음.

317) **太歲**, **在**甲曰閼逢, **在**乙曰旃蒙, **在**丙曰柔兆, **在**丁曰强圉, **在**戊曰著雍, **在**己曰屠維, **在**庚曰上章, **在**辛曰重光, **在**壬曰玄默, **在**癸曰昭陽.(『爾雅, 釋天, 第八, 災』) → **太歲**, **在**寅曰攝提格, **在**卯曰單閼, **在**辰曰執徐, **在**巳曰大荒落, **在**午曰敦牂, **在**未曰

삼원
三元

『옥촉보전(玉燭寶典)』[318]에서 "정월 초하루 아침은 해[年]의 시작이고, 달[月]의 시작이며, 시(時)의 시작이다. 또 정월 보름은 상원(上元)이고 칠월 보름은 중원(中元)이라 한다"라고 하였다.

위야(魏野)[319]가 구준(寇準)의 생일에 축수한 시에서,

언제 재상이 나셨는고	何時生上相
내일이 중원이라네	明日是中元[320]

라고 하였으니, 시월 보름이 하원(下元)이다.

경산(瓊山) 구준(丘濬)은 "『강절경세서(康節經世書)』에 천지의 대수(大數)는 십 이만 구천 육백 년을 일 원(元)으로 하고, 국운의 대수(大數)는 구천 육백 년을 일 원으로 하며, 사람의 수명은 백 이십 년을 일 원으로 한다"라고 하였다.

『광아(廣雅)』에는 "칠십 이 세를 일 부(蔀), 이십 부를 일 기(紀), 삼십 년을 일 세(世), 십이 세를 일 운(運), 삼십 운을 일 회(會), 십이 회를 일 원(元)으로 삼았다"라고 하였다.

協洽, **在**申曰涒灘, **在**酉曰作噩, **在**戌曰閹茂, **在**亥曰大淵獻, **在**子曰困敦, **在**丑曰赤奮若.(『爾雅, 釋天, 第八, 歲陽』)→甲曰閼逢, 乙曰旃蒙, **又曰端蒙**, 丙曰柔兆, **又游兆**, 丁曰强圉, **又强梧**, 戊曰著雍, **又徒維**, 己曰屠維, **又祝犁**, 庚曰上章, **又商嶺**, 辛曰重光, **又昭陽**, 壬曰玄默, **又横艾**, 癸曰昭陽, **又尙章**, 子曰困敦, 丑曰赤奮若, 寅曰攝提格, 卯曰單閼, **又亶安**, 辰曰執徐, 巳曰大荒落, 午曰敦牂, **又大律**, 未曰協洽, 申曰涒灘, 酉曰作噩, 戌曰閹茂, 亥曰大淵獻.(『松南雜識』)

318) 옥촉보전(玉燭寶典) : 수(隋)나라의 두대경(杜臺卿)이 편찬한 책. 총 12권.

319) 위야(魏野) : 송나라 때의 촉(蜀) 사람으로 자는 중고(仲告). 시를 잘 지었다. 협주(陝州)의 동쪽 교외에 살면서 초당거사로 자칭했다. 『초당집(草堂集)』이 있다.

320) 「수구상공(壽寇相公)」.

삼정

三正

『백호통의(白虎通義)』[321]에서 말하였다.

삼정(三正)은 천(天)·지(地)·인(人)을 이른다. 삼미(三微)는 삼정의 시작으로 만물이 모두 미약함을 이른다. 11월은 양기가 비로소 아래로 퍼지는 때이고 색이 붉다. 붉은 것은 양(陽)인 까닭에 주나라는 천정(天正)을 표방하고 붉은 색을 숭상하였다. 12월은 만물이 비로소 움트는데 그 색은 희다. 흰색은 음(陰)인 까닭에 은나라는 지정(地正)을 표방하고 흰을 숭상하였다. 정월은 만물이 지면을 뚫고 나오는데 그 색은 검다. 사람들이 공을 더하고 일을 펼치는 까닭에 하(夏)나라는 인정(人正)을 취하였고 검은 색을 숭상하였다.[322]

반드시 삼미(三微)의 달로 정(正)을 삼은 것은 시물(時物)이 아직 미약한데 왕이 천명을 받아 미약한 것을 부지해 주고 이루어진 것을 받들어 줘야 한다는 뜻이다. 이른바 "자주 빛, 개구리 소리[紫色蛙聲][323], 참람된 왕위찬탈[餘分閏位]"[324]은 어찌 계산할 가치가 있겠는가?

---

321) 백호통의(白虎通義) : 후한의 장제(章帝)가 백호관(白虎觀)에 학자들을 모아 놓고, 유학의 경서에 관한 해석이 학자에 따라 다른 점에 대하여 토론하게 한 것을 반고가 정리하여 엮은 것이다. 4권.

322) 三微者, 何謂也, 陽氣始施黃泉, 萬物動微而未著也. 十一月之時, 陽氣始養根株, 黃泉之下萬物, 皆赤, 赤者, 盛陽之氣也. 故周爲天正, 色尙赤也, 十二月之時, 萬物始牙 而白, 白者, 陰氣, 故殷爲地正, 色尙白也. 卜三月之時, 萬物始達, 孚甲而出, 皆黑, 人得加功故, 夏爲人正, 色尙黑.(『白虎通義, 卷下, 德論, 下』)→三正, 卽天地人之謂也. 三微者, 三正之始, 萬物皆微之謂也. 十一月, 陽氣施於下, 皆赤, 赤者陽故周爲天正, 色尙赤, 十二月, 萬物始牙, 色白, 白者 陰故殷爲地正, 色尙白. 正月, 萬物始達孚甲而出, 人得加功業故夏爲人正, 色尙黑.(『松南雜識』)

323) '紫色'은 바르지 못한 색을, '蛙聲'은 바르지 못한 소리를 비유한다. 왕망의 왕위 찬탈을 비유함.

324) 『漢書, 王莽傳贊』.

또 삼삭(三朔)이 있다. 『상서대전(尙書大傳)』에서 "하(夏)는 동틀 무렵[平旦], 은(殷)은 닭 울 때[鷄鳴], 주(周)는 한밤중[夜半]이라고 하였으니 이것이 삼삭(三朔)이다"[325]라고 말하였다.

춘왕정월
春王正月

왕석작(王錫爵)[326]의 「춘왕정월변(春王正月辯)」서에 "주나라의 정월은 양기가 처음 싹트는 데 근본하여 이름을 붙였으니, 천(天)을 따른 것이다. 상나라의 정월은 양기가 위로 통하는 것에 근본하여 이름을 붙였으니, 지(地)를 따른 것이다. 하나라의 정월은 양기가 이미 이른 것에 근본하여 이름을 붙였으니, 사람을 따른 것이다"[327]라고 하였다.

『서경』에서 처음 즉위한 것을 "원년, 십이월[維元祀, 十二月]"[328]이라 하니 달은 바꿀 수 없었던 것이다.

진(秦)나라 역사 기록에 처음 건국한 때를 "원년, 겨울 시월[元年, 冬十月]"[329]이라고 하였으니, 계절을 바꿀 수 없었던 것이다. 예를 들면 시월[亥月]에 양기는 지극하지 못하여 봄이 될 수 없으니 주나라와는 다르다.

---

325) 夏**以孟尙黑**, 以平旦**爲朔**, 殷**以十二月爲正**, **色尙白**, 以鷄鳴**爲朔**, 周**以十一月爲正**, **色尙赤**, 以夜半**爲朔**, **不以二月後爲正者**, **萬物不齊**, **莫適所統**, **故必以**三微之月也.(『尙書大傳, 周書, 周傳』) → 夏以平旦, 殷以鷄鳴, 周以夜半, **是謂**三微之月也.(『松南雜識』)

326) 왕석작(王錫爵) : 명나라 사람. 자는 원어(元馭), 호는 형석(荊石). 청렴하였음.

327) 周之正**也**, 本乎陽氣之始萌**而名之也**, 因天者也. 商之正**也**, 本乎陽氣之上通**而名之也**, 因地者也. 夏之正**也**, 本乎陽氣之已至**而名之也**, 因人者也.(『春秋辯義, 書義, 一, 改月, 一』) → 周之正, 本乎陽氣之始萌, 因天者也. 商之正, 本乎陽氣之上通, 因地者也. 夏之正, 本乎陽氣之已至, 因人者也.(『松南雜識』)

328) 『書經, 伊訓』.

329) 『前漢書, 高帝紀, 第一, 上』.

시헌서
時憲書

황제(黃帝)가 용성(容成)[330]에게 명하여 책력을 만들게 하였는데 대명력(大明曆)은 바로 남조 송나라 효무제(孝武帝)의 대명(大明)이라는 연호이다. 시헌력(時憲曆)은 명과 청(淸)에서 고치지 않았으나 건륭(乾隆)의 이름이 홍력(弘曆)이기 때문에 '시헌서(時憲書)'라 하였다. 지금 황단(皇壇)의 축판(祝板)에는 일삭(日朔)에 초(初)자를 쓰지 않아서 처음임을 밝히고 양력서(洋曆)은 초(初)자를 써서 끝임을 밝힌다. 청나라도 그대로 사용하였다. 세상에서는 "시헌은 본래 서양 사람이 지은 달력이다. 공을 이루어 작위를 얻고자 하는 사람은 다만 달력의 연호 아래에 자신의 이름이 기록되기를 원한다"라고 말한다.

만세력법
萬歲曆法

연암(燕岩) 박지원(朴趾源)이 말하였다.

만력(萬曆) 9년(1518)에 서양인 마테오리치[331]가 중국에 들어와 29년 동안 머물렀지만, 그를 믿는 중국인이 없었다. 오직 서광계(徐光啓)[332] 한 사람만이 그의 역법(曆法)을 힘써 주장하여 드디어 가장 권위 있는

---

330) 용성(容成) : 황제(黃帝)의 사관으로 용성공(龍成公)이라 불림. 처음으로 율력을 만듬.
331) 마테오리치(Matteo Ricci) : 이탈리아의 예수회 선교사(1552~1610). 중국 이름은 이마두(利瑪竇). 명나라 만력제(萬曆帝)로부터 베이징(北京) 정주를 허가받고, 중국에 가톨릭 포교의 기초를 쌓았다. 『기하학 원본』·『곤여만국전도』 등의 서양 학술을 소개했다.
332) 서광계(徐光啓) : 명나라의 학자·정치가(1562~1633). 자는 자선(子先), 호는 현호(玄扈). 저서에 마테오리치와의 공역 『측량법의(測量法義)』 외에 『기하원본』·『숭정역서』 등의 역서와 편저 『농정전서』가 있다.

만세력법이 되었다. '만력(萬曆)'[333]이라는 기년(紀年)은 마테오리치가 중국에 들어올 조짐을 먼저 보여준 현상이다.[334]

살펴보건대 태초력(太初曆)이 만들어지자 아홉 달이 늦다는 오류를 알게 되었고 시헌서가 나오자 세차법(歲差法)이 폐지되어야 함을 알았다. 『주역(周易)』에 "오 년마다 두 번 윤달이 든다[五歲再閏]"[335]라고 하였는데 그 주석에 "19년에 윤달이 일곱 번 드는 것이 일 장(章)이다"라고 하였다.

우리나라 책력은 신라 문무왕(文武王)[336] 때의 나마(奈麻)[337]인 덕복(德福)[338]이 당에 들어가 배워서 귀국한 뒤부터 시작되었다.

풍년과 흉년을 예견하다
豫知豊儉

신라의 역사에 벌휴왕(伐休王)[339]이 바람과 구름을 점쳐서 홍수·가

333) 만력(萬曆) : 명나라 신종의 연호(1573~1619).

334) 皇明萬曆九年, 西洋人利瑪竇入中國, 留**北京**二十九年, **中國**人無信之者, 獨**力主其曆法者**, 徐光啓一人, 遂爲萬歲曆法之**祖**宗, 則萬曆**記**年, 乃利瑪竇入中國之兆.(『燕巖集, 卷之十五, 別集, 熱河日記, 銅蘭涉筆』) → 皇明萬曆九年, 西洋人利瑪竇入中國, 留二十九年, **華**人無信之者, 獨徐光啓一人, **力主其曆法**, 遂**以**爲萬歲曆法之**朝**宗, 則萬曆**紀**年, 乃利瑪竇入中國之兆.(『松南雜識』)

335) 『周易, 繫辭』.

336) 문무왕(文武王) : 신라 제30대 왕(?~681). 성은 김(金). 이름은 법민(法敏). 태종 무열왕의 맏아들로 김유신과 함께 백제, 고구려를 멸망시키고 중국 당나라 세력을 몰아내어 삼국 통일을 이룩했다. 당악(唐樂), 신력(新曆) 따위의 당나라 문화를 수입하는 데에 노력하였고, 죽은 후 유언에 따라 동해의 대왕암에 수장되었다. 재위 기간은 661~681년. ≒ 문무대왕.

337) 나마(奈麻) : 신라 때에 둔, 십칠 관등 가운데 열 한 번째 등급. 오두품 이상이 오를 수 있었으며, 다시 칠중나마에서 중나마까지 아홉 단계로 나누었다. ≒ 나말·내마·내말.

338) 덕복(德福) : 신라 문무왕 때의 학자. 당나라에서 이순풍의 인덕력(麟德曆)을 연구하고 돌아와 역법을 개정했다. ≒ 덕복전.

339) 벌휴왕(伐休王) : 신라 제9대 왕(?~196). 성(姓)은 석(昔). 탈해왕의 손자로 처음으로

묾·흉년·풍년을 예견하였고, 사람의 사악함과 정직함을 알았기 때문에 세상에서 성왕(聖王)이라 일컬었다고 한다.340)

정월 초하루점
上日占

다음과 같은 속설이 있다.

정월 초하루가 갑(甲)일이면 쌀이 흔해지고, 사람이 병든다. 을(乙)일이면 벼와 보리가 귀해지고, 사람이 병든다. 병(丙)일이면 40일 동안 가뭄이 든다. 정(丁)일이면 솜이 귀해진다. 무(戊)일이면 조와 보리가 흔해지고, 생선과 소금이 귀해진다. 기(己)일이면 쌀이 귀해지고, 잠업이 흉년들며 비바람이 많다. 경(庚)일이면 쇠가 귀해지고, 벼가 풍년들며 사람이 병든다. 신(辛)일이면 마(麻)가 귀해지고, 벼가 풍년든다. 임(壬)일이면 쌀과 보리가 흔해지고, 베 농사에 손실이 있으며, 콩과 팥이 귀해진다. 계(癸)일이면 벼는 잘 익지만 사람에게 병이 많다.

어몽·조복
魚夢鳥卜

『비아(埤雅)』에서 말하였다.

봄에 물고기가 좁쌀 같은 알을 낳아 진흙 속에 묻어둔다. 다음 해

좌군주(左軍主), 우군주(右軍主)의 군직을 만들어 소문국(召文國)을 정벌했다. 재위 기간은 184~196년.

340) 『三國史記, 新羅本紀, 第二, 伐休尼師今, 元年』.

에 물이 흘러내려 옛 언덕에 이르면 물고기로 변하고, 가뭄을 만나 물이 언덕에 미치지 못하면 그 알이 햇볕에 쪼여 비황(飛蝗)[341]으로 변한다. 그래서 음양이 조화로우면 물고기가 많아진다고 말하는 사람도 있다. 『시경』에서 이른바 "물고기 많구나. 진실로 풍년이 들겠네![衆維魚矣, 實維豊年][342]라고 한 말이 이것이다"라고 하였다.[343]

『당서(唐書)』에서 "서역 동여국(東女國)에서 새해 초에 산중에 가서 새의 배를 갈라서 곡식이 있으면 풍년이 들고 없으면 흉년이 든다고 여겼으니 새점[鳥卜]이라 한다"[344]라고 하였다.

득신점
得辛

『대대례기(大戴禮記)』에 신일(辛日)에 풍년을 기원하는 글이 있다. 우리나라는 고려 성종[345] 때부터 시작되었다. 지금 농가에서는 득신점(得辛

---

341) 비황(飛蝗) : 집단 이동을 하는 메뚜기 떼. 구대륙에 분포하는 풀무치의 일종으로, 농작물에 침입하면 막대한 피해를 준다.

342) 『詩經, 小雅, 無羊』.

343) 春, 魚遺子如粟, 埋於泥中, 明年, 水**及**故岸, 則**皆**化而爲魚, 如遇旱乾**水縮**, 不及**故**岸, 則其子**久閣**爲日所**暴**, 乃**生**飛蝗, 故**詩曰**, **衆維魚矣**, **實維豊年**, 說者, 以爲陰陽和則魚衆多矣.(『埤雅, 卷十一, 宋陸佃撰, 釋蟲, 螟』)→春, 魚遺子如粟, 埋於泥中, 明年, 水**下**故岸, 則化而爲魚, 如遇旱乾, **水**不及岸, 則其子爲日所**薰**, 乃**化**飛蝗, **故**說者, 以爲陰陽和則魚衆多矣. **詩人所謂**, **衆維魚矣**, **實維豊年**, **是也**.(『松南雜識』)

344) 其俗, 每至十月, 令巫者齎楮, 詣山中, 散糟麥於空大, 咒呼鳥, 俄而, 有鳥如鷄, 飛入巫者之懷, 因剖腹而視之, 每有一穀, 來歲必登, 若有霜雪, 必多災異, 其俗信之, 名爲鳥卜.(『舊唐書, 卷一百九十七, 列傳, 第一百四十七, 東女國』)→唐西域東女國, 以歲初, 詣山中, 剖鳥腹, 有穀曰, 歲豊, 否則有災, 謂之鳥卜.(『淵鑑類函, 卷十三, 春, 三』)→西域東女國, 詣山中, 剖鳥腹, 有谷則豊, 否則凶, 謂鳥卜.(『松南雜識』)

345) 성종(成宗) : 고려의 제6대 왕(960~997). 이름은 치(治), 자는 온고(溫古). 고려 초기의 제반 문물 제도를 정비하고, 유교를 국가의 지도 원리로 삼아 중앙 집권적인 봉건 제도를 확립했다. 재위 기간은 982~997년.

占)을 친다고 한다.

1일 · 2일 · 4일이 신일(辛日)이면 청룡(青龍)이 물을 다스려 먼저 가물었다가 나중에 홍수가 들어 벼는 풍년이 들고 조는 흉년이 든다.

3일 · 9일 · 10일이 신일이면 흑룡(黑龍)이 물을 다스려 바람이 많아 고지대의 밭은 크게 풍년이 들고 저지대의 밭은 좋지 못하다. 보리가 가장 잘 되고 벼는 그보다 못하고 조가 제일 못하다.

5일 · 6일이 신일이면 백룡(白龍)이 물을 다스려 비가 오지 않고 바람이 많아 벼는 풍년이 들고 조는 흉년이 든다.

7일 · 8일이 신일이면 황룡(黃龍)이 물을 다스려 보리가 제일 안 되고 콩이 제일 잘 되며 조와 벼가 그보다 못하다. 또 해와 달 아래에 북두성이 세 번 가득 차면 크게 풍년이 들고, 한 번 가득 차면 흉년을 면하게 된다. 또, 오뉴월이 크면 오이와 과일 풍년이 든다. 석 달이 연이어 커지는 것을 가장 꺼리니 나라에 사고가 생긴다고 한다.

금신으로 보리 농사를 점치다
金神占麥

『백호통의(白虎通義)』에서 "보리는 금(金)을 만나면 살고 화(火)를 만나면 죽는다"라고 하였다. 그래서 지금 새 달력의 태세(太歲)[346] 아래에 금신(金神)의 많고 적음으로 그해 보리 농사의 풍흉(豊凶)을 점친다.

---

346) 태세(太歲) : 그해의 간지(干支).

입춘에 대한 속설
立春諺

입춘날이 갑(甲)일이나 을(乙)일이면 풍년들고, 병(丙)일이나 정(丁)일이면 일찍 가물며, 무(戊)일이나 기(己)일이면 밭농사가 풍족해진다. 경(庚)일이나 신(辛)일이면 안정되지 못하고, 임(壬)일이나 계(癸)일이면 물이 내에 가득해진다. 또 갑자(甲子)면 흉년이 들고, 병자(丙子)면 난리가 나며, 무자(戊子)면 풍년 들고, 경자(庚子)면 가뭄이 들며, 임자(壬子)에는 홍수가 난다. 매년 정월 상순에 본다.

『사기, 화식전(貨殖傳)』에 "그해가 금(金)에 있으면 풍년이 들고, 수(水)에 있으면 황폐해지며, 목(木)에 있으면 기근이 들며, 화(火)에 있으면 가뭄이 든다[歲在金穰水毁木饑火旱]"[347]라고 하였다.

6년마다 풍년이 들고, 6년마다 가뭄이 들며, 12년마다 한 번 큰 기근이 든다고 하였는데 또한 옛날에 한 해의 풍흉(豊凶)을 점치는 것이다.

정월 대보름달
上元月

『옥당한화(玉堂閑話)』[348]에서 말하였다.

이날 밤에 한 길짜리 장대를 세워서 한 밤중에 달그림자를 살핀다. 그림자의 길이가 칠 척이 되면 크게 풍년 들고, 육 척이면 조금 풍년이 들며, 구 척이면 홍수가 나고, 오 척이면 가뭄이 들며, 이 척이면 큰 가뭄이 든다.

347) 『史記, 卷一百二十九, 貨殖列傳』 第六十九』.

348) 옥당한화(玉堂閑話) : 원(元)나라의 왕혼(王惲)이 지은 책. 한림에 들어갔을 때의 일체의 장고(掌故) 및 당시의 제고(制誥)를 기록했다.

오산(五山) 차천로(車天輅)가 시에서,

매년 정월 보름	每年正月望
보름달 징후 보려고 앞 다투네	望月候爭先
북쪽에 가까우면 산골짝에 풍년 들고	近北豊山峽
남쪽에 가까우면 바닷가에 풍년 드네	稍南稔海邊
붉은 색이면 초목이 마를까 근심되고	赤憂苦草木
하얀 색이면 냇물이 넘칠까 걱정되네	白怕漲淵川
동그랗고 아주 노란 색이면	圓滿純黃色
큰 풍년이 드는 줄 안다네	方知大有年

라고 하였다.

또 농가에서 정월 대보름 전날에 사탕수수 줄기 한 마디를 반으로 나누어 열두 개의 구멍을 뚫고 그해 윤달이 들면 구멍 하나를 더 뚫는다. 달 이름을 헤면서 그 구멍에 큰 콩을 넣은 뒤 반쪽 줄기를 합쳐서 실로 단단히 묶고 우물에 던진다. 아침에 열어 보아 콩이 불었으면 그 콩에 해당하는 달에 홍수가 나고 그렇지 않으면 가뭄이 드니, 이것을 '숙윤(菽潤)'이라 한다. 대개 하관(葭管)[349]의 유풍이다.

쪼끔별
朝飮星

「천문지(天文志)」[350]에서 '모두(旄頭)'[351]라 하고 우리나라에서는 '쪼끔별[朝飮星]'이라 하니 작은 것을 의미한다. 하늘의 걸성(乞星)이 2월 6일 밤에 달보다 앞서 가면 풍년이 들고, 달보다 뒤쳐져서 따라 가도 괜찮

349) 「육관가회(六管葭灰)」 참조.
350) 『한서(漢書)』.
351) 모두(旄頭) : 별이름. 묘성(昴星). 27수의 하나.

지만, 달과 나란히 가는 것을 가장 꺼린다. 이것은 별로 치는 점이니, 중국에서는 한 해를 점칠 때 오직 이 방법으로 한다고 한다.

가문풀과 물풀
旱草雨草

사광(師曠)이 말하였다.

한 해가 행복해지려면 단 풀이 먼저 나니 냉이이다. 한 해가 고달프려면 쓴 풀이 먼저 나니 꽃다지이다. 한 해가 사나우려면 사나운 풀이 먼저 나니 마름이다. 한 해가 가뭄 들려면 가문 풀이 먼저 나니 납가새이다. 한 해가 장마 지려면 물풀이 먼저 나니 연근이다. 또 한 해가 병이 들려면 병을 치료하는 풀이 먼저 나니 쑥이다. 한 해에 유민이 생기려면 떠도는 풀이 먼저 나니 다북쑥이다.[352)]

늠봉·궁수
廩峰弓樹

『태평환우기(太平寰宇記)』에서 "임천현(臨川縣)의 석름봉(石廩峰)은 만 말을 담을 수 있는데 입구가 열리면 풍년이 들고 닫히면 흉년이 든다"라고 하였다.

---

352) **黃帝問師曠曰, 吾欲苦樂善心可知否. 對曰**, 歲欲甘, 甘草先生, 薺, **是**也. 歲欲苦, 苦草先生, 葶藶, **是**也, 歲欲雨, 雨草先生, 藕, 是也. 歲欲旱, 旱草先生, 蒺藜, **是**也. 歲欲流, 流草先生, 蓬, **是**也. 歲欲惡, 惡草先生, 水藻, **是**也. 歲欲病, 病草先生, 艾**是**也.(『歲時廣記, 卷一, 驗歲, 草春』)→歲欲甘, 甘草先生, 薺也. 歲欲苦, 苦草先生, 葶藶也, 歲欲惡, 惡草先生, 水藻也. 歲欲旱, 旱草先生, 蒺藜也. 歲欲雨, 雨草先生, 藕也 歲欲病, 病草先生, 艾也. 歲欲流, 流草先生, 蓬也.(『松南雜識』)

광주(光州)의 남문 밖에 궁수(弓樹)라는 나무가 있는데 가지와 줄기가 크고 구불구불하고 수십 아름에 높이는 70여 척이다. 잎이 빨리 피고 늦게 피는 것으로 풍흉을 점쳤는데 지금은 말라죽었다고 한다. 농부들은 늙은 홰나무에 한꺼번에 잎이 피면 좋은 현상으로 여기고, 산골짜기 사람들은 오리나무에 버들개지가 많이 피면 풍년 들 현상이라 여기니 대개 땅의 기운이 그러하기 때문이다.

숭수원(崇水院)은 평산(平山)의 총수산(葱秀山) 동쪽에 있는데 산의 바위 굴에서 샘이 솟아나 세 갈래로 흘러 매달린다. 겨울에는 얼어서 얼음 기둥이 되는데 어떤 것은 길고 어떤 것은 짧다. 늙은 농부가 그것으로 다음 해의 풍흉을 점친다. 하나는 삼군(三郡)을 주관하고, 하나는 서울·경기를 주관하고, 하나는 삼남 지방을 주관한다. 길면 풍년이 들고 짧으면 흉년이 든다고 하는데 꽤 잘 맞는다. 이때문에 세상에서는 신수원(神水院)이라고도 한다.

춘분 · 추분 · 하지 · 동지
二分二至

보장씨(保章氏)[353]가 "이날에 구름 기운을 보아서 푸르면 벌레가 들끓고, 희면 초상이 있으며, 붉으면 전쟁이 있고 기근이 들며, 검으면 홍수가 나며, 누르면 풍년이 든다"라고 하였다. 또 동방삭(東方朔)이 "정월 초길일에 운물(雲物)를 보아 희면 사람이 많이 죽고 검으면 홍수가 나며 푸르면 잠업(蠶業)이 손상을 입고 붉으면 가물고 누르면 풍년이 들며 구름이 없으면 기근이 든다"라고 예언하였는데, 이것은 구름으로 치는 점이다.[354]

353) 보장씨(保章氏): 주나라 관직명칭. 일월성신의 변화를 기록.
354) 鄭司農云, 保章氏, 五雲之物, 二至二分, 觀雲色, 靑蟲, 白喪, 赤兵荒, 黑水, 黃豐.

지금 중국 사람들은 "3월 12일에 바람이 일찍 일어서 늦게 그치면 조생 곡식이 풍년 들고, 늦게 일어서 해질 녘에 그치면 만생종 곡식이 풍년 든다. 종일 바람이 불면 모든 곡식이 다 풍년 들고 바람이 불지 없으면 기근이 든다"라고 하니 이것은 바람으로 치는 점이다.

민간에서 하는 말에 2월 20일 가물다가 흙비가 하늘에 가득 차니 이 날 비가 내리면 풍년이 들고 비가 오지 않으면 흉년이 든다고 한다. 이것은 비로 치는 점이다.

장을 빌리려다가 술을 얻게 된다
乞漿得酒

『속박물지(續博物志)』에 "축(丑)자가 들어가는 해에는 장을 빌리려다가 술을 얻고, 사(巳)자가 들어가는 해에는 처를 팔고 자식을 팔게 된다"[355]라고 하였다.

옛말에 "칠월에 벼를 베니 조생종이 손상되고 구월에 떡 해먹으면 아주 좋겠네. 풍년들 조짐이로세"[356]라고 하였다.

우리나라의 속요에 "무진년엔 무진(無盡) 먹고, 기사년엔 기사(飢死)하네"[357]라고 한다.

東方朔別傳云, 凡占東畔, 當視天, 有黃雲來如覆車, 五穀大熟, 青致兵, 白致盜, 烏黑多水, 赤火.(『續博物志, 卷一』)→保章氏, 是日, 觀雲氣, 青虫, 白喪, 赤兵荒, 黑水, 黃豐. 又東方朔識云, 正月辰日望雲, 白人多死, 黑水多來, 青蠶損傷, 赤旱, 黃豐, 無雲則饑荒, 此以雲占也.(『松南雜識』)

355) 太歲在丑, 乞漿得酒, 太歲在巳, 販妻鬻子.(『續博物志, 卷一』)

356) 七月刈禾傷早, 九月喫餻正好. **十月洗蕩飯甕**, **十一月出却趙老**.(『隋書, 卷二十二, 志, 第十七, 五行, 上』)→七月刈禾傷早, 九月喫餻正好, **豐年之兆**.(『松南雜識』)
*『수서(隋書), 오행지(五行志)』에 나오는 기사로 7월에 사개(士開)가 주살되고 9월에 낭사왕(琅邪王)이 해를 당하고 11월에 조언심(趙彦深)이 서곤주자사(西袞州刺史)로 좌천될 것을 예언한 참요이니, 『松南雜識』에서는 잘못 인용한 것으로 보임.

357) '무진'과 '기사하네'는 무진년과 기사년의 동음을 이용한 표현이다.

밥을 배로 먹으면 흉년이 든다
餐倍作荒

『학림옥로(鶴林玉露)』[358]에서 “흉년이 들려고 하면 밥을 반드시 배로 먹는다. 속담에서 ‘흉년이 드는 것은 대체로 사람의 기운이 허해지기 때문이다’라고 한다”[359]라고 하였다. 또한 요즘 “양식이 떨어지려고 하면 반드시 전보다 갑절로 먹는다”라는 말과 같다.

하백의 사자
河伯使者

『신이기(神異記)』에서 “서해상에 붉은 갈기의 흰 말을 타고 흰 옷을 입고 검은 관을 쓴 자가 있는데 열 두 동자를 거느리고 나는 듯이 말을 달리니 하백의 사자라고 한다. 그가 이르는 나라에는 홍수가 진다”라고 하였다.

태종우
太宗雨

조선의 태종(太宗)[360]이 말년에 병이 들었다. 그때가 임인년(1422) 5월

---

358) 학림옥로(鶴林玉露) : 남송 때에, 나대경(羅大經)이 지은 수필집. 문인과 학자의 시문에 대한 논평을 중심으로 하였으며, 일화 · 견문 등을 수록했다. 천(天) · 지(地) · 인(人)의 3부작으로 1248~1252년에 완성했다. 18권.

359) 歲將饑, **小民**餐, 必倍, 俗**諺**謂**之**, 作荒, **此天地之**氣.(『鶴林玉露, 卷四』) → 歲將饑, 餐必倍, 俗謂, 作荒, **盖人氣虛故也**.(『松南雜識』)

360) 태종(太宗) : 조선의 제3대 왕(1367~1422). 이름은 방원(芳遠), 자는 유덕(遺德). 조선 건국에 크게 공헌하였으며, 많은 치적을 거두어 왕조의 기틀을 세웠다. 재위 기간은 1401~1418년.

10일로 마침 큰 가뭄이 드니 농촌에서 비를 기원하였다. 왕이 "내가 저 구름 나라로 올라가서 비를 얻어 오리라"라고 말하였다. 얼마 뒤에 승하하자 단비가 흠뻑 내리니 민간에서는 '태종우'라고 했는데 그해에 크게 풍년이 들었다. 이때부터 매년 이 달 이 날이 되면 기약한 듯 비가 내린다. 임진왜란과 병자호란 때에는 비가 오지 않았다고 한다.

전계부구
田鷄婦鳩

장효표(章孝標)[361]의 시에서,

농가에는 오행을 아는 이 없기에	田家無五行
개구리 울음으로 홍수, 가뭄 점치네	水旱卜蛙聲[362]

라고 하였다.

옛 속담에 "금개구리 소리가 막히면 저지대의 밭에 벼를 파종하는 것이 좋고 금개구리 소리가 메아리치면 밭에 쟁기질하는 것이 좋다"라고 하였다. 또 비가 오려하면 비둘기가 암컷을 쫓고, 날씨가 개면 암 비둘기가 운다. 민(閩) 지방의 속담에 "액우(液雨)[363]가 가랑잎에 흐르지 않으면 고지대 밭에 농사짓지 말라"라고 하였다. 그 주석에 "액우는 바로 약우(藥雨)이니 모든 벌레가 마시면 겨울잠에 든다"라고 하였다.

---

361) 장효표(章孝標) : 당나라 목주(睦州) 출신. 시를 잘함. 문종 때 대화대리평사(大和大理評事)를 지냄.

362) 「장안추야(長安秋夜)」.

363) 액우(液雨) : 입동(立冬)에서부터 소설(小雪)까지 오는 비.

외구음개
猥狗陰諧

외구(猥狗)는 바로 '개(蛣)'이니 '우모(雨母)'라고도 한다.

『회남자(淮南子)』에서 "개는 비가 올 것을 안다. 이 벌레는 크기가 붓대롱 만하고 길이는 세 치이다. 비가 오면 초목 아래에 몸을 숨긴다"[364] 라고 하였다.

『박아(博雅)』에 "짐(鴆)새[365]는 수컷을 운일(運日)이라 하고 암컷을 음개(陰蛣)라 한다"라고 하였다.

『회남자(淮南子)』에 "음개는 비 올 것을 안다"[366]라고 하였는데, 그 주석에 "하늘이 흐려 비가 오려 하면 운다"라고 하였다.

하루살이가 바람 불고 비 올 것을 안다
蠓蠛風雨

곽박(郭璞)이 "하루살이가 날아서 맷돌처럼 돌면 바람이 불고, 절구를 찧는 듯이 오르내리면 비가 온다"라고 말하였다.

『운회(韻會)』에서 "바람이 불려고 하면 하루살이가 나는 모습이 마치 맷돌처럼 돌고 한 번 올라가고 한 번 내려오는 것이 절구 찧는 듯이 하면 비가 온다"라고 하였다.

『역림(易林)』[367]에서 "개미가 구멍 입구를 막으으면 큰비가 올 것이다" 라고 하였는데, 대개 굴에서 사는 생물은 비가 올 조짐을 알고 둥지에

364) 『淮南子』에 없는 내용이지만 『康熙字典』 등에서 『淮南子』에서 인용했다고 밝히고 있음.

365) 『松南雜識』에는 '鳥'가 '息'으로 오기되어 있다.

366) 「무칭훈(繆稱訓)」.

367) 역림(易林) : 한(漢)나라의 초연수(焦延壽)가 지음. 길흉(吉凶)과 점험(占驗)에 관한 일들을 기록했다. 모두 4언의 운어(韻語)로 되어 있다.

서 사는 생물은 바람이 불 조짐을 안다는 의미이다.

당의 역사에 "빈왕(邠王) 수례(守禮)가 자주 황후에게 매를 맞아서 딱지가 앉았는데 항상 비가 오려 하면 그 상처가 습하고 가려우며 날이 개려 하면 보송보송하고 상쾌하였다"라고 하였다. 지금의 혹 옴을 앓는 사람도 그러하다.

구양수(歐陽修)의 시에 "병이 들어 집비둘기처럼 흐리고 개일 것을 알게 되네[病識陰晴似鵓鴣]"[368]라고 하였다.

오리와 까치가 둥지를 다투다
鴨鵲爭巢

『후위사(後魏史)』에서 "수춘성(壽春城)에서 오리와 까치가 둥지를 다투자 얼마 안되어 홍수에 집이 잠겼다"라고 하였다.

나어와 장설이 나타나면 홍수가 난다
蠃魚舌獸

『산해경(山海經)』에서 "몽수(濛水)에는 나어(蠃魚)가 많은데 물고기의 몸에 새의 날개가 있고 우는 소리는 원앙과 같다. 이 물고기가 나타나면 홍수가 난다"[369]라고 하였다.

『산해경』에 "장우산(長右山)에 장우(長右)이라는 짐승이 있다. 모양은 긴 꼬리 원숭이와 같고 귀가 네 개이다. 이 짐승이 나타나면 큰물이 난다"[370]라고 하였다.

---

368) 「화성유춘우(和聖俞春雨)」.

369) 濛水**出焉**, **南流注于洋水**, **其中**多**黃貝**蠃魚, 魚身而鳥翼, 音如鴛鴦, 見則**其邑**大水.(『山海經, 西山經』)→濛水, 多蠃魚, 魚身而鳥翼, 音如鴛鴦, 見則大水.(『松南雜識』)

상양 · 계몽
尙羊計蒙

『공자가어(孔子家語)』371)에서 "제(齊)나라에 다리가 하나인 새가 있는데 그 지방의 노래에 '비가 오려고 하면 상양이 북소리를 내고 춤을 춘다'"372)라고 하였다.

『자통(字統)』에서 "일명 산소(山嘯)인데 몸에 무늬가 있고 주둥이는 붉으며 낮에는 엎드려 있고 밤에는 날아다닌다. 사람의 휘파람과 같은 소리를 내고 비가 오려 하면 더 운다"라고 하였다.

명나라 영락(永樂 : 1403~1424) 연간에 서역에서 다리가 하나인 기이한 새를 진상하였는데, 황제가 해진(解縉)에게 물으니 "이 놈의 이름은 상양이라 합니다. 왼쪽 갈비에 북이 있고 오른쪽 갈비에 종(鍾)이 있어 북을 치면 춤을 추고 종을 두드리면 웁니다"라고 하였다. 왕이 시험해 보니 과연 그러하였다.

『산해경(山海經)』에서 "광산(光山)에는 계몽(計蒙)이라는 신이 살고 있는데 그 형상은 사람의 몸에 용의 머리이다. 항상 장연(漳淵)에서 노는데 드나들 때 반드시 회오리바람이 일고 폭우가 내린다"373)라고 하였다. 또 곤륜산(崑崙山)에 돼지처럼 생긴 짐승이 있는데 눈이 귀에 붙어 있으

---

370) **東南四百五十里**, **曰**長**右之**山, **無草木多水**, 有獸**焉**, **其**狀如禺而四耳, **其**名長**右**, **其音如吟**, **見**則郡**縣大**水.(『山海經, 卷一, 南山經』) → 長**舌**山, 有獸, 名長**舌**, 狀如禺而四耳, **出**則郡**多**水.(『松南雜識』)

371) 공자가어(孔子家語) : 공자의 언행 및 문인과의 문답과 논의를 수록한 책. 중국 위나라의 왕숙이 공자에 관한 기록을 모아 주를 붙인 것으로, 처음에는 27권이었으나 실전(失傳)되었다. 10권.

372) 齊有一足**之**鳥, **飛集於公朝下**, **止於殿前**, **舒翅而跳**, **齊侯大怪之**, **使使聘魯問孔子**, **孔子曰**, **此鳥名曰商羊水祥也**. **昔童兒有屈其一脚振訊兩眉而跳**, **且**謠**曰**, 天將**大**雨, 商羊鼓**僛**.(『孔子家語, 卷三, 辨政, 第十四』) → 齊有一足鳥, **其**謠**云**, 天將雨, 商羊鼓**舞**.(『松南雜識』)

373) **又東百三十里曰**光山, **其上多碧**, **其下多木**神計蒙, 處之, 其狀, 人身而龍首, 恒遊于漳淵, 出入必有飄風暴雨.(『山海經, 卷五, 中山經』) → 光山, 神計蒙, 處之, 其狀, 人身而龍首, 恒遊于漳淵, 出入必有飄風暴雨.(『松南雜識』)

니 '몽(蠓)'이라고 한다.

『자휘(字彙)』에 "유(貐)는 어린아이와 같은 소리를 내는데 나타나면 천하에 홍수가 난다"라고 하였다.

해 · 달 · 비 · 가뭄
日月雨旱

지봉 이수광이 "25일에 비가 오면 주로 오래 동안 비가 내리고 4월 초하루에 비가 내리면 주로 가뭄이 든다"[374]라고 하였다.

『후청록(侯鯖錄)』[375]에 "달이 매달린 활과 같으면 비가 적고 바람이 많다. 달이 누운 기와 같으면 빌지 않아도 저절로 비가 내린다. 해와 달무리가 멀게 지면 가까운 날에 비가 내리고 해와 달무리가 가깝게 지면 한참 뒤에 비가 내린다"라고 하였다. 어떤 사람은 바람이 불거나 홍수가 날 조짐이라고 여긴다. 형성(衡星)[376] 한 점이 조금 어두워지고, 새가 화답해 울고, 수탉이 목청을 뽑아 울고, 돼지가 섶을 물어오고, 황새가 개미 언덕에서 울고, 해가 붉고 달이 희고 붉은 구름이 빽빽이 펼쳐지는 것은 모두 비 내릴 징조이다.

물 빠지는 것으로 가뭄을 안다
水落知旱

웅천현(熊川縣) 동쪽 율천(栗川) 고개에 물이 흘러서 된 수십 길의 폭포

---

374) 『芝峯類說, 卷一, 天文部, 雨雪』.

375) 후청록(侯鯖錄) : 송나라의 조령치(趙令畤)가 지음. 조령치는 소식과 교유하였고 원우(元祐)의 당적(黨籍)에 들었다. 이 책에는 대개 선배들의 일들과 시화(詩話) · 문평(文評) 등을 상세히 기록했다.

376) 형성(衡星) : 북두성의 가운데 별을 가리킨다.

가 있는데 세 줄기로 나뉘어 곧장 아래로 떨어진다. 이 마을 사람들은 전라도에 가뭄이 들려고 하면 서쪽 물줄기가 마르고 경상도에 가뭄이 들려고 하면 동쪽 물줄기가 마르며 충청도에 가뭄이 들려고 하면 북쪽 물줄기가 마른다고 여긴다. 이곳을 '수락암(水落岩)'이라고 한다.

또 청도(清道)[377]의 오산(鰲山)이 먼저 울리고 구름을 뿜어내면 비가 내리고 선산(善山)의 이매연(鯉埋淵)에 호랑이 머리를 가라앉히고 냉산(冷山) 꼭대기에서 불을 피우면 비가 내린다고 하니 모두 기이하다.

바위를 흔들고 풍자에 진흙을 바르면 비가 내린다
石動楓泥

『택리지(擇里志)』[378]에서 말하였다.

옥구(沃溝)의 자천대(自天臺)에 두 개의 돌 바구니가 있으니 바로 고운(孤雲) 최치원(崔致遠)이 비서(秘書)를 숨긴 곳으로 사람들이 감히 열어 보지 못한다. 혹시라도 당겨서 움직이면 비바람이 갑자기 일어난다. 마을 사람들이 가물 때마다 그것을 끌어당기면 밭을 적실만큼 밭고랑에 비가 내린다. 지금은 묻혀서 흔적도 없다고 한다.[379]

---

377) 청도(清道) : 경상북도에 있는 읍. 청도군의 군청 소재지이다.

378) 택리지(擇里志) : 영조 27년(1751)에 실학자 청담(淸潭) 이중환(李重煥)이 저술한 인문지리서. 「팔도총론(八道總論)」과 「복거총론(卜居總論)」 2편으로 구성된다. 「팔도총론」은 전국을 8도로 나누어 그 지리를 논했으며, 각 지방의 지역성을 출신인물과 결부시켜서 밝혔다. 「복거총론」은 살기 좋은 곳을 택하여 그 입지조건을 들어 타당성을 설명했는데, 사람이 살 만한 곳의 입지조건으로 지리 · 생리(生利) · 인심(人心) · 산수(山水) 등 4가지를 들고 다시 가거지류(可居地類) · 피병지(避兵地) · 복지(福地) · 은둔지(隱遁地) · 일시유람지(一時遊覽地) 등으로 분류했다.

379) 臨陂西則沃溝, 臨西海有自天臺, 一小麓直入海汀, 而上有二石籠, 新羅時, 崔孤雲爲太守也, 藏秘書於籠中, 籠卽一巨石, 委置麓上, 人不敢開, 人或牽動, 則海上風雨暴至, 村民利之, 每旱乾聚數百人, 用大絚曳之, 則海雨驟至田疇沾足, 每使客至縣輒往觀之, 頗爲邑弊縣人苦之, 舊有亭 百年前毁其亭, 且瘗石籠以泥迹, 而今無往觀者.

『초학기(初學記)』380)에서 “의도(宜都)에 두 개의 바위가 있는데 암바위를 매질하면 비가 내리고, 숫바위를 매질하면 날씨가 개인다”381)라고 하였다. 영릉(零陵)의 돌제비[石燕]는 비가 내리면 날아오른다. 또, 손염(孫炎)382)이 “섭섭(欇欇)나무383)는 강가에서 자라는데 기생하는 가지가 서너 자이고 털이 나니 일명 풍자(楓子)이다. 날이 가물 때 진흙을 바르면 곧 비가 내리니 또한 기이하다”라고 하였다.

농룡 · 흑려
攏龍黑蜧

운서(韻書)의 ‘攏’의 주석에서 “가물 때 기우제 지내는 옥으로 된 용”이라고 하였다. 지금 대나무살로 용을 만들어 비를 기원하니 대개 오래된 풍속인 듯하다.

『회남자(淮南子)』에서 “붉은 털이 난 희생 소는 사당제사에 희생으로 쓰기에 알맞다. 그러나 비를 내리게 하는 데에는 흑려(黑蜧)만 못하다”384)라고 하였는데, 그 주석에서 “려(蜧)는 뱀이다. 신령스런 연못에

(『擇里志, 八道總論, 全羅道』) → 沃溝自天臺, 有二石籠, 即孤雲藏秘書者, 人不敢開, 或牽動, 風雨暴至, 村民每暵曳之, 田疇沾足, 今瘗跡泯云.(『松南雜識』)

380) 초학기(初學記) : 당나라 때 서견(徐堅) 등이 칙명을 받들어 편찬한 책. 경서와 사서, 문장 등을 종류별로 26부(部) 313목(目)으로 분류했다. 채록한 것은 모두 수(隋) 이전의 고서(古書)이다. 30권.

381) 宜都**郡**, 有二**大**石, **一爲陽**, **一爲陰**, 鞭陰石則雨, 鞭陽石則晴.(『初學記, 卷二, 天部』 ‘鞭陰石’의 주석) → 宜都, 有二石, 鞭陰石則雨, 鞭陽石則晴.(『松南雜識』)

382) 손염(孫炎) : 삼국 시대 위(魏)나라 사람. 자(字)는 숙연(叔然). 정현(鄭玄)의 문하에서 수업을 받았고 동주대유(東州大儒)라고도 불려진다. 저서에는 『이아음의(爾雅音義)』가 있다.

383) 섭섭(欇欇) : 풍향수(楓香樹)로 백양(白楊)나무와 비슷한데 잎은 둥글고 갈라져 있다. 윤기가 있고 향기롭다.

384) 犧牛**粹**毛. 宜於廟牲, 其於以致雨, 不若黑蜧.(『淮南子, 齊俗訓, 第十一』) → 犧牛**騂**毛, 宜於廟牲, 其於以致雨, 不若黑蜧.(『松南雜識』)

가라앉아 사는 신령스런 뱀으로 구름과 비를 오게 할 수 있다"[385)]라고 하였다.

유종원(柳宗元)의 「기청문(祈晴文)」[386)]에서 "흑려를 죽이고 음려(陰蜧)를 없앤다[誅蜧黑, 抉陰蜧]"라고 한 말이 이것이다.

『둔갑개천도(遁甲開川天圖)』에서 "곽산(霍山)에 우호(雨虎)라는 벌레가 있다"라고 하였는데 그 주석에서 "우호의 모양은 거머리 같으니 길이는 여덟 아홉 치 쯤이다. 비구름이 몰려오면 바위 위로 나오니 구워먹을 수 있다"[387)]라고 하였다. 혹은 석잠(石蠶)의 종류라고도 한다"라고 하였다.

버들가지를 꽃병에 꽂다
柳瓶

『담원(談苑)』에서 말하였다.

관중(關中) 지방에서 비를 기원할 때, 북방의 술법을 잘 하는 중이 도마뱀을 잡아다 항아리 안에 넣고, 동남동녀(童男童女)에게 버들가지를 쥐게 하고 주문을 외운다.

"도마뱀아! 구름을 일으키고 안개비를 뿜어내거라. 지금 비가 많이 내리면 너를 놓아 돌아가게 해주마."

송나라 함평(咸平)[388)] 초에 이 방법을 사용했었는데 효과가 있었다.

---

385) **黑**蜧, **神**蛇也. 潛於神**淵**, **蓋**能**興**雲雨.(『淮南子』) → 蜧, 蛇也. 潛於神**泉**, 能**致**雲雨.(『松南雜識』)

386) 원제목은 「순묘기청문(舜廟祈晴文)」.

387) 遁甲開山圖, 霍山**南岳**, 有**雲師**雨虎. **注**. **雲師**, 如蠶, 長五六寸, **有毛似兎**, **雨虎**, **長八九寸**, **似蛭**, 雲雨之時, 出在石**上**, 肉甘可食.(『格致鏡原, 卷一百, 昆蟲類, 五, 諸蟲』) → 遁甲開山圖, 霍山, 有**蟲名**雨虎. **狀**如蠶, 長七八寸, 在石, 雲雨之時出, 可**炙**食.(『松南雜識』)

388) 함평(咸平) : 송 진종(眞宗)의 연호. 998~1003.

대개 도마뱀은 용의 종류이고 버들가지는 물의 성질을 띤 나무이다. 도마뱀이 없으면 대신 갈호(蝎虎)를 쓰는데 물에 넣으면 바로 죽는다. 그렇기 때문에 "원통하고 괴롭구나! 나는 갈호인데 이렇게 어둡게 잠겨 있으면 어떻게 비를 내리겠느냐"라고 말한다. 지금 비를 기원할 때 아이들로 하여금 도마뱀 춤을 추게 하고 도마뱀을 부르게 하는 풍속이 이것이다.

조선 순조(純祖) 계사년(1893)에 조정의 명령으로 집집마다 버드나무 가지를 물병에 꽂고 비를 기원하게 하였다.

높은 곳에서 울리는 우레는 비가 없다
高雷無雨

소식(蘇軾)의 시에 "노니는 사람 다리 밑의 한 소리 우레[遊人脚底一聲雷]"389)라는 구절이 있는데, 그 주석에서 "속설에 높은 곳에서 울리는 우레는 비를 동반하지 않는다"라고 하였다. 지금 속담에 '마른천둥'이라고 하는 말이 이것이다.

세 가지 가뭄
三旱

『성균해(盛均解)』에서 "하늘의 가뭄 · 나라의 가뭄 · 인재의 가뭄 이것을 삼한(三旱)이라 한다"라고 하였다.

389) 「유미당폭우(有美堂暴雨)」.

가뭄귀신
魃母

『신이경(神異經)』에서 "남방에 어떤 사람이 있는데 키가 두 세 자이고 벌거벗은 몸에 눈은 머리 위에 있다. 바람처럼 달리는데 나타나는 나라에는 큰 가뭄이 든다. 붙잡아서 똥통에 던지면 바로 죽는다"라고 하였다.

「대인부(大人賦)」[390]에서 "여발(女魃)[391]이 물러가서 응룡(應龍)[392]이 빙빙 난다[女魃北而應龍翔]"라고 하였는데, 그 주석에서 "발(魃)은 가뭄귀신이다. 대머리이고 머리털이 없으며 이 놈이 사는 곳에는 비가 내리지 않는다"라고 하였다. 『시경(詩經)』의 "가뭄귀신 사납네[旱魃爲虐]"[393]가 이것이다.

『춘추좌전(春秋左傳)』에서 "무당곱추를 불태운다[欲焚巫尪]"[394]라고 말한 것과 『예기(禮記), 단궁(檀弓)』에서 "곱추를 괴롭힌다[暴尪]"라는 것은 모두 가뭄귀신을 똥통에 던지는 것과 같은 이치이다.

비조
蜚倐

『산해경(山海經)』에서 "태산(太山)에 짐승이 있으니 모양은 소와 같다. 머리는 희며 눈은 하나이고 뱀의 꼬리가 달렸으니 '비(蜚)'라고 한다. 이 놈이 지나가면 말라죽으니 짐새의 독보다 심하며 이 놈이 나타나면 크

390) 장형(張衡)의 작품.
391) 여발(女魃) : 가뭄귀신.
392) 응룡(應龍) : 비와 구름을 일으키는 신.
393) 『詩經, 大雅, 雲漢』.
394) 『春秋左傳, 僖公 21年』의 주석에 의하면 곱추는 얼굴이 하늘을 향해 들려 있기에 비가 코로 들어가는 것을 하늘이 불쌍히 여겨 비를 내리지 않는다고 생각하여 곱추를 불에 태운다고 한다.

게 전염병이 번진다"[395]라고 하였다. 또, "독산(獨山)의 말도수(末塗水)에 조용(鯈鱅)이 많은데 그 모양은 누런 뱀과 같고 물고기 지느러미 같은 것이 있다. 드나들 때 광채가 난다. 이놈이 나타나면 그 고을에는 큰 가뭄이 든다"[396]라고 하였다. 곽박(郭璞)은 "조용은 뱀 같은 모양이고 지느러미를 떨치며 빛을 뿌린다"라고 하였다.

유하
蟣蝦

『산해경(山海經)』에서 "태화산(太華山)에 뱀이 있는데 비유(肥螘)라고 한다. 다리가 여섯이고 날개가 넷인데 이 놈이 나타나면 천하에 큰 가뭄이 든다"[397]라고 하였다. 그 주석에서 "탕 임금 때에 이 뱀이 양산(陽山) 근처에 나타났다"라고 하였다.

『자휘(字彙)』에서 "어떤 사람의 이름이 '하(蝦)'이다"라고 하였고 『옥편(玉篇)』에서 "쥐이니 닭처럼 생겼고 쥐꼬리가 달렸으며 이 놈이 나타나면 큰 가뭄이 든다"라고 하였다.

---

395) 東二百里, 曰太山上, 多金玉楨木, 有獸焉, 其狀如牛, 而白首一目而蛇尾, 其名曰蜚, 行水則竭, 行草則死, 見則天下大疫.(『山海經, 卷四, 東山經』)→太山有獸, 狀如牛, 白首一目蛇尾, 名曰蜚, 所經枯竭, 甚于鴆厲, 見則天下大疫.(『松南雜識』)

396) **又南三百里, 曰**獨山, **其上多金玉, 其下多美石**, 末塗之水, **出焉而東南, 流注于沔, 其中**多鱅, 其狀, 如黃蛇魚翼, 出入有光, 見則其邑大旱.(『山海經, 卷四, 東山經』)→又獨山末塗之水, 多鯈**鱅**, 其狀如黃蛇魚翼, 出入有光, 見則其邑大旱.(『松南雜識』)

397) **又西六十里, 曰**太華之山, **削成而四方, 其高五千仞, 其廣十里, 鳥獸莫居**, 有蛇焉, 名曰肥螘, 六足四翼, 見則天下大旱.(『山海經, 卷二, 西山經』)→太華之山, 有蛇焉, 名曰肥螘, 六足四翼, 見則天下大旱.(『松南雜識』)

강철
强鐵

지봉 이수광이 말하였다.

속담에 "강철(强鐵)이 가는 곳은 가을이라도 봄 같다"라고 하였다. 『산해경(山海經)』을 살펴보니 "비(蜚)는 소와 같다. 물을 지나가면 물이 말라붙고, 풀을 지나가면 풀이 말라죽는다. 이 놈이 나타나면 전쟁이 나거나 전염병이 번진다"라고 하였다.

『운회(韻會)』에 "비(蜚)는 농사를 해치는 벌레라고 하였고 짐승이름이다"라고도 하였다.[398]

새우는 흉년의 조짐 · 게는 전쟁의 조짐
蝦荒蟹兵

『해보(蟹譜)』[399]에 "오나라의 풍속에 '새우는 흉년의 조짐이고, 게는 전쟁의 조짐이다'라는 말이 있다"라고 하였다. 대개 게는 옆 걸음으로 가는 중무장한 병사라고 여기니 갑옷 입고 날카로운 병장기를 갖고 있기 때문이다.

또, 지금 늙은 농부가 풀거미의 눈동자로 농사를 점친다고 말하는데 초봄 거미의 눈이 넷이면 풍년이 들고 여섯 개면 흉년을 면하고 여덟 개면 흉년이 든다.

---

398) 俗**語曰**, 强鐵去處, 雖秋如春, **人莫知其所謂**, **聞諸鄕人之老**, **則强鐵乃物名**, **此物所在數里之內**, **草木禾稼**, **悉皆枯損故云**, 按山海經**曰**, 蜚如牛, 行水則渴, 行草則枯, 見則有兵疫, 韻**府曰**, 蜚害稼蟲, 又獸名, **蓋此類也**.(『芝峯類說, 卷十六, 語言部, 俗諺』)→ 俗**謂**, 强鐵去處, 雖秋如春, 按山海經**云**, 蜚如牛, 行水則渴, 行草則枯, 見則有兵疫, 韻**會云**, 蜚害稼蟲, 又獸名.(『松南雜識』).

399) 해보(蟹譜) : 송나라 부굉(傅肱)이 지은 책. 2권.

구서
狁狳

『산해경(山海經)』에서 말하였다.

여아산(餘峩山)에 구서(狁狳)라는 짐승이 있다. 그 모양은 토끼 같은데 새 부리에 올빼미 눈과 뱀 꼬리가 달려 있다. 사람을 보면 잠든 척한다. 울음소리는 '구서구서'라고 자신을 부르는 것과 같고 이 놈이 나타나면 메뚜기와 황충의 피해가 있다.400)

문무관황
文武官蝗

『설문해자(說文解字)』에서 "황(蝗)은 메뚜기다. 싹을 먹어 재앙이 되니 책맹(蚱蜢)과 유사하다. 배 아래에 범어(梵語) 글자 같은 것이 있다. 물고기 알이 부화한 것인데, 어떤 사람은 새우가 변한 것이라 한다"라고 하였다.

『유설(類說)』에서 말하였다.

황충(蝗蟲)이 싹을 먹는 것이 관리가 탐욕스럽고 잔인하게 세금을 거두는 것과 같기에 몸이 검고 머리가 붉은 놈은 '무관메뚜기'라 하고 머리가 검고 몸이 붉은 놈을 '문관메뚜기'라고 한다.401)

---

400) **又南三百八十里**, **曰**餘峩之山, **其上多梓枏**, **其下多荊芑**, **雜余之水**, **出焉**, **東流**, **注于黃水**, 有獸焉, 其狀如兎而鳥喙, 鴟目蛇尾, 見人則眠, 名曰犰**狳**, 其鳴自訆, 見則螽蝗爲敗.(『山海經, 卷四, 東山經』)→餘峩之山, 有獸焉, 名曰**狁徐**, 其狀如兎而鳥喙, 鴟目蛇尾, 見人則眠, 其鳴自**訓** 見則螽蝗爲敗.(『松南雜識』)

401) **世傳**, 蝗**食苗史**吏貪殘所召, 身黑頭赤者, 武官蝗, 頭黑身赤者, 文官蝗.(『類說, 卷四十二, 酉陽雜俎, 蝗蟲』)→蝗**由**吏貪殘所召, 身黑頭赤者, **曰**武官蝗, 頭黑身赤者,

당나라 요숭(姚嵩)[402]이 황제에게 올리는 글에 "'뜨거운 불길에 잡아 던져야 하다'[403]는 것은 황충을 제거해야 한다는 의미입니다"[404]라고 하였다.

『산림경제(山林經濟)』[405]에서 말하였다.

황충은 집으로 돌아가듯 불로 달려든다. 한편으로는 태우고 한 편으로는 묻으면 백 리 안에 즉시 없앨 수 있다. 또, 수확한 후에 밭을 태우되 제일 먼저 더러운 풀을 제거하면 또한 이런 피해를 방지할 수 있다고 한다.

멸오

滅吳

운서(韻書)에서 "누리는 싹의 뿌리를 먹는 벌레이고, 마디 벌레는 싹의 줄기를 먹는 벌레이며, 특벌레와 며루는 싹을 먹는 벌레이다. 메뚜기는 또한 황충의 종류이다"라고 하였다.

자방벌레는 농사를 해치는 벌레로 근래 무자년(1828) 간에 호남의 내

日文官蝗.(『松南雜識』)

402) 요숭(姚崇) : 당나라의 명재상(650~721). 자는 원지(元之). 본명은 원숭(元崇)이나 현종(玄宗)의 연호를 피해 요숭으로 바꾸었다. 송경(宋璟)과 함께 개원(開元)의 명재상으로 숭앙 되었다.

403) 旣方旣皁, 旣堅旣好, 不稂不莠, 去其螟螣, 及其蟊賊, 無害我田穉, 田祖有神, 秉畀炎火(이미 껍질이 생기고 반쯤 여물며 이미 단단하고 아름다우며 가라지가 없고 피가 없거든 명특을 제거하고 모적을 제거하여야 우리 밭의 어린 벼싹을 해침이 없을 것이니 전조의 신은 이것을 잡아 불 속에 던질지어다).(『詩經, 小雅, 大田』)

404) 開元四年, 山東, 蝗蟲大起, 崇奏曰, 毛詩云, 秉彼蟊賊, 以付炎火, 又漢光武詔曰, 勉順時政, 勸督農桑, 去彼蝗蟚, 以及蟊賊, 此竝除蝗之義也.(『舊唐書, 卷九十六, 列傳, 第四十六, 姚崇』)→唐姚崇, 奏秉彼畀炎火, 此謂除蝗之義也.(『松南雜識』)

405) 산림경제(山林經濟) : 조선 숙종 때에, 홍만선(洪萬選)이 농업과 의약 및 농촌의 일상생활에 관하여 쓴 책. 4권 4책의 필사본.

포(內浦)[406] 등지에 처음으로 이 벌레가 나타났다. 멸곡(滅穀)이라는 것이 있으니 색깔이 희고 매우 가늘고 작아서 쌀겨 같다. 이 고장 사람들이 논에 가득 물을 대고 포대에 물을 담아서 포대로 들어오면 그 놈을 잡는다. 민간에서는 "옛날 오(吳)나라가 멸망할 때에 이 놈의 재해가 있었기 때문에 '멸오(滅吳)'라 부른다"라고 전한다.

동방성쇠
東方盛衰

지봉 이수광이 말하였다.

신라 태종무열왕(太宗武烈王)[407] 때 풍년이 들자 베 한 필의 값이 쌀 30섬 내지 50섬이었다. 고려 공민왕(恭愍王)[408] 때 기근이 들자 베 한 필의 값이 쌀 닷 되였으니 이것이 '동방의 성쇠이다. 계사년(1593) 왜구가 물러간 뒤 굶어 죽은 시체가 성에 가득하였다. 그때 정시(庭試)[409]에 급제한 최계옥(崔啓沃)[410]이 방(榜)이 붙던 날 어사화(御賜花)를 꽂고 홍패(紅牌)를 들고 진휼(賑恤)하는 곳으로 가서 죽을 마셨다.[411]

---

406) 내포(內浦) : 바다나 호수가 육지 안으로 휘어 들어간 부분.

407) 태종무열왕(太宗武烈王) : 신라의 제29대 왕(602~661). 성은 김(金), 이름은 춘추(春秋), 묘호는 태종(太宗). 율령을 정비하고, 당나라와 연합하여 백제를 멸망시키고 삼국 통일의 기반을 닦았다. 재위 기간은 654~661년. ≒ 무열왕.

408) 공민왕(恭愍王) : 고려 제31대 왕(1330~1374). 이름은 전(顓), 호는 이재(怡齋)·익당(益當). 왕위에 오른 뒤 원나라를 배척하고 친원파(親元派)인 기씨(奇氏) 일족을 제거했다. 쌍성총관부를 폐지하였으며, 빼앗긴 영토를 수복하여 국위를 떨쳤으나 나중에는 정치를 그르치고 마침내 최만생(崔萬生)과 홍윤(洪倫)에게 살해되었다. 재위 기간은 1351~1374년.

409) 정시(庭試) : 조선 시대에, 나라에 경사가 있을 때 대궐 안에서 보던 과거.

410) 최계옥(崔啓沃) : 조선 중기의 문신. 본관은 전주, 자는 경열(景說).

411) 『芝峯類說, 卷一, 災異部, 饑荒』이 축약 인용되었음.

윤결(尹潔)[412]의 시에서,

굶주린 백성의 머리 위에 월계꽃 꽂혔고	飢民頭上桂花浮
급제자 무리 속에서 원통한 피 흘리네	紅紙群中怨血流

라고 하였으니, 아마도 이때인 듯하다.

교가 나타나면 그 나라에 풍년이 든다
狡見國穰

『산해경(山海經)』에서 말하였다.

옥산(玉山)에 어떤 짐승이 있는데 모양은 개와 같고 표범의 무늬가 있으며 소뿔 같은 뿔이 있으니 교(狡)라고 한다. 소리는 개가 짖는 것 같은데 이 놈이 나타나면 그 나라에 크게 풍년이 든다.[413]

곽박(郭璞)이 "태강(太康)[414] 연간에 덫으로 짐승 한 마리를 잡았는데 표범 무늬에 뿔이 두 개이고 두 다리가 없었다. 당시 사람들이 교(狡)라고 불렀다"[415]라고 하였다.

---

412) 윤결(尹潔) : 조선 중기의 관료. 본관은 남원(南原), 자는 장원(長源), 호는 취부(醉夫). 중종 32년(1537) 진사가 되고, 1543년 식년문과에 병과로 급제했다. 명종 초에 주서(注書)로, 유구(琉球)에 표류한 박손(朴孫)의 경험담을 토대로 『유구풍속기』를 지었다.

413) **又西三百五十里**, **曰**玉山, **是西王母所居也**. **西王母**, **其狀如人**, **豹尾虎齒**, **而善嘯蓬髮戴勝**, 有獸**焉**, **其**狀如犬而豹文, **其**角如牛, **其**名曰狡, **其**音如吠犬, 見則其國大穰.(『山海經, 卷二, 西山經』) → 玉山, 有獸, 狀如犬而豹文, 角如牛**者**, 名曰狡, 音如吠犬, 見則其國大穰.(『松南雜識』)

414) 태강(太康) : 진(晉) 무제(武帝)의 연호. 280~289.

415) **晉**太康**七年**, **邵陵扶夷縣**, 檻得一獸, **狀如**豹文, **有二**角, 無**前**兩脚, 時人, 謂之狡. **疑非此**.(『山海經, 卷二, 西山經』) → 太康**中**, 檻得一獸, 豹文**兩**角, 無兩脚, 時人, 謂之狡.(『松南雜識』)

다섯 종류 나무로 1년 농사를 예견한다
五木驗歲

『산림경제(山林經濟)』에서 말하였다.

동짓날에 오곡의 종자를 각각 한 되씩 되어서 베 자루에 담아 북쪽 담장 그늘진 곳에 묻어 두고 그 위를 밟지 못하게 한다. 50일이 지난 뒤나, 혹은 입춘이 되거든 파내서 되어 보아 가장 많이 불어난 것이 다음 해에 가장 잘 자랄 곡식이다. 과일과 채소도 같은 방법을 쓴다.

사광(師曠)의 점술(占術)에서 "다섯 종류의 나무는 다섯 종류 곡식의 조상이다. 그 나무중에서 번성한 것을 가려서 가져다가 다음 해에 심으면 절대로 차질이 없다"라고 하였다.
음양가(陰陽家)의 책에서 말하였다.

벼는 대추나무나 냇버들에서 생겼고, 까끄라기 있는 벼는 버들이나 냇버들에서 생겼으며, 대맥은 살구나무에서 생겼고, 소맥은 복숭아나무에서 생겼다. 기장은 느릅나무에서 생겼고, 대두(大豆)는 홰나무에서 생겼으며, 소두(小豆)는 오얏나무에서 생겨나고, 마(麻)는 냇버들이나 모형나무에서 생겼다. 복숭아와 오얏 열매가 많이 열리면 이듬해 반드시 풍년이 들고, 그해 살구가 많이 열리면 대맥에 벌레가 꼬이지 않으며, 복숭아가 많이 열리면 소맥에 벌레가 꼬이지 않는다. 홰나무에 벌레가 없으면 콩이 많이 열리며, 오얏나무에 벌레가 꼬이지 않으면 녹두(綠豆)의 수확이 많다.416)

416) 冬至日, 量五穀種, 各一升盛布囊, 埋於北墻陰處, 勿令人履其上, 後**五十**日, 〈**一曰, 立春日**〉. 發取量之, 最多息者, 來歲所宜也, **土氣隨處異宜**, **所在試之乃驗**. 〈神隱纂要〉. 師曠**占**術曰, 五木者, 五穀之先也, **欲知五穀**, **先視五木**, 擇其木盛者, 來年**多**種之, 萬不一差, 故陰陽書曰, 禾生于棗或楊, 稻生于柳或楊, 大麥生于杏, 小麥生于桃, 黍生于楡, 大豆生于槐, 小豆生于李, 麻**子**生于楊或荊. 〈閑情錄〉. 當年杏子多, 則**蟲**不蛀大麥, 桃子多, 則**蟲**不蛀小麥, 槐樹無蟲, 則豆利, 李樹不蛀, 則菉豆有收.(『山林經濟, 卷之一, 治農, 驗歲』) → 冬至日, 量五穀種, 各一升盛布囊, 埋於北墻陰處, 勿令人履其上, 後**十五**日, **或**立春日. 發取量之, 最多息者, 來歲所宜也. 師曠**古**術曰, 五木者, 五穀之先也, 擇其木盛者, 來年種之, 萬不一差, 故陰陽書曰, 禾生于棗或楊, 稻生于柳或楊, 大麥生于杏, 小麥生于桃, 黍生于楡, 大豆生于槐, 小豆生于李, 麻**子**生于楊或荊. **桃李多當實年**, **來年必多穰**, 當年杏子多, 則**虫**不蛀大麥, 桃子多, 則**虫**不蛀小麥, 槐樹無**虫**, 則豆利, 李樹不蛀, 則菉豆有收.(『松南雜識』)

3. 지리류(地理類)

해외의 한 구역
海外一區

『택리지(擇里志)』에서 말하였다.

옛 사람들이 말하기를 "우리나라는 노인 형태이고 동남쪽에 앉아서 북북서쪽으로 얼굴을 들고 중국에 읍(揖)을 하는 형상이다. 그래서 예로부터 중국에 충성하고 순종하였다"라고 하였다. 또 천 리 되는 물과 백 리 되는 들판이 없는 까닭에 큰 인물이 나지 않는다. 서융(西戎)·북적(北狄)과 동호(東胡)[1]·여진(女眞)이 중국에 들어가서 황제 노릇을 하지 않은 적이 없지만 오직 우리나라는 그런 적이 없다. 오직

1) 동호(東胡): 춘추 시대에, 동부 내몽골 지역에 출현하였던 수렵 유목민. 몽골족과 퉁구스족의 잡종으로, 오환(烏桓)·선비(鮮卑)·거란 등이 그 후예이며, 뒤에 흉노(匈奴)에 복속되었다.

강역(封疆)만을 삼가 지키고 사대(事大)를 각별히 닦았다. 그러나 멀리 해외에 있기 때문에 별도의 한 구역이다.[2)]

산세는 험하고 백성은 어질다
山險民仁

『진서(晉書)』에서 말하였다.

백두산(白頭山)은 땅의 근간이 되고, 이 산에서 두 강이 나오니 두만강(豆滿江)과 압록강(鴨綠江)으로 나뉘어 경계가 된다. 동・서・남쪽은 모두 큰 바다이고 울릉(鬱陵)・부산(釜山)・탐라(耽羅)・오호(嗚呼) 등의 섬이 둘러 있다. 산천은 험하나 풍속은 부드럽고 어질다.

청구
青丘

「자허부(子虛賦)」[3)]에서 "가을에 청구(青丘)에서 사냥을 한다[秋獵于青丘]"라고 하였다. 복건(服虔)[4)]이 "청구국(青丘國)은 바다 동쪽 삼백 리에 있다"라고 하였다. 그래서 후세 사람들이 우리나라를 '청구'라고 하였다.

---

2) 古人謂我國爲老人形, 而坐亥向巳**向**, **西**開面有拱揖中國之狀, 故自昔**親昵**於中國, **而**且無千里之水百里之野, 故不生**巨**人, 西戎北狄與東胡女眞, 無不入帝中國, 而獨我國無之, 惟謹守封**域**, **不敢意他**. 然蕎在海外, 別是一區.(『擇里志, 卜居總論, 山水』) →古人謂我國爲老人形, 而坐亥向巳, 開面有拱揖中國之狀, 故自昔**忠順**於中國, 且無千里之水百里之野, 故不生**大**人, 西戎北狄與東胡女眞, 無不入帝中國, 而獨我國無之, 惟謹守封**疆**, **恪修事大**, 然蕎在海外, 別是一區.(『松南雜識』)

3) 자허부(子虛賦) : 한(漢)나라의 사마상여(司馬相如)가 쓴 부(賦) 작품.

4) 복건(服虔) : 동한(東漢) 형양(滎陽) 출신. 초명(初名)은 중(重) 또는 지(祇), 자는 자신(子愼). 영제(靈帝) 때의 관리로 문장을 잘 지었다. 『춘추좌씨전해(春秋左氏傳解)』를 지었다.

가오리
嘉五里

연암(燕巖) 박지원(朴趾源[5])이 말하였다.

내가 이번에 사행을 따라 가다가 세 가지 물고기의 이름을 얻었다. 살펴보건대 중국인들이 우리나라 사람을 '가오리인(嘉五里人)'이라고 하였다. 사행군관(使行軍官)은 '반당(伴當)'이라고 한다. 저들이 우리 군관의 복색(服色)을 보고 '하(蝦)'라고 하였는데, 새우와 그 모습이 비슷하기 때문이다. 반당은 우리나라 말로 밴댕이(蘇魚)라고 하고, 가오리(嘉五里)는 저들 말로 개좌어(魪佐魚)라고 하니 바로 가자미(鰈)이다.[6]

근화향
槿花鄉

『산해경(山海經)』에서 "바다 동쪽에 군자의 나라가 있는데 관(冠)을 쓰고 칼을 차고 사양하기를 좋아하며 다투지 않는다. 근화초(菫花草[7])가

---

5) 박지원(朴趾源) : 조선 정조 때의 문장가·실학자(1737~1805). 자는 중미(仲美), 호는 연암(燕巖). 정조 4년(1780)에 진하사(進賀使) 박명원(朴明源)의 수행원으로 청나라에 다녀와서 『열하일기(熱河日記)』를 저술하여 유려한 문장과 진보적 사상으로 이름을 떨쳤다. 북학론을 주장하였고 이용후생(利用厚生)의 실학을 강조했다. 문집에 『연암집』이 있다.

6) 從使者入中國, 須有稱號譯官, 稱從事軍官, 稱裨將閒遊, 如余者, 稱伴當, 國言蘇魚稱盤當, 盤與伴音同, 旣渡鴨綠江則所謂伴當, 銀頂翠羽, 短袂輕裝, 道傍觀者 指點輒稱蝦, 不識爲何稱蝦, 而蓋似是武夫之別號也, 所過村坊, 小兒群聚, 齊呼哥吾里來哥吾里來, 或隨馬尾, 爭唱聒噪, 哥吾里來者, 高麗來也, 余笑謂同行曰, 乃變三魚, 諸人問何謂三魚. 余曰, 在道稱伴當, 是蘇魚也, 渡江以來, 稱蝦, 蝦亦魚族也, 胡兒群呼哥吾里, 是洪魚也. 人皆大笑.(『燕巖集, 卷之十四, 別集, 熱河日記, 避暑錄』) → 吾今從使行, 得三魚之名, 按中國呼我國爲嘉五里人, 使行軍官謂伴當, 彼人見我軍官服色謂蝦, 蝦以其形似也. 伴當我俗謂蘇魚, 嘉五里彼人謂魪佐魚, 卽鰈也.(『松南雜識』)

7) 근화초(菫花草) : 무궁화의 다른 말이다.

있는데 아침에 피었다가 저녁에 진다"[8]라고 하였다.

고려 시대의 표문(表文)에 '근화향(槿花鄕)'이라고 썼다.

소중화
小中華

『동몽선습(童蒙先習)』[9]에서 "우리나라의 의관문물(衣冠文物)과 예악(禮樂)은 한결같이 중국의 제도를 따른다"라고 하였다. 중국인이 그것을 보고 '소중화(小中華)'라고 하였다.

『택리지(擇里志)』에서 "우리나라 서북쪽에는 무신이 많고 동남쪽에는 문사(文士)가 많다"라고 하였다.

또 『적정경(赤霆經)』에서 "중원은 남성적이어서 웅장하고 씩씩하며 강남은 여성적이어서 청초하고 아름답다"라고 하였다.

의무려
醫巫閭

『주례(周禮), 하관(夏官), 직방씨(職方氏)』에서 "유주(幽州)는 산진(山鎭)[10]이다"라고 하였고, 그 주석에서 "그곳에서는 순(珣)·우(玗)·기(琪) 등이 난다"[11]라고 하였다.

---

8) 海**外**君子國, **在其北**, 衣冠帶劍, **食獸**, **使二大虎**, **在旁其**, **人**好讓不爭, 有**薰**華草, 朝生夕死.(『山海經, 卷九, 海外東經』)→海**東**, **有**君子國, 衣冠帶劍, 好讓不爭, 有**堇**華草, 朝生夕死.(『松南雜識』)

9) 동몽선습(童蒙先習) : 조선 중종 때에, 박세무(朴世茂)가 쓴 어린이 학습서. 오륜(五倫)의 요의(要義)를 간결하게 서술하고, 중국과 조선의 역대 세계(世系)와 개략적인 역사를 덧붙였다. 『천자문』을 익힌 어린이들이 『소학』을 배우기 전에 공부하는 교과서로 널리 사용하였으며, 덕행의 함양에 많은 도움이 되었다. 1권 1책의 목판본.

10) 산진(山鎭) : 나라의 국토를 진정시킴으로써 추앙받는 명산(名山).

『설문해자(說文解字)』에서 "의무려(醫巫閭)[12]는 동이(東夷)다. 순(珣)·우(玗)·기(琪)는 옥그릇이다"[13]라고 하였다.

창계(滄溪) 임영(林泳)[14]의 기록에서 "동북쪽으로 중국과 동이(東夷)의 경계이다. 그래서 산해관(山海關)이라는 이름은 의무산(醫巫山)과 발해(渤海)에서 따왔다"라고 하였다.

삼한팔도
三韓八道

성호(星湖) 이익(李瀷)[15]이 최치원(崔致遠)[16]의 "마한이 고구려가 되고, 변한이 백제가 되고, 진한이 신라가 되었다"라고 한 말을 인용하여 말하였는데,[17] 나의 생각은 이렇다.

옛날에 우리나라의 가운데를 나누어 경계를 만들었으니 지금의 서울[圻甸][18] 위로는 고조선이 되었고, 그 아래는 한(韓)의 경계가 되었다. 한

---

11) 幽州, **其**山鎭, **曰醫無閭**. 〈**爾雅曰**, **燕曰幽州**, **東方之美**, **有醫無閭之**珣玗琪**焉**.〉(『周禮注疏, 卷三十三』) → 幽州, 山鎭**也**, **其産**珣玗琪.(『松南雜識』)

12) 의무려(醫巫閭) : 옛날의 산이름. 만주(滿洲) 요녕성(遙寧省) 북진현(北鎭縣)의 서쪽 음산산맥(陰山山脈)의 분지(分支)이다.

13) **珣**. 醫無閭**之**珣玗琪. **周書所謂**, **夷**玉也.(『說文解字, 卷一上, 文三』) → 醫無閭, **東夷也**. 珣玗琪, 玉**器**也.(『松南雜識』)

14) 임영(林泳) : 조선 중기의 문인·학자(1649~1696). 자는 덕함(德涵), 호는 창계(滄溪). 사마시에 합격한 후 여러 벼슬을 거쳐 대사헌을 지냈다. 저서에 『의승기(義勝記)』·『창계집』이 있다.

15) 이익(李瀷) : 조선 영조 때의 학자(1681~1763). 자는 자신(自新), 호는 성호(星湖), 본관은 여주(驪州). 유형원의 학풍을 이어받아 실학의 대가가 되었으며, 특히 천문·지리·의학·율산(律算)·경사(經史)에 업적을 남겼다. 관계(官界)에 나가지 않고 저술과 후진 양성에 치력했다. 저서에 『성호사설(星湖僿說)』·『곽우록(藿憂錄)』·『성호문집(星湖文集)』 등이 있다.

16) 최치원(崔致遠) : 통일 신라 말기의 학자 문장가(857~?). 자는 고운(孤雲)·해운(海雲). 12세에 당나라에 유학하여 과거에 급제하고 황소의 난이 일어나자 격문(檄文)을 써서 이름을 높였다. 저서에 『계원필경』·『사륙집(四六集)』 등이 있다.

17) 『星湖僿說, 第二卷, 天地門, 三韓金馬』.

지역의 가운데를 나누어 경계로 만드니 동쪽은 진한과 변한이 되었고 서쪽은 마한이 되었다. 기준(箕準)[19]이 마한 땅을 빼앗아서 왕이 되니 기준 이전에도 한(韓)이 있었다. 진(辰)은 진(秦)과 음이 같으니, 『춘추좌씨전(春秋左氏傳)』에 '진영(辰嬴)'이라고 한 것이 그 예이다. 육국(六國)[20] 가운데 한(韓)이 진(秦)과 가장 가까웠기 때문에 진을 피하는 일에는 한이 반드시 먼저 움직였다.

『사기(史記)』에서 말하였다.

> 즉묵(卽墨)[21]의 대부(大夫)가 제왕(齊王) 건(建)에게 유세하였다. "삼진(三晉)[22]의 대부로서 진(秦)을 껄끄럽게 생각하며 아(阿)[23]와 견(甄)[24] 사이에 있는 자가 백 명입니다. 장량(張良)[25]이 진(秦)에 보복하려면 틀림없이 동쪽의 창해군(滄海君)[26]을 만날 것입니다"라고 하였다.

바로 예국(濊國)으로 지금의 강릉(江陵)이다. 한나라 사람 중에 진(秦)을

---

18) 서울[圻甸] : 왕성을 중심으로 한 천리 사방의 땅.

19) 기준(箕準) : 은(殷)나라 주왕(周王)의 숙부인 기자(箕子)의 손자.

20) 육국(六國) : 전국 시대의 대표적인 나라들로 초(楚) · 연(燕) · 제(齊) · 한(韓) · 위(魏) · 조(趙)의 여섯 나라를 말한다.

21) 즉묵(卽墨) : 전국 시대(戰國時代) 제(齊)의 읍으로 지금의 산동성(山東省) 교현(膠縣) 동쪽 청도(靑島) 동북쪽이다.

22) 삼진(三晉) : 춘추 시대(春秋時代) 조(趙) · 위(魏) · 한(韓)이 진(晉)을 섬기다가 전국 시대(戰國時代)에 위문후(魏文侯) 사(斯), 조열후(趙烈侯) 적(籍), 한경후(韓景侯) 건(虔)이 진(晉)을 나누어 각각 나라를 세우니 이를 삼진(三晉)이라고 한다.

23) 아(阿) : 동아현(東阿縣). 지금의 산동성(山東省) 양곡현(陽谷縣) 동북쪽에 있는 아성진(阿城鎭)을 가리킨다.

24) 견(甄) : 위(衛)나라의 읍 이름. 지금의 산동성(山東省) 견성현(甄城縣) 서북쪽에 옛 성이 있다.

25) 장량(張良) : 한(漢)나라 고조(高祖) 유방(劉邦)의 공신(?~B.C. 168). 자는 자방(子房), 시호 문성공(文成公). 한나라 명문 출신으로, B.C. 218년 시황제(始皇帝)를 습격했으나 실패. 황석공(黃石公)으로부터 『태공병법서(太公兵法書)』를 물려받았다고 한다. 소하(蕭何)와 함께 책략에 뛰어나 한나라 창업에 힘썼다. 그 공으로 유후(留侯)에 책봉되었다.

26) 창해군(滄海君) : 은자(隱者)로 이름을 잘 알 수 없다. 일설에는 동이(東夷)의 왕이라고도 한다.

피하려는 자들이 와서 살았던 까닭으로 자호(自號)를 '한(韓)'이라고 한 것이 한(韓)의 시작인 듯하다.

『택리지(擇里志)』에서 말하였다.

곤륜산(崑崙山)[27]의 한 줄기가 큰 사막의 동남쪽으로 뻗어 의무려산(醫巫閭山)이 되었고, 여기에서 크게 끊어져서 요동(遼東) 들판이 되었다. 들판을 지나서 백두산이 되었는데, 『산해경』에서 말한 '불함산(不咸山)'이다. 그 정기가 북쪽으로 천 리를 뻗쳐 두 강을 끼고 남쪽으로 향하여 영고탑(靈固塔)[28]이 되었다. 등뒤의 한 산맥이 조선 산맥의 으뜸이 되었다. 팔도가 있으니 평안도는 심양(瀋陽)[29]과 접하였고, 함경도는 여진(女眞)[30]과 접한다. 강원도는 함경도와 접하고, 황해도는 평안도와 접한다. 경기도는 강원도와 황해도 남쪽에 있다. 경기도의 남쪽은 충청도와 전라도이며, 전라도의 동쪽이 바로 경상도로 옛 진한·변한, 신라의 땅이다. 충청도와 전라도는 옛날 백제 땅이고, 함경도·평안도·황해도는 고조선과 고구려 땅이다. 강원도는 별도로 예맥(濊貊) 땅이었다.

당나라 말기에 태조 왕건(王建)이 나타나서 삼한을 통합하여 고려가 되었고 우리 조선이 계승하였다.

동·남·서쪽은 모두 바다이고 유독 북쪽 한 길만이 여진·요동과 통한다. 산이 많고 평야가 적으며, 백성은 유순하고 조심성이 많으며 도량이 좁다. 길이는 거의 삼천 리이고 동서로는 천 리가 안 된다. 바닷가를 따라서 남쪽은 절강성(浙江省)의 오현(吳縣)·회계현(會稽縣)[31] 사이를 마주본다. 평안도 북쪽의 의주(義州)는 국경의 첫 고을로 대략

---

27) 곤륜산(崑崙山) : 중국 서쪽에 있는 명산.
28) 영고탑(靈固塔) : 현재 중국 길림성(吉林省) 영안현(寧安縣)에 있는 지명.
29) 심양(瀋陽) : 중국 요동성(遼東省)의 도시로 성경(盛京)이라 하기도 한다.
30) 여진(女眞) : 만주(滿洲) 동북쪽에 살던 종족의 하나.
31) 회계현(會稽縣) : 현재의 중국 절강성 소흥(紹興)을 중심으로 한 군(郡).

중국 청주(淸州)의 위치에 해당한다. 대체로 우리나라는 중국과 일본의 사이에 있다.[32)]

사군 · 이부
四郡二府

성호 이익이 말하였다.

한(漢)이 조선 땅을 취하여 사군(四郡)으로 만드니, 낙랑(樂浪) · 현도(玄菟) · 임둔(臨屯) · 진번(眞番)이다. 한나라 소제(昭帝)[33)]가 사군을 합하여 이부(二府)로 만들었는데, 평나(平那)는 있지만 진번(眞番)은 없으니 진번(眞番)이 바로 평나(平那)다. 임둔이 동시현(東暆縣)을 다스리니, 지금의 강릉이다. 현도는 옥저현(沃沮縣)을 다스리니, 지금의 함흥이다. 낙랑은 조선을 다스리니, 지금의 평양이다. 진번은 삽현(霅縣)을 다스리니, 지금의

---

32) 崑崙**山**一枝, 行大漠之南東, 爲醫巫閭山, 自此大斷, 是爲遼東之野. 渡野**起**爲白頭山, 卽山海經所謂不咸山**是**也. 精氣, 北走千里, 挾二江向南爲寧固塔. 背後**抽一枝**, 爲朝鮮山脉之首. 有八道曰平安, 隣瀋陽, 曰咸鏡, 隣女眞. **次則**曰江原, 承咸鏡, 曰黃海, 承平安. 曰京畿, 在江原黃海之南. 京畿南則曰忠淸及全羅, 全羅之東卽慶尙**也**. **慶尙卽**古卞**韓**辰**韓**地. **京畿**忠淸全羅, **卽**古**馬韓**百濟地, 咸鏡平安黃海, 卽古朝鮮高句麗地. 江原別爲濊貊地. **其興滅未詳**. 唐末, 王太祖出, 而統合三韓爲高麗, 而我朝繼運矣. 東南西皆海, 獨北一路, 通女眞遼**瀋**. 多山少野, 其民柔謹局促.長**亘**三千里, 東西不滿千里, 際海而南者, 可値浙江吳會之間. 平安之北義州, 爲界首邑, **約**可當靑州. **國**大抵在日本中國之間.(『擇里志, 八道總論』) → 崑崙一枝, 行大漠之東南, 爲醫巫閭山, 自此大斷, 是爲遼東之野. 渡野爲白頭山, 卽山海經所謂不咸山也. **其**精氣, 北走千里, 挾二江向南爲寧固塔. 背後一**脉**, 爲朝鮮山脉之首. 有八道曰平安, 隣瀋陽, 曰咸鏡, 隣女眞. 曰江原, 承咸鏡, 曰黃海, 承平安. 曰京畿, 在江原黃海之南. 京畿南則曰忠淸及全羅, 全羅之東卽慶尙**道**, 古辰卞**新羅之**地. 忠淸全羅, 古百濟**之**地, 咸鏡平安黃海, 古朝鮮高句麗**之**地. 江原別爲濊貊**之**地. 唐末, 王太祖出, 而統合三韓爲高麗, 而我朝繼運矣. 東南西皆海, 獨北一路, 通女眞遼**東**. 多山少野, 其民柔謹局促. 長**近**三千里, 東西不滿千里. 際海而南者, 可値浙江吳會之間. 平安之北義州, 爲界首邑, **略**可當靑州. 大抵在中國日本之間.(『松南雜識』)

33) 소제(昭帝) : 전한(前漢)의 제8대 황제(B.C. 94～B.C. 74). 재위 기간은 B.C. 87～B.C. 74.

요동이다.[34)]

장장평
莊莊坪

『택리지(擇里志)』에서 말하였다.

구월산(九月山)[35)]은 회룡고조(回龍顧祖)[36)]하는 형세이다. 서북쪽으로는 바다를 등지고 동남쪽으로는 평양·재령(載寧) 두 곳의 강물을 맞아들인다. 두 강물이 조수와 통하며 생선과 소금으로 얻는 이익을 황해도 전체가 누린다. 들판이 비옥하고 물의 형세 및 지리의 험난함은 계룡산(鷄龍山)[37)]보다 훨씬 낫고 돌산의 톱니 같은 형세도 오관산(五冠山)[38)]·삼각산(三角山)[39)]에 못지 않다. 또 천연의 험한 지형을 토대로 산성을 쌓았다. 세상에 전하는 말에 '단군의 자손이 기자(箕子)를 피해서 평양으로부터 도읍을 옮겨왔다'라고 하니, 이른바 장장평(莊莊坪)이다.[40)]

---

34) 『星湖僿說, 第三卷, 天地門, 朝鮮四郡』을 요약 인용하였으나, 원문과 차이가 상당함.
35) 구월산(九月山): 황해도 신천군과 은율군 사이에 있는 산. 높이는 954미터.
36) 회룡고조(回龍顧祖): 풍수지리에서, 산의 지맥(支脈)이 뻥 돌아서 본산(本山)과 서로 마주함.
37) 계룡산(鷄龍山): 충청남도 공주시와 논산시에 걸쳐 있는 산. 갑사·신원사·동학사가 있다. 높이는 845미터.
38) 오관산(五冠山): 평안도(平安道) 개성(開城)에 있는 산 이름.
39) 삼각산(三角山): '북한산'의 다른 이름. 백운대·인수봉·만경대의 세 봉우리가 있어 이렇게 부른다.
40) 九月**亦爲**回龍顧祖之形, **而**西北負海, 東南逆受平壤載寧二江, **二水**通潮汐, 魚鹽之利, 全據黃海一道**之勝** , **而南五里**, **又有百里**沃野, 水勢及地理之險阻, **田地之饒沃**, 大勝於鷄龍, 石山鉅齒之勢, 亦不下**於**五冠三角, **環一山寺刹多至十餘區**, **而上**又築山城**爲**天險矣. 諺傳檀君子**孫**避箕子, 自平壤移都**於此**, 所謂**莊**莊坪**也**.(『擇里志, 卜居總論, 山水』)→九月**山**, 回龍顧祖之形, 西北負海, 東南逆受平壤載寧二江**之水**, 通潮汐, 魚鹽之利, 全據黃海一道, 沃野水勢及地理之險阻, 大勝於鷄龍, 石山鉅齒之勢, 亦不下五冠三角, 又築山城**依**天險矣. 諺傳檀君子避箕子, 自平壤移都, 所謂**唐**莊坪.(『松南雜識』)

우두촌
牛頭村

청평산(淸平山)은 소양강(昭陽江)[41]에 임하여 있는 맥국(貊國)의 천년 고도(故都)이다. 구역 밖에 우두(牛頭)라는 큰 마을이 있으니 바로 "한(漢)나라 광무제(光武帝)가 팽총(彭寵)[42]을 시켜 우수주(牛首州)에 길을 뚫게 하였다"라는 말이 이것이다.

『통람(通覽)』에서 "우수주에는 팽오비(彭吳碑)가 있다"라고 하였다. 한무제 때 예맥조선(濊貊朝鮮)에 길을 뚫고 창해군(滄海郡)의 팽오를 배치하였는데, 그 팽오는 단군 시대에 산천을 다스리던 팽오와는 다른 사람이다.

요충지 춘천
春川保障

이익이 말하였다.

『박천집(博川集)』[43]에서 말하였다.

지금의 왕성(王城)은 비교하자면 낙양(洛陽)이고, 관동(關東)은 비교하자면 관중(關中)이고, 춘천(春川)은 비교하자면 관중(關中)의 장안(長安)이다. 춘천은 옛날의 맥국으로 겹겹의 산이 두루 에워싸고 보호한다. 두 강물은 뒤에서 합쳐지고 중간에는 기름진 들이 트였는데 사방 수백 리의 들은 삼면을 막아서 지키기에 한 사람이 관문을 맡아서

41) 소양강(昭陽江) : 북한강의 지류. 강원도 인제군 서화면에서 시작하며 춘천시 북쪽에서 북한강에 합류한다. 길이는 166.2km.

42) 팽총(彭寵) : 후한(後漢) 사람. 자는 백통(伯通). 갱시(更始) 연간에 어양태수(漁陽太守)가 되었다. 후에 광무제(光武帝)에게 귀의하여 큰 공을 세웠지만 관직이 더해지지 않자 불만을 품고 군대를 일으켰다가 실패하고 일족이 죽음을 당했다.

43) 박천집(博川集) : 조선 후기의 문신 이옥(李沃 : 1641~1698)의 문집.

지켜도 만 명이 지나갈 수 없으니 진실로 이른바 금성탕지(金城湯池)의 함락시킬 수 없는 요충지이다. 그래서 세 길에 군영을 설치하기에 좋다. 금화로(金化路)는 북도의 요충지이고, 가평로(加平路)는 서도의 요충지이며, 홍주로(洪州路)는 남도의 요충지로 사방으로 통하게 하였다. 깊은 시내와 산골짜기는 돌계단이 휘감는 곳이 있고 산맥이 가파르고 끊어질 듯하며 양의 창자인 양 수없이 굽어지는 곳도 있으니 험한 지형을 토대로 군영을 설치하여 문을 잠그면 자리에 누운 듯이 편안함이 있다.

왕검성
王儉城

왕검성이라고 한 이유는 단군이 평양에 도읍하고 임금을 왕검(王儉)이라고 하였기 때문이다. 해부루(解夫婁)[44]가 기자(箕子)를 피해 백악(白岳)·가섭원(伽葉原)으로 옮기고 동부여(東扶餘)라고 부르니, 지금의 구월산(九月山)이다. 기준(箕準)이 위만(衛滿)[45]을 피해 금마군(金馬郡)[46]으로 옮겨와서 마한이라고 하였는데, 지금의 익산군(益山郡)이다. 우거왕(右渠王)[47]은 한(漢)나라에 멸망당했는데, 이곳이 삼한 조선의 옛 도읍이라고 한다.

---

44) 해부루(解夫婁) : 동부여의 시조. 전설상의 인물로, 316년 무렵에 해모수를 피하여 가섭원(迦葉原)에 나라를 열고 임금이 되었다고 한다.

45) 위만(衛滿) : 위만 조선의 창시자. 중국 연나라의 관리로서 천여 명의 무리를 이끌고 고조선에 망명하여 준왕(準王)으로부터 변경 수비의 임무를 맡았다. 유망민을 기반으로 힘이 커지자 준왕을 축출하고 위만 조선을 세웠다. 재위 기간은 기원전 194년부터 이나 언제까지인지는 분명하지 않다.

46) 금마군(金馬郡) : 신라 시대에, 지금의 전라북도 익산에 둔 행정 구역. 삼한 때에, 한의 준왕(準王)이 옮겨 온 뒤에 생겨난 데서 유래한다.

47) 우거왕(右渠王) : 고조선의 마지막 왕(?~B.C. 108). 위만의 손자로, 기원전 109년 한(漢)나라가 수륙군을 이끌고 침입해 오자 화친을 주장하는 대신들의 권유를 뿌리치고 싸웠으나, 이듬해 주화파(主和派)에게 살해되었다.

유경
柳京

『아희원람(兒戱原覽)』에서 말하였다.

기자(箕子)가 동쪽으로 올 때 따라온 자가 오천 명이였는데, 시(詩)·서(書)·예(禮)·악(樂)을 익힌 학자와 의원·무당·음양가·점쟁이와 온갖 장인들이 모두 따라왔다. 그들은 우리나라의 풍속이 강건한 것을 두려워하여 버드나무를 심어서 성품을 부드럽게 하였다. 그래서 평양을 유경(柳京)이라고 칭한다.[48)]

백성들은 영명령(永明嶺)을 태산에 비교하고 대동강을 황하에 비교해 노래하여 기린다.

『택리지』에서 "기자가 동쪽으로 왔기 때문에 구이(九夷)에 비해 풍기(風氣)가 먼저 열렸다. 자연이 빼어나고 주몽(朱蒙)[49)]의 옛 유적도 많지만 그 말이 대부분 괴이하다"[50)]라고 하였다.

---

48) 箕子東來, **中國人隨**者五千, 詩書禮樂醫巫陰陽卜筮百工皆**從**, 患東俗强, 種柳柔其性, 故平壤稱柳京.(『兒戱原覽, 國俗』) → 箕子東來, **從**者五千, 詩書禮樂醫巫陰陽卜筮百工皆**隨**, 患東俗强, 種柳柔其性, 故平壤稱柳京.(『松南雜識』)

49) 주몽(朱蒙) : 동명성왕(東明聖王). 고구려의 시조(B.C. 58~B.C. 19). 성은 고(高), 이름은 주몽, 또는 추모(鄒牟). 해모수의 아들. 동부여의 금와왕의 아들 대소(帶素)의 모해(謀害)를 피하여 졸본에 나라를 세우고 국호를 고구려라 했다. 재위 기간은 기원전 37년에서 기원전 19년까지이다.

50) 以箕子故, 於九夷風氣先開 …… 且江山奇絶, 朱蒙**時**古跡甚多, **然語多**弔詭.(『擇里志, 八道總論, 平安道』) → 以箕子故, 於九夷風氣先開, 且江山奇絶, 朱蒙古蹟, **甚**多弔詭.(『松南雜識』)

신라의 도읍
新羅都

혁거세(赫居世)가 진한에 도읍하였는데 지금의 경주(慶州)로 당나라 사람들은 '계림군자국(鷄林君子國)'이라고 하였다. 월성(月城)과 금성(金城)이 있다.

고구려의 도읍
高句麗都

동명왕(東明王)은 졸본부여(卒本扶餘)에 살았으니 지금의 성천(成川)이다. 유리왕(琉璃王)[51]이 도읍을 국내성(國內城)으로 옮기니 지금의 의주(義州)다. 산상왕(山上王)[52]은 환도(丸都)로 옮기니 지금의 영변(寧邊)이다. 동천왕(東川王)[53]은 평양으로 옮기고 다시 동황성(東黃城)으로 옮겼다. 장수왕(長壽王)[54]은 평양으로 옮겼고, 평원왕(平原王)[55]은 장안성(長安城)으로 옮겼다.

---

51) 유리왕(瑠璃王 / 琉璃王) : 고구려 제2대 왕(?~A.D. 18). 이름은 유리(類利)·유류(儒留)·누리(累利). 왕 11년(B.C. 9)에 선비(鮮卑)를 쳐서 항복을 받았으며, 왕 22년(3)에 도읍을 국내성으로 옮기고, 왕 33년(14)에 양맥(梁貊)을 쳐서 멸망시키고 한나라의 고구려현을 빼앗았다. 작품으로 「황조가」가 전한다. 재위 기간은 B.C. 19~A.D. 18년이다.

52) 산상왕(山上王) : 고구려 제10대 왕(?~227). 이름은 연우(延優)·이이모(伊夷模). 13년(209)에 도읍을 환도성으로 옮겼다. 재위 기간은 197~227년.

53) 동천왕(東川王) : 고구려의 제11대 왕(?~248). 이름은 우위거(憂位居). 동황성(東黃城)으로 천도하고 신라와 화친했다. 재위 기간은 227~248년. ≒ 동양왕.

54) 장수왕(長壽王) : 고구려 제20대 왕(394~491). 이름은 거련(巨連)·거련(巨璉). 광개토대왕의 맏아들로, 427년에 도읍을 국내성(國內城)에서 평양으로 옮기고 남하 정책을 펼쳐, 고구려의 판도를 넓혔다. 부족 제도를 고치고 5부를 개설하는 등의 개혁을 이룩하여 고구려의 전성기를 이루었다. 재위 기간은 413~490년.

55) 평원왕(平原王) : 고구려의 제25대 왕(?~590). 이름은 양성(陽城) 또는 탕(湯). 일명 평강왕(平岡王)·평국왕(平國王). 온달의 장인이며, 진나라·수나라·북제(北齊) 등과 수교하고, 장안성 곧 지금의 평양으로 도읍을 옮기었다. 재위 기간은 559~590년. ≒ 평강상호왕.

『고려사(高麗史)』에 "신라와 고구려가 통합된 것을 닭을 잡고 오리를 쳤다"라고 하였다.

환도
丸都

『택리지』에서 말하였다.

영변부(寧邊府)는 산을 따라 성을 쌓았는데 몹시 가파르고 험하여 철옹(鐵甕)이라고 부르며 평안도 전체가 이것만으로도 보호받을 수 있다. 부(府)의 북쪽에 검산령(劍山嶺)이 있으니 바로 환도성(丸都城)으로 성터가 아직 남아있다.[56]

옛날의 행인국(荇人國)이다.

백제의 도읍
百濟都

온조왕(溫祚王)[57]은 하남(河南) 위례성(慰禮城)에 도읍 하니 지금의 직산(稷山)[58]이고, 한강 남쪽(南漢)으로 옮겼으니 지금의 광주(廣州)이다. 근초

---

56) **安州東北爲**寧邊府, 因山爲城, 峻絶險固, 號爲鐵**瓮**, 平安一道, 惟此可以保障, 府北爲劒山嶺, 卽**高句麗**丸都城, 遺址尙在.(『擇里志, 八道總論, 平安道』)→寧邊府, 因山爲城, 峻絶險固, 號爲鐵**甕**, 平安一道, 惟此可以保障, 府北爲劒山嶺, 卽丸都城, 遺址尙在.(『松南雜識』)

57) 온조왕(溫祚王) : 백제의 시조(?~28). 위례성에 도읍을 정하고 나라를 세웠다. B.C. 11년에 말갈(靺鞨)의 침입을 받았으며, B.C. 5년에 서울을 남한산으로 옮기고, 9년에는 마한을 병합하여 국토를 확장했다. 재위 기간은 B.C. 18~A.D. 28년.

58) 직산(稷山) : 지금의 충청남도 천안군 직산면이다.

고왕(近肖古王)[59]은 남평양성(南平壤城)에 도읍을 정하니 지금의 한강 북쪽(北漢)이다. 문주왕(文周王)[60]은 웅진(熊津)으로 옮기니 지금의 공주(公州)다.

이덕무(李德懋)[61]의 시에,

문주왕(文周王)이 개국한지 이천 년	文周開國二千年
공자산(公字山)이 푸른데 두견새 우네	公字山青哭杜鵑

라고 하였다.

성왕(聖王)[62]은 사비(泗沘)[63]에 도읍을 정하고 남부여(南扶餘)라고 하였으니 지금의 부여(扶餘)이다.

---

59) 근초고왕(近肖古王) : 백제 제13대 왕(?~375). 369년에 마한과 대방을 병합하였고, 371년에는 고구려의 평양성을 점령하여 고국원왕을 전사하게 했다. 이를 통하여 백제는 강력한 고대 국가의 기반을 마련했다. 아직기(阿直崎)와 왕인(王仁)을 일본에 파견하였으며, 박사 고흥(高興)에게 『서기(書記)』를 편찬하게 했다. 재위 기간은 346~375년.

60) 문주왕(文周王 / 文洲王) : 백제 제22대 왕(?~477). 부왕(父王)인 개로왕이 고구려군에게 전사하자, 곧 즉위하여 서울을 웅진으로 옮기고 국방에 힘썼으나 국력을 떨치지는 못했다. 그 후 병관좌평 해구(解仇)에게 실권을 빼앗기고 시해 당했다. 재위 기간은 475~477년.

61) 이덕무(李德懋) : 조선 후기의 학자(1741~1793). 자는 무관(懋官), 호는 형암(炯庵)·아정(雅亭)·청장관(青莊館). 박학다식하였으며 개성이 뚜렷한 문장으로 이름을 떨쳤으나, 서출(庶出)이라 크게 등용되지 못했다. 청나라에 건너가 학문을 닦고 돌아와 북학 발전의 기초를 마련했다. 박제가·이서구·유득공과 함께 사가(四家)라 이른다. 저서에 『청장관전서』가 있다.

62) 성왕(聖王) : 백제의 제26대 왕(?~554). 이름은 명농(明穠). 538년 사비성(泗沘城)으로 천도하고 국호를 남부여(南扶餘)라고 했다. 진흥왕에게 한강 유역을 빼앗기자, 554년 신라를 공격하였으나 관산성(管山城) 싸움에서 전사했다. 재위 기간은 523~554년이다. ≒ 성명왕.

63) 『松南雜識』에는 '沘'가 '泚'로 오기되어 있음.

오경
五京

『당서(唐書)』에서 말하였다.

발해의 대씨(大氏)[64]가 숙신(肅愼)[65] 땅을 상경(上京)으로 삼고, 그 남쪽을 중경(中京)으로 삼고, 예맥(濊貊) 땅을 동경(東京)으로 삼고, 옥저(沃沮) 땅을 남경(南京)으로 삼고, 고구려(高句麗) 땅을 서경(西京)으로 삼았다. 또 청주(淸州)를 서원(西原), 철원(鐵原)을 북원(北原), 충주(忠州)를 중원(中原), 대방(帶方)을 남원(南原), 원주(原州)를 동원(東原)이라 하니, 이것이 동방(東方)의 오경(五京)이다.

만월대
滿月臺

『고려사』에서 말하였다.

왕융(王隆)이 송악(松岳)[66]의 남쪽에 집을 지었는데 중 도선(道詵)[67]이 문 아래에 와서 쉬면서 말하였다.

---

64) 대씨(大氏) : 대조영(大祚榮). 발해의 시조(?~719). 고구려의 유민으로, 699년에 진(震)을 세워 왕이 되고, 713년에 고구려의 옛 영토를 회복하여 국호를 발해라 고쳤다. 재위 기간은 699~719년.

65) 숙신(肅愼) : 고대 중국의 북동방면에 거주한 이민족(異民族). 고조선 시대에 만주 북동방면에서 수렵생활을 했다. 『국어』의 숙신공시(肅愼貢矢)는 전설로도 유명하다.

66) 송악(松嶽) : 개성(開城)의 옛 이름.

67) 도선(道詵) : 통일 신라 말기의 중. 풍수지리설의 대가(827~898). 속성은 김(金). 혜철 대사에게 무설설(無說說)·무법법(無法法)을 배워 크게 깨달았으며, 참선 삼매의 불도를 닦았다. 그의 음양지리설과 풍수상지법(風水相地法)은 고려와 조선 시대에도 큰 영향을 주었다. 저서에 『도선비기』가 있다.

"이곳에서 마땅히 성인이 태어날 것입니다."

왕융(王隆)이 나가서 맞이하자 도선(道詵)이 밀봉한 편지 한 통을 주며 말하였다.

"공은 내년에 귀한 아들을 얻을 것입니다. 그 아이가 자라거든 이 편지를 주십시오."

이듬해 과연 태조(太祖)가 출생하였는데 신비한 빛이 방을 에워쌌다. 열일곱 살이 되자 도선이 다시 와서 뵙기를 청하였으니 군사를 출동시키고 진(陣)을 벌이는 방법과 하늘의 때와 지형의 이로움에 관한 이치를 일러주었다.

『택리지』에서 말하였다.

만월대(滿月臺)는 『송사(宋史)』에 이른바 "큰 산에 의지하여 궁전을 세울 만한 곳"이다. 김관의(金寬毅)[68]는 "금돼지가 누운 곳[金豚臥處]"이라고 하였고, 도선은 "검은 기장을 심을 곳[種穄地]"이라고 하였다.[69] 또 수모목간(水母木幹)[70]이고 산세가 지극히 길고 멀며 크게 끊어져서 송악이 되니 풍수가들이 이른바 "하늘에 모여드는 토성[湊天土星]"[71]이다. 동월(董越)[72]은 풍기(風氣)가 평양보다 더욱 굳세고 견고하다라고 하였다. 대흥동(大興洞) · 자하동(紫霞洞)[73] · 차일암(遮日巖) ·

---

68) 김관의(金寬毅) : 고려 때 학자. 의종(毅宗) 때 『편년통록(編年通錄)』을 지었다.

69) 滿月臺, 宋史所謂依大山立宮殿者, **卽此地也**. 金寬毅**通編**, **以此爲**金豚臥處, 道詵**所**謂鍾穄**之田也**.(『擇里志, 八道總論, 京畿』) → 滿月臺, 宋史所謂依大山立宮殿者**也**. 金寬毅**謂**金豚臥處, 道詵謂鍾穄**地**.(『松南雜識』)

70) 수모목간(水母木幹) : '모봉(母峰)은 수성(水星)이고 줄기는 목성(木星)'이라는 뜻으로 산의 형세를 나타낸 말이다.

71) 주천토성(湊天土星) : 풍수지리의 오행 중 토체(土體)에 해당한다.

72) 동월(董越) : 명나라 영도(寧都) 출신. 자는 상구(尙矩). 성화(成化) 연간에 진사(進士)에 합격하여 편수관(編修官)에 제수되었다. 명의 효종(孝宗)이 즉위한 뒤, 우리나라에 사신을 왔다. 저서로 『규봉문집(圭峯文集)』 · 『사동일록(使東日錄)』 등이 있다.

73) 자하동(紫霞洞) : 개성 송악산(松岳山) 밑에 있는 곳으로 경치가 뛰어남.

화담(花潭) 등의 빼어난 경관은 형상하기 어렵다고 한다.

장대 · 필산
粧臺筆山

용수산(龍首山) · 진봉산(進鳳山), 두 산은 개성의 안산(案山)[74]이다. 풍수가들은 진봉산이 옥녀(玉女)의 화장대 모양이라고 한다. 그래서 고려의 왕들이 대대로 중국의 공주에게 장가를 들게 되었다. 동남쪽에 필산(筆山)이 있다. 그래서 고려 사람들이 중국의 과거에서 장원을 차지한 일이 많다고 한다. 세상사람들이 '진봉산 철쭉꽃'이라고 한다.

그래서 이덕무가 시에서,

진봉산의 붉은 철쭉	進鳳山中紅躑躅
아직도 절로 겹겹이 피네	至今猶自發層層

라고 하였다.

부소왕기
扶蘇王氣

지봉 이수광이 말하였다.

송악의 처음 이름은 부소(扶蘇)였다. 윤소종(尹紹宗)[75]의 시에 "푸르

74) 안산(案山) : 집터나 묏자리의 맞은 편에 있는 산.
75) 윤소종(尹紹宗) : 고려 및 조선의 문신(1345~1393). 자는 헌숙(憲叔), 호는 동정(桐亭), 본관은 무송(茂松). 저서로 『동정집(桐亭集)』이 있다.

디 푸른 만고의 부소산이여![青青萬古扶蘇山]"라고 하였다. 허침(許琛)[76]의 시에 "부소의 왕기가 쇠퇴하려 한다[扶蘇王氣欲沈淪]"라고 하였다.[77]

또 곡령(鵠嶺)에 소나무를 심었던 까닭에 송악(松岳)이라고 한다. 고운(孤雲) 최치원(崔致遠)이 "곡령의 푸른 소나무 또 신령스럽고도 높구나[鵠嶺青松又神崇]"라고 하였다. 그런 까닭에 충혜왕(忠惠王)[78] 때 송악이 울자 내시가 아첨하여 대답하기를, "시에 '숭악이 세 번 울자 푸른빛이 궁전을 에워싸네[嵩嶽三呼繞殿青]'라고 한 것이 있습니다"라고 말하였다.

용암산
湧巖山

오관산(五冠山) 낙산사(洛山寺)가 있다. 성화(成化)[79] 을유년(1465) 밤에 벼락이 치는 듯한 소리가 나서 중들이 떨며 두려워하였다. 이튿날 보니 절 뒤쪽의 돌언덕이 저절로 쪼개져 동문 밖에 옮겨가 서있었는데, 우뚝한 모양이 마치 두 산봉우리가 마주 서있는 듯하였다.

---

76) 허침(許琛) : 조선의 문신(1444~1505). 자는 헌지(獻之), 호는 이헌(頤軒). 본관은 양천(陽川), 시호는 문정(文貞).

77) 『芝峯類說, 卷二, 地理部, 山』.

78) 충혜왕(忠惠王) : 고려 제28대 왕(1315~1344). 이름은 정(禎). 원나라에서 귀국하여 왕위에 올랐으나 폐위되었다가 부왕의 죽음으로 복위했다. 황음(荒淫)이 심하고 정사를 제대로 돌보지 못하여 원나라로 귀양 가다가 병으로 죽었다. 재위 기간은 1330~1332, 1339~1344년.

79) 성화(成化) : 명 헌종(憲宗)의 연호(1465~1487).

예성강

禮成江

고려의 서강(西江)이다. 송나라로 사신 갈 때 여기서 배가 떠났기 때문에 그렇게 이름하였다. 무관 이덕무의 시에 "예성강가에서 고기 잡아 돌아오네[禮成江上打魚廻]"라는 구절이 있다.

벽란도

碧瀾渡

『택리지』에서 말하였다.

> 벽제령(碧蹄嶺[80])에서 서쪽으로 사십 리 되는 곳이 임진도(臨津渡)인데, 바로 한양의 북강(北江) 하류이다. 강 남쪽 언덕 위의 산기슭이 마치 천연의 성벽 같은 모습이니 서쪽 길목을 막는 요충지이다. 참으로 수비에 적당한 땅으로, 성을 쌓지 않을 수 없는 곳이다.[81]

『송사(宋史)』에 "급수문(急水門)에서 다시 3일 만에 강안(江岸)에 닿으니, 이곳에 벽란정(碧瀾亭[82])이라는 객관(客館)이 있다. 여기에서 육지에 올라 험한 길 사십여 리를 가야 그 나라의 수도이다"라고 한 기록이 이

80) 벽제령(碧蹄嶺) : 경기도 고양시 벽제현에 있는 고개.

81) 自碧蹄嶺, 西行四十**餘**里爲臨津渡, 卽漢陽北江下流, 而江**岸南**麓, 如天作城形, 且當西路要**扼**, **臨江絶險**, 眞可守之地, **而**不得不置城處也.(『擇里志, 八道總論, 京畿』) → 自碧蹄嶺, 西行四十里爲臨津渡, 卽漢陽北江下流, 而江**南岸上山**麓, 如天作城形, 且當西路要**阨**, 眞可守之地, 不得不置城處也.(『松南雜識』)

82) 벽란정(碧瀾亭) : 벽란도(碧瀾渡)에 있는 정자. 벽란도는 예성강 하류의 해상 요충지이다. 개경에서 30리 떨어진 황해안에 위치하였고 물살이 빨라 위험했으나 수심이 깊었기 때문에 선박의 운행이 자유로워 국제항으로 성장했다. 원래 예성항으로 불렸으나 벽란정을 따라 벽란도라고 이름했다.

것이다. 지금 식파정(息波亭)은 송경(松京)[83] 서쪽에 있다.

전포
錢浦

『택리지』에서 말하였다.

당 선종(宣宗)이 젊었을 때 십육원(十六院)을 떠나 장삿배를 따라 개성 서강 가에 도착했는데, 포구의 진창을 보고 배에 싣고 있던 돈을 땅에 깔고 육지에 올랐던 까닭에 '전포(錢浦)'라고 부른다.[84]

이 말은 『전당지(錢塘志)』의 다음 내용과는 다르다.

화신(華信)이 방파제를 쌓을 때 "흙과 돌 열 말을 가져오면 돈 한 말을 준다"라고 모집하니 사람이 구름처럼 모여 들었다. 그러자 속여서 "더 이상 흙을 받지 않는다"라고 하니 모두 흙을 버리고 돌아갔는데, 그 흙이 쌓여 둑이 되었다.

---

83) 송경(松京) : 고려 시대 왕도였던 경기도 개성의 다른 이름. 송악군(松岳郡) · 개경(開京) · 부소갑(扶蘇岬) · 동비홀(冬比忽) · 촉막군(蜀莫郡)이라고도 한다.

84) 唐宣宗少時, 離十六院, **久勞於外**, 隨商船**渡海**, 至開城**後**西江**北**, 見浦岸泥濘, 以舟中所載錢, 鋪地**上**登陸, 故**至今號**曰錢浦.(『擇里志, 八道總論, 京畿』) → 唐宣宗少時, 離十六院, 隨商船至開城**西江**, 見浦岸泥濘, 以舟中所載錢, 鋪地登陸, 故曰錢浦.(『松南雜識』)

세 줄기 물이 도성을 이루다
三水成都

『택리지』에서 말하였다.

속리산(俗離山)은 청주(淸州) 동쪽 백 리에 있다. 산 위의 물이 동으로 흐르는 것은 낙동강(洛東江)에 들어가고, 서로 흐르는 것은 금강(錦江)에 들어가고, 북으로 흐르는 것은 한강에 들어간다.[85)]

또 세상에 전하는 말에 "청주의 상당산(上黨山)은 천하의 높은 곳이고 충주(忠州)의 신당(新塘)은 조선의 중심이다"라고 한다.

한양
漢陽

헌종(憲宗)[86)]이 한양(漢陽)의 뜻을 물으니, 윤정현(尹定鉉)[87)]이 대답하였다. "전한(前漢)의 무제(武帝)가 한사군(漢四郡)의 경계를 만들 때 대수(帶水)에서 그치니 대수가 지금의 한강입니다. 양(陽)이라는 의미도 일리가 있지만, 강이 앞에 있으므로 마땅히 음(陰)이라 해야 하건만 양이라 한 이유는 10월이 양이 되는 것[88)]과 같습니다. 신라 때부터 북독(北瀆)이라 하

---

85) 俗離山, 在淸州東百里, 山上之水, 東注者入**慶尙**洛東江, 西注者入錦江, 北注者**爲忠州達川**入漢江.(『擇里志, 八道總論, 忠淸道』) → 俗離山, 在淸州東百里, 山上之水, 東注者入洛東江, 西注者入錦江, 北注者入漢江.(『松南雜識』)

86) 헌종(憲宗) : 조선 제24대 왕(1827~1849). 이름은 환(奐), 자는 문응(文應), 호는 원헌(元軒). 8세에 즉위하여 순조비인 순원 왕후가 수렴청정하였으며, 1841년에 비로소 친정하게 되었으나 삼정의 문란과 정치의 혼란으로 민생고는 가중되었다. 재위 기간은 1834~1849년.

87) 윤정현(尹定鉉) : 조선 후기의 문신(1793~1874). 자는 정수(鼎叟), 호는 침계(梣溪), 시호는 효문(孝文), 본관은 남원(南原). 문집으로 『침계집(梣溪集)』이 있다.

였고 고려 때에는 사평도(沙平渡)라 불렀습니다. 살펴보건대 주(周)나라의 낙양(洛陽)도 망산(邙山)을 등지고 낙수(洛水)를 앞에 두고 있습니다."

오덕구
五德丘

『고려사』에서 말하였다.

숙종(肅宗)[89] 때 김위제(金謂磾[90])가 상소에서 『도선비기(道詵秘記)』[91]를 인용하여 말하였다.

"'11월에서 2월까지 중경(中京)에 머물고, 3월에서 6월까지 남경(南京)에 머물고 7월에서 10월까지 서경(西京)에 머물면 서른 여섯 나라가 와서 조회하리라'라고 하였으니, 임금께옵서는 양주(楊州)로 납시어 도읍 자리를 살펴보옵소서. 또 「도선답산가(道詵踏山歌)」에,

송성(松城)이 쇠락한 뒤 어디를 향할까	松城落後向何處
삼동(三冬)에 해가 뜨는 평양이 있도다	三冬日出有平壤

라고 하였습니다. 삼동에는 해가 동남에서 뜨고 목멱(木覓)은 송경의 동남에 있으며, 한양은 옛날에 남평양(南平壤)이라 하였습니다."

---

88) 10월은 음(陰)의 달인 동시에 양(陽)이 생동하는 시초가 된다.

89) 숙종(肅宗) : 고려 제15대 왕(1054~1105). 이름은 옹(顒), 초명은 희(熙), 자는 천상(天常). 해동통보를 주조하여 화폐 제도를 시작했다. 재위 기간은 1095~1105년.

90) 김위제(金謂磾) : 고려 중기의 술가(術家). 1097년(숙종 2)에 『도선기(道詵記)』·『삼각산명당기(三角山明堂記)』 등 도선의 도참설(圖讖說)을 들어 남경(南京 : 漢陽)에 도읍을 옮기도록 주청함으로써 숙종 4년(1099) 왕으로 하여금 친히 남경의 지세(地勢)를 답사하게 했다. 1101년 최사추(崔思諏), 윤관(尹瓘)에게 명하여 남경개창도감(南京開創都監)을 두고 공사를 시작, 숙종 9년(1104) 궁궐이 낙성되었다.

91) 도선비기(道詵秘記) : 신라 말기의 승려 도선(道詵)이 지었다고 전하는 예언서(豫言書).

또 「신지비사(神誌秘詞)」[92]를 인용하여 말하였다.

저울대, 저울추, 저울그릇과 같으니	如秤錘極器
저울 손잡이가 부소의 들보로다	秤幹扶疎梁
저울추는 오덕의 땅이고	錘者五德地
저울그릇은 백아강이다	極器白牙岡

이는 저울로 세 곳의 서울을 비유한 말이니 송악은 중앙이 되고 목멱은 남이 되고 평양은 서가 됩니다. 저울그릇[極器]은 머리이고 저울추[錘]는 꼬리이고 저울 손잡이[秤幹]는 요점이 되는 곳입니다. 송악은 부소로 저울 손잡이에 비유되고 서경은 백아강(百牙岡)으로 저울머리(秤首 : 極器)에 비유되고 삼각(三角) 남쪽은 오덕구(五德丘)로 저울추에 비유됩니다. 오덕(五德)은 가운데 면악(面岳)이 있으니 둥근 모양이고 토덕(土德)이며, 북쪽에 감악(紺岳)이 있으니 굽은 모양이고 수덕(水德)이며, 남쪽에 관악(冠岳)이 있으니 뾰족하고 화덕(火德)이며, 동쪽에 양주(楊州) 남행산(南行山)이 있으니 곧은 모양이고 목덕(木德)이며, 서쪽에 수주(樹州) 북악(北岳)이 있으니 모난 모양이고 금덕(金德)입니다."

『택리지』에서 "도봉(道峯)과 삼각(三角)은 매우 맑고 빼어나 온갖 불이 하늘에 조회하는 듯한데, 달리 특이한 기운이 있어 그림으로도 표현하기 어렵다"라고 하였다.

92) 신지비사(神誌秘詞) : 신라 말에서 고려와 조선에 이르기까지의 모든 예언서의 원본이 되는 경전. 한국·배달국·고조선에 이르는 역사를 설명했다. 총 180글자로 이루어져 있는데, 이는 다시 삼신장(三神章) 80자와 삼한장(三韓章) 100자로 구분된다.

목멱산
木覓山

지금 한양의 남산(南山)이다. 일명 인경산(引慶山), 또는 부래산(浮來山), 자각봉(紫閣峯)이다. 도선(道詵)이 '옥녀(玉女)가 치마를 든 형상'이라고 하였다. 당나라 수찬(修撰) 고역(皐易)이 나무를 찾았던 까닭에 '목멱(木覓)'이라 이름하였다. 또 잠두봉(蠶頭峯)인 까닭에 강가에 뽕나무를 심고 잠실(蠶室)을 만들었다고 한다. 또 용두봉(龍頭峯)이라고도 한다.

『대명일통지(大明一統誌)』[93]에서 용산(龍山)은 양화도(楊花渡)에 있으며 외따로 솟았는데 그다지 높지는 않지만 강 가운데 들어가 뚝 끊어지고 사방이 광활하여 막힘이 없다. 최고의 절경인 까닭에 유명하다.

설성
雪城

『택리지』에서 말하였다.

한양에 외성(外城)을 쌓으려 했으나 범위를 정하지 못하였다. 어느 날 밤 큰 눈이 내렸는데 바깥에는 쌓이고 안에는 녹았다. 태조가 이상히 여기고 눈을 따라 성을 쌓은 까닭에 설성(雪城)이라 하니, 말이 달린 곳에 성을 쌓고 마읍(馬邑)이라 한 것과 같다.[94] 비록 산의 형세

93) 대명일통지(大明一統誌): 명나라의 지지(地誌). 90권. 이현(李賢) 등이 임금의 명을 받들어 편찬하여 1461년(天順 5)에 완성했다. 『대원일통지(大元一統志)』를 본떠서 명나라의 중국 전역과 조공국(朝貢國)의 지리를 기술한 총지(總志)이며, 각종 지도를 게재한 다음, 풍속·산천 등 20항목으로 나누어 설명하고 있다.

94) 진(秦)나라 때 무주(武周) 요새 안에 성을 쌓아 북방민족을 막으려고 했다. 성이 완성될 무렵에 무너진 것이 여러 차례였다. 그런데 어떤 말이 달리다가 돌기를 반복하니 노인이 그것을 이상하게 생각하고 말의 자취를 따라 성을 쌓으니 무너지지 않았다. 지금 그 성이 삭주(朔州)에 있다.

에 따라 성을 쌓았으나 동쪽과 서남쪽은 트이고 낮은데도 성을 세우고 해자(垓字)를 파지 못하였기에 임진왜란과 병자호란에 모두 방어할 수 없었다.[95)]

숙종(肅宗) 을유년(1705)에 도성(都城)을 개축(改築)하려는 논의가 있었다. 어떤 이가 "동쪽이 너무 낮으니, 만약 강을 막아 물줄기를 성으로 돌리면 모두 빠져 죽을 것입니다"라고 말하자 마침내 논의가 중지되었다.

선암
禪巖

세상에 다음과 같은 말이 전한다.

한성(漢城)을 쌓을 때 어떤 바위가 마치 중이 장삼을 입고 인왕산(仁王山) 모퉁이에 서있는 듯 하니 선암(禪巖)이라 한다. 무학(無學)[96)]은 이 바위를 성 안으로 들이려고 하였지만 정도전(鄭道傳)[97)]이 성 밖으로 내려

---

95) 欲築外城, 未定周圍遠近, 一夜天下大雪, 外積內消, 太祖異之, **命**從雪立城**址**, **卽今城形也**. 雖因山爲城, 震坤**低虛**, 且不設雉**不**浚濠, 壬**辰**丙**子**二亂, 皆不能守.(『擇里志, 八道總論, 京畿』) → **漢陽**欲築外城, 未定周圍遠近, 一夜天下大雪, 外積內消, **我**太祖異之, 從雪立城, **故曰雪城**, **猶馬邑之馬走處築城也**, 雖因山爲城, 震坤**虛低**, 且不設雉浚濠, 壬丙二亂皆不能守.(『松南雜識』)

96) 무학(無學) : 고려 말기에서 조선 초기의 중(1327~1405). 속성은 박(朴), 이름은 자초(自超). 이성계의 스승으로, 법천사 영암사에 수년 간 머물다가 양주(楊州) 회암사(檜巖寺)에서 계속 지냈다. 새 수도의 지상(地相)을 보러 계룡산, 한양 등지를 돌아다녔다. 저서에 『인공음(印空吟)』이 있다.

97) 정도전(鄭道傳) : 고려 말기에서 조선 전기의 문인・학자(1337~1398). 자는 종지(宗之), 호는 삼봉(三峯). 이색의 문인으로, 조선 개국 일등 공신이 되었으며 성리학을 지도 이념으로 내세워 불교를 배척했다. 전략・외교・법제・행정에 밝았으며 시와 문장에 뛰어나 『고려사』 37권을 개수하고, 「납씨가」・「신도가」 등의 악장을 지었다. 저서에 『조선경국전(朝鮮徑國典)』・『경제육전(經濟六典)』과 문집 『삼봉집(三峰集)』 등이 있다.

하였다. 태종이 까닭을 물으니 정도전이 말하였다.

"들이면 불교가 성행할 것이고, 내면 유학(儒學)이 일어날 것입니다."

왕이 정도전의 건의를 따르도록 명하자, 무학이 탄식하였다.

"이제부터 중은 유학자(儒學者)의 옷보따리를 짊어지고 다니겠구나."

부아암
負兒巖

지봉 이수광이 말하였다.

세상에서 말하기를 "부아암(負兒巖)은 달아나는 형상이 있는 까닭에 그 산을 모악(毋岳)이라 이름 붙였다. 남쪽을 벌아령(伐兒嶺)이라 하니, 대개 막아서 가지 못하게 하려는 것이다. 서쪽을 병시현(餠市峴)이라 하니, 대개 떡으로 꼬여서 머무르게 한다"라고 하니, 이름을 붙인 사람은 깊은 생각이 있는 듯하다.[98]

송악(松岳)의 석등(石燈)은 진등(晉燈)이 장구히 밝혀 평진(平陳)이 꺼트리지 못하리라. 석견(石犬)은 또한 기와로 만든 개이니 밤새 도적을 지키겠구나!

98) 俗謂**漢都**負兒巖, 有出**去**之狀, 故山以**毋**岳名, **而**南曰伐兒嶺, 蓋欲**其**遮截**而使**不得去**也**. 西曰餠市峴, 蓋以餠餌誘而留之也, 命名者有深意焉.(『芝峯類說, 諸國部, 國都』)
→俗謂負兒巖, 有出**走**之狀, 故山以**毋**岳名, 南曰伐兒嶺, 蓋欲遮截不得去. 西曰餠市峴, 蓋以餠餌誘而留之也, 命名者有深意焉.(『松南雜識』)

종리촌
種李村

지봉 이수광이 말하였다.

지금의 경복궁(景福宮)은 바로 종리촌(種李村)이다. 고려 때 도선의 도참사상(圖讖思想)으로 지맥을 눌렀다. 동촌(東村)은 양류동(楊柳洞)이라고 한다. 묵사동(墨寺洞)은 묵사(墨寺)가 있는 곳이다. 송송정(宋松亭[99])은 곧 송씨(宋氏) 성을 가진 사람의 송정(松亭)이 있던 곳이다.[100]

살펴보건대, 정릉동(貞陵洞)은 신덕왕비(神德王妃)의 능이 있기 때문에 그렇게 이름을 붙였다. 나대장동(羅大將洞)은 나홍좌(羅弘佐[101])가 살던 곳이다. 상정승동(尙政丞洞)은 상진(尙震[102])이 살던 곳이다. 맹감사동(孟監司洞)은 맹만택(孟萬澤[103])이 살던 곳이다. 황참의교(黃參議橋)와 종침교(琮琛橋)는 허종(許琮) 형제가 살던 곳이다. 쌍효자가(雙孝子街)는 나의 종선조(從先祖) 조희정(趙希正)·조희철(趙希哲)을 정려(旌閭)한 곳이다. 어서각동(御書閣洞)은 최규서(崔奎瑞[104])가 무신년(1728)에 변란을 알린 일로

---

99) 『松南雜識』에는 '宋亭'으로 되어 있다.

100) **前朝時**, 用道詵圖讖**種李於漢陽**以厭之, **故曰種李村**, **今鄕校洞**, **卽古漢陽鄕校之所**, **於義洞**, **舊稱漢陽**東村, **或**謂楊柳**村**, **閭閻最盛云**. 墨寺洞, **古**墨寺所在, 宋**松**亭, 乃宋姓人**所居**, **有**松亭**故云**.(『芝峯類說, 諸國部, 國都』) → **今景福宮**, **卽種李村**, **麗**用道詵圖讖以厭之**云**. 東村謂楊柳**洞**, 墨寺洞, 墨寺所在, 宋亭, 乃宋姓人松亭**也**.(『松南雜識』)

101) 나홍좌(羅弘佐) : 조선의 문신(1649~1709). 본관은 안정(安定), 자는 제백(濟伯). 송준길(宋浚吉)의 문인.

102) 상진(尙震) : 조선 명종 때의 문신(1493~1564). 자는 기부(起夫), 호는 송현(松峴)·향일당(嚮日堂)·범허재(泛虛齋). 지춘추관사로 『중종실록』의 편찬에 참여하였으며, 영의정을 지냈다.

103) 맹만택(孟萬澤) : 조선의 문신(1660~1710). 본관은 신창(新昌), 자는 시중(施仲). 맹사성(孟思誠)의 후손. 송시열(宋時烈)의 문하에서 수학하고 현종의 딸 명선공주(明善公主)와 결혼했다.

104) 최규서(崔奎瑞) : 조선의 문신(1650~1735). 본관은 해주(海州), 자는 문숙(文叔), 호는

영조가 "한 올의 실로 종묘를 부지하였다[一絲扶九鼎]"라고 친히 써서 정려한 곳이다. 후조당동(後凋堂洞)은 이용제(李容濟[105])가 살던 곳이다.

장의동
壯義洞

신라의 역사에서 말하였다.

태종 무열왕(武烈王)이 백제를 정벌하고자 당나라에 병력을 요청했으나 대답이 없기에 왕이 걱정하던 차에 갑자기 장춘랑(長春郎)과 파랑(罷郎)이 나타나 말하였다.

"황제가 이미 소정방(蘇定方)[106] 등에게 군사 인솔을 명하였으니, 내년 5월에 도착할 것입니다."

한산주(漢山州)에 장의사(壯義寺)를 창건하여 명복을 빌었는데, 장춘랑과 파랑은 바로 신라의 장수로 백제와 싸우다 전사한 사람이다. 다음 해에 과연 백제를 멸망시켰다.[107]

지금의 한성 장의동(壯義洞)은 바로 그 절의 옛 터라고 한다.

간재(艮齋)·소릉(少陵)·파릉(巴陵), 시호는 충정(忠貞). 경기 광주(廣州) 출생. 영조 4년(1728)에 이인좌(李麟佐) 등이 밀풍군(密豊君) 탄(坦)을 추대, 반란을 일으켰다는 정보를 입수, 서울에 알림으로써 난을 토평케 했다. 영조의 묘정(廟庭)에 배향되었다.

105) 이용제(李容濟): 조선 중기의 무신. 임진왜란 당시의 무장으로 남원성에서 전사했다.

106) 소정방(蘇定方): 당나라의 장군(595~667). 이름은 열(烈), 자는 정방(定方). 현경(顯慶) 5년(660)에 나당(羅唐) 연합군의 대총관으로서 13만의 당군을 거느리고 백제의 사비성을 함락시키고, 의자왕과 태자 융(隆)을 사로잡았다. 661년에는 평양성을 포위하였으나 실패했다.

107) 『三國遺事, 紀異』.

보은단동
報恩緞洞

연암(燕巖) 박지원(朴趾源)이 말하였다.

역관(譯官) 홍순언(洪純彦)이 중국에 갔을 때 미색(美色)의 창녀를 찾다가 은 천냥으로 예쁜 여인을 사왔다. 그런데 여인은 오열하며 부끄러워 주저하는 것이 결코 창녀의 모습이 아니었다. 괴이하게 여기고 물어보자 여인이 말하였다.

"저는 본래 사천(泗川) 사람으로 부친은 주사(主事) 벼슬까지 했습니다만 부모가 모두 객지에서 사망한 까닭에 몸을 팔아서라도 시신을 옮겨와 장사지내려 합니다."

홍순언은 그녀를 불쌍히 여겨 즉시 천금을 주어 장례를 돕고 의남매를 맺은 후에 귀국하였다. 임진왜란 때 홍순언이 다시 걸령사(乞靈使)를 따라 중국에 가니 석성(石星)이 병권을 쥐고 있었는데 홍순언이 구해주었던 여인이 석성의 아내가 되어 있었다. 그래서 석성이 그를 조선의 의로운 사람이라 여겨 힘써 난리를 구원하자고 주장하였고, 홍순언은 당성군(唐城君)에 봉해졌다. 여인도 비단을 짜서 '보은(報恩)'이라는 두 글자를 수놓아 주며 전송하였다.108)

---

108) 有言唐城君洪純彦, 明萬曆時名譯也. 入皇城, 嘗遊娼館, 女隨色第, 價有千金者, 洪以千金求薦枕, 女方二八, 有殊色, 對君泣曰, 奴所以索高價者, 誠謂天下皆慳男, 無肯捐千金者, 祈以免斯須之辱, 一日再日, 本欲以愚館主, 一以望天下有義氣人, 贖奴作箕帚妾, 奴入娼館五日, 無敢以千金來者, 今日幸逢天下義氣人, 然公外國人, 法不當將奴還, 此身一染, 不可復浣. 洪殊憐之, 問其所以入娼館者, 對曰, 奴南京戶部侍郎某女也, 家被籍追贓, 自賣身娼館, 以贖父死. 洪大驚曰, 吾實不識如此, 今當贖妹, 償價幾何. 女曰, 二千金, 洪立輸之, 與訣別, 女百拜稱恩父而去, 其後洪復絶不置意.嘗又入中國, 沿道數訪洪純彦來否, 洪怪之, 及近皇城, 路左盛設供帳, 迎謂洪曰, 本兵石老爺奉邀, 及至石第, 石尙書迎拜曰, 恩丈也, 公女待翁久. 遂握手入內室, 夫人盛粧拜堂下, 洪惶恐不知所爲, 尙書笑曰, 丈人久忘乃女耶, 洪始知夫人乃娼館所贖女也, 出娼館, 卽歸石星, 爲繼室, 比石貴, 夫人猶手自織錦, 皆刺報恩字, 及洪歸, 裝送報恩緞及他錦綺金銀, 不可勝數. 及壬辰倭寇, 石在本兵, 力主出兵者, 以石本義

지금 서울의 보은단동(報恩緞洞)이 바로 홍순언이 살던 곳인데, 와전되어 곤당동(袞堂洞)이 되었다. 또 서소문(西小門) 밖 조가동(曺家洞)은 회곡(晦谷) 조한영(曺漢英)[109]이 살던 곳인데, 지금은 와전되어 합동(蛤洞)이 되었다. 남문 안의 소공주동(小公主洞)은 영안위(永安尉) 홍주원(洪柱元)과 정명공주(貞明公主)[110]가 살던 곳이다. 북촌(北村)의 삼청동(三淸洞)은 세상에서 이르는 말에 산 맑고 물 맑고 인물이 맑아서 그런 이름이 붙었다고 한다. 이정암(李廷馣)[111] 삼 형제가 남문 밖에 살며 모두 한림(翰林)이 된 까닭에 그 동네를 삼한림동(三翰林洞)이라고 이름을 붙였다. 회동(會洞)의 칠송정(七松亭)은 나의 선조 참봉공(參奉公) 칠송거사(七松居士) 조정(趙珵)이 살던 곳이기에 그런 이름이 붙었다.

朝鮮人故也.(『燕巖集, 卷之十四, 別集, 熱河日記, 玉匣夜話』) → 舌官洪純彦, 入中原求美色養漢的以銀千兩, 買一好女來. 女悲咽羞澀, 絶非娼家態, 怪問之. 女曰, 本泗川人, 父官至主事, 父母俱沒客地. 故賣身返葬. 純彦憐之, 卽捐千金助葬, 結義妹而歸. 及壬亂, 純彦又隨乞靈使入則時石星主兵事, 此女爲星妻, 以故星謂朝鮮義人, 力主救亂, 至封唐城君之爵, 女又織緞繡報恩二字贐之.(『松南雜識』)

109) 조한영(曺漢英) : 조선의 문신(1608~1670). 자는 수이(守而), 호는 회곡(晦谷). 청나라가 명나라를 칠 때 원병과 함께 왕손을 볼모로 보낼 것을 요구하자 이를 반대하다 청나라에 끌려가 모진 고초를 겪고 풀려났다. 저서에 『회곡집(晦谷集)』이 있고 『해동가요(海東歌謠)』에 시조 두 수가 전한다.

110) 정명공주(貞明公主) : 조선 선조의 첫째 공주(1603~1685). 어머니는 인목대비(仁穆大妃). 광해군이 즉위하여 영창대군을 역모죄로 사사하고 인목대비를 서궁으로 폐출시킬 때 함께 감금되었다. 인조반정 후 공주로 복권되고 중추부동지사 홍원의 아들 홍주원에게 시집을 갔다.

111) 이정암(李廷馣) : 조선의 문신(1541~1600). 본관은 경주(慶州), 자는 중훈(仲薰), 호는 사류재(四留齋)·퇴우당(退憂堂)·월당(月塘). 1604년 연안 수비의 공으로 선무공신(宣武功臣) 2등으로 월천부원군(月川府院君)에 추봉되었다. 연안의 현충사(顯忠祠)에 제향되고 좌의정에 추증되었다. 저서에 『상례초(喪禮抄)』·『사류재집(四留齋集)』·『서정일록(西征日錄)』·『왜변초(倭變抄)』 등이 있다.

이타인
異他人

세상에 다음과 같은 말이 전한다.

임진왜란 때 항복한 왜인(倭人)을 남산 밖에 살게 하였는데 그대로 하나의 마을을 이룬 까닭에 '이타인(異他人)'이라고 한다.

또 중국에 고려촌(高麗村)·고려포(高麗浦)가 있고, 일본 무장주(武壯州)에 고려군(高麗郡)이 있고, 섭진주(攝津州)에 백제군(百濟郡)이 있다고 하니 대개 초(楚)나라에서 하주(夏州)를 설치한 의도와 같은 듯하다.

용산
龍山

『택리지』에서 말하였다.

한강의 본류가 옛날에는 남쪽 강안(江岸)으로부터 흘러가다가 한 줄기가 북쪽 강안에 흘러 들어와 십 리의 긴 호수가 되었다. 그 물이 서쪽으로 염창(鹽倉) 모래언덕에 막혀 스며들지 못하기에 연꽃이 그 가운데 자랐다. 고려 때 임금께서 납시어 유람하면서 연꽃을 감상하였다. 조선에 이르러서는 염창이 갑자기 물살에 부딪혀 곧장 용산(龍山)[112]에 도달하여 조운선(漕運船)이 정박하는 곳이 되었다. 그러므로 마포(麻浦)·토정(土亭)·농암(籠巖)·현석(玄石) 등의 강 마을은 고관대작이 누대(樓臺)를 지어 연회하던 곳이다.[113]

---

112) 『松南雜識』에는 '蓉山'으로 오기되어 있음.

113) 漢江本派, 舊從南岸下過, 而一派逗入北岸**下**, 爲十里長湖, 西阻鹽倉沙岸, **水**不滲

녹반현
綠礬峴

『택리지』에서 말하였다.

도성에서 서쪽으로 오 리 쯤 떨어진 곳이 사현(沙峴)이고 언덕을 넘으면 또 녹반현(綠礬峴)이 있다. 당나라 장수가 이곳을 "만 명의 사내로도 열 수 없겠구나"라고 하였다. 조령(鳥嶺)은 모두 관문을 세울 수 있지만 나라 안에 길을 끊고 관문을 지을 만한 곳이 없다. 그럼에도 불구하고 천연의 요새를 버리니 참으로 애석하다.[114]

왕십리
枉尋

한양에 도읍을 정할 때 무학(無學)이 백운대(白雲臺)[115]에서부터 맥(脈)을 찾아 만경대(萬景臺)[116]에 도착하였다. 서남쪽으로 가서 비봉(碑峯)에

泄, **而**蓮生其中, 高麗時, **每**御駕**至留**連賞蓮, 至本朝**定鼎**, 鹽倉**沙岸**忽爲潮**水**衝**擊破壞**, **潮水**直達**龍**山, **八道**漕運, **悉**泊**龍山矣**. **龍山西爲**麻浦土亭籠巖等江村, **并通西海之利**, **爲八道舟船之溱集**, **城中**公**侯貴戚并置亭**臺**於此**, **爲**遊**宴**之所.(『擇里志, 卜居總論, 生利』)→漢江本派, 舊從南岸下過, 而一派逗入北岸, 爲十里長湖, 西阻鹽倉沙岸不滲, 蓮生其中, 高麗時, 御駕**遊**連賞蓮, 至本朝, 鹽倉忽爲潮衝, 直達**蓉**山, **爲**漕運**所**泊, **故**麻浦土亭籠巖**玄石**等江村, **爲**公**卿樓**臺**宴**遊之所.(『松南雜識』)

114) **自**都城西去五里, 爲沙峴, 踰峴, 又有綠礬峴, 唐將過此**時**, 謂**一夫當關**萬夫莫開云…… **二峴**及嶺, 皆可設關**門**, 而一國無截路作關之處, **故**委棄天險, 良可惜也.(『擇里志, 八道總論, 京畿』)→都城西去五里**許**, 爲沙峴, 踰峴, 又有綠礬峴, 唐將過此, 謂萬夫莫開云. 及**鳥**嶺皆可設關, 而一國無截路作關之處, 委棄天險, 良可惜也.(『松南雜識』)

115) 백운대(白雲臺) : 높이 836m. 북쪽의 인수봉(仁壽峰), 남쪽의 만경대(萬景臺)와 함께 북한산 고봉 중의 하나이며, 화강암(花崗岩)의 험한 암벽을 노출하고 있다, 산마루는 1,000명 가량의 사람이 앉을 수 있는 암반(岩盤)으로 되어 있으며 기암절벽(奇岩絶壁)의 조망이 일품이다.

116) 만경대(萬景臺) : 만수봉(萬壽峰)이라고도 한다. 해발고도 800m이다. 북한산에 있는 고봉으로 북쪽의 인수봉과 백운대 · 만경대를 합쳐서 삼각산(三角山)이라고도 한다.

이르렀을 때 어떤 비석에 큰 글씨로 '무학왕심도차(無學枉尋到此 : 무학이 지맥을 잘못 찾아 여기까지 왔다)'라고 새겨진 여섯 글자를 보았는데, 바로 도선(道詵)이 세워놓은 것이다. 지금의 왕심리(枉尋里)가 이곳이다. 또 용인(龍仁)의 어정포(於停浦)는 세상에서 "도읍을 정할 때 이곳에서 어정거렸던 까닭에 이런 이름이 붙었다"라고 말한다.

남한 · 북한
南北漢

인조 병인년(1626)에 이서(李曙)[117]가 남한(南漢)에 성을 쌓아서 도성을 방어하는 곳으로 만들자고 건의 하니 바로 백제 왕(溫祚王)의 옛 도읍이다. 안은 평평하고 낮으며 밖은 가파르게 끊어지기에 병자호란 때 청나라가 함락시킬 수 없었다. 다만 군량이 부족하고 강화도(江華島) 때문에 지키지 못하였다. 봉암(蜂巖)이 우뚝 솟아 있는데 산 위에서 성 안의 동정을 내려다보고 살필 수 있으니, 마치 강화의 승천포(升天浦) · 갑곶(甲串)과 같다. 오랑캐 왕이 이 바위에 올라 대포를 쏘아 연무청(練武廳)의 기둥을 부수자 아군이 두려워 떨었기에, 지금 한봉(汗峯)이라고 부른다.

또 한북(漢北)은 역시 백제 근초고왕(近肖古王)의 옛 도읍이다. 숙종 신묘년(1711)에 이유(李濡)[118]가 성을 쌓았다. 화성(華城)은 정조 때 축조했는데, 노래당(老來堂)이 있다.

---

117) 이서(李曙) : 조선의 인물(1580~1637). 본관은 전주(全州), 자는 인숙(寅叔), 호는 월봉(月峰), 시호는 충정(忠正). 1626년 수어사(守禦使)가 되어 남한산성을 수축하였고, 병자호란 때 남한산성에서 적군을 막다가 병사했다. 산수(算數)에 밝고 독서를 즐겼으며 효심도 지극했다. 인조의 묘정에 배향되고 영의정에 추증되었다. 저서에 『화포식언해(火砲式諺解)』 · 『마경언해(馬經諺解)』 등이 있다.

118) 이유(李濡) : 조선 숙종 때의 문신(1645~1721). 자는 자우(子雨), 호는 녹천(鹿川). 좌의정과 우의정을 거쳐 영의정을 지냈으며 한림(翰林)에 들어가 당론 타파를 주장하고, 1703년 중앙 관제의 일부를 개혁했다. 1709년에는 북한산성을 신축할 것을 주장하여 이를 담당했다.

동교·서교
東西郊

양주(楊州)·포천(抱川)·가평(加平)·영평(永平)이 동교(東郊)이고, 고양(高陽)·적성(積城)·파주(坡州)·교하(交河)가 서교(西郊)이다.

청석곡
青石谷

백제의 역사[119]에서 이른바 청목령(青木嶺)이다. 병자년(1637)에 청나라가 우리나라를 습격했을 때 여기에 이르러 용골대(龍骨大)[120]를 참수하려 했던 곳이다.

옛날 신옹(申滃)의 「조령시(鳥嶺詩)」는 다음과 같다.

나그네 천리 길 가는데	客行千里路
주흘산엔 관문이 몇 개던고	主屹幾重關
조도는 하늘 위에 있는 듯	鳥道如天上
구절양장이 예 있구나	羊腸在此間
우리나라엔 장사가 없어서	青丘無壯士
대낮에 오랑캐가 지나갔지	白晝過南蠻
감관사의 교대지에서	按使交龜地
서생이 검을 매만지며 돌아오네	書生撫劍還

나는 청석곡에 대하여 "살펴보건대 백제 진사왕(辰斯王)[121]이 관문과

---

119) 『三國史記, 百濟本紀, 近肖古王』.

120) 용골대(龍骨大) : 청나라의 장군. 본명은 영고이대(英固爾岱). 인조 4년(1636)에 사신으로 와서, 청나라 황제의 존호를 쓰고 군신의 의를 맺을 것을 요구하였으나 거절당하자, 그해 12월 10만 대군을 거느리고 쳐들어와 병자호란을 일으켰다.

121) 진사왕(辰斯王) : 백제의 16대 왕, 근구수왕(近仇首王)의 둘째 아들. 침류왕(枕流王)

성벽을 설치하였으니, 청목령에서 북으로 팔곤성(八坤城)까지 이른다"라고 말한다.

차령
車嶺

『택리지』에서 "고려 태조가 견훤(甄萱)[122]과 싸워 여러 번 위태로웠다. 통일한 뒤에 백제를 미워하여 차령 이남은 물이 모두 등을 지고 흐르니[背走] 등용하지 말라는 명을 남겼다"[123]라고 하였다. 또 죽산(竹山)에 조피산(朝避山)이 있으니, 대개 모든 산은 머리를 북쪽으로 향하는데 이 산만은 유독 남쪽을 향하는 까닭에 우리 조정을 기피한다고 생각하였다.

죽령
竹嶺

신라(新羅)의 역사에 "아달라왕(阿達羅王)[124] 때에 김품석(金品釋)의 아들 죽죽(竹竹)[125]이 이 길을 개척했기 때문에 '죽령(竹嶺)'이라 한다"[126]

의 동생. 성품이 강하고 총명하며 지략이 많았다.

122) 견훤(甄萱) : 후백제의 시조(?~936). 본성은 이(李). 신라의 비장(裨將)으로 있다가 효공왕 4년(900)에 완산에 도읍을 정하고 후백제를 세웠다. 929년 고창(古昌)에서 왕건의 군사에게 크게 패한 뒤 차츰 형세가 기울자 936년에 고려에 항복했다.

123) 後百濟甄萱, 羅末據其地, 與麗太祖屢攻戰, 麗祖數嘗危殆, 及平甄氏, 惡百濟人, 以爲車嶺以南 水皆背走, 遺命勿用車嶺以南人.(『擇里志, 八道總論, 全羅道』) → 麗祖與甄萱戰, 屢危, 及平, 惡百濟, 以爲車嶺以南, 水皆背走, 遺命勿用.(『松南雜識』)

124) 아달라왕(阿達羅王) : 신라 제8대 왕(?~184). 원명은 아달라이사금(阿達羅尼師今). 성은 박씨. 재위 기간 154~184년.

125) 죽죽(竹竹) : 신라 합천사람. 부친은 학열(郝熱). 642년 대야성 전투에서 백제와 끝까지 항전하다 전사했다.

126) 『三國史記, 列傳, 竹竹』.

라고 하였다.127) 지금 무관(武官)은 이 고개를 넘고, 문관(文官)은 조령(鳥嶺)을 넘어서 임지로 가는데, 무슨 의미인지 알 수 없다.

사자하
泗沘河

백제(百濟)의 역사128)에서 말하였다.

의자왕(義慈王)129)이 망해정(望海亭)을 짓고, 궁인들과 음탕하게 즐겼다. 성충(成忠)이 간언을 하니 왕이 노하여 그를 옥에 가두었다. 성충이 죽을 때에 왕에게 글을 올렸다.

"적군이 쳐들어오면 육로로는 침현(沈峴)130)을 지나가지 못하게 하고, 수로(水路)로는 기벌포(伎伐浦)131)로 들어오지 못하게 하십시오. 이곳은 부여(夫餘)의 요충지입니다."

소정방(蘇定方)이 의자왕을 데리고 황제를 배알하니, 황제가 물었다.

"어째서 그대로 신라를 정벌하지 않았는가?"

---

127) 죽령(竹嶺)은 『삼국사기』에 의하면, 신라 아달라왕 5년(159)에 개척한 것으로 되어 있다.

128) 『三國史記, 百濟本紀, 義慈王』.

129) 의자왕(義慈王) : 백제의 제31대 왕(?~660). 의자(義慈)는 휘(諱). 642년에 친히 신라를 공격하여 미후성 등 40여 성을 빼앗았고, 이어 대야성(大耶城)과 당항성(黨項城)을 빼앗아 국위의 만회에 힘썼다. 그러나 만년에는 사치와 향락에 빠져 국정을 돌보지 않다가 660년 나·당(羅唐) 연합군의 침공을 받아 백제는 멸망하고 그는 태자 등 1만 2000여 명과 함께 소정방(蘇定方)에게 끌려 당나라에 압송되었다가 그곳에서 병사했다. 재위 641~660년.

130) 침현(沈峴) : 충남 대덕군(大德郡) 마도령(馬道嶺), 『松南雜識』에는 '炭峴'으로 오기되어 있음. 『삼국사기』의 같은 항목 하단 홍수(興首)의 말에는 "沈峴 혹은 炭峴"으로 되어 있으므로 그것과 혼동한 듯함.

131) 기벌포(伎伐浦) : 지금의 장항(長項), 『松南雜識』에는 백마강(白馬江)으로 오기되어 있음. 『삼국사기』의 같은 항목 하단 홍수(興首)의 말에는 "白江(혹은 伎伐浦)"로 되어 있으므로 그것과 혼동한 듯함.

소정방이 대답하였다.

"그 나라의 임금은 어질면서 백성을 사랑하고, 그 나라의 신하는 충성스러우면서 나라를 섬기며, 아랫사람은 윗사람 섬기기를 부형(父兄)처럼 하기에 비록 작은 나라이지만 도모할 수 없었습니다."

세상에 전하는 말로는 백마강은 도읍의 앞에 빙 둘러쳐 있고 약수(弱水)[132]여서 배가 들어올 수 없기 때문에 성을 쌓지 않았으며 반월성(半月城)이라 한다고 전해진다. 또 왕[溫祚王]이 죽어서 용이 되어 그곳에 산다고 하는데, 백제의 역사에 "강신(江神)이 나라를 수호한다"라고 하였으니 그것이다. 말기에 이르러 약수도 빠져나가고 용도 낚시에 잡혔다고 한다.

서남의 장산곶과 안흥곶
西南二串

장연(長淵)[133]의 장산곶(長山串)과 태안(泰安)[134]의 안흥곶(安興串)은 뚝 끊어져 바다로 들어간다. 두 개의 바위가 가파르게 솟아 있는데, 배가 그 사이를 지나다가 난파당하는 경우가 많다. 마치 염예퇴(灩澦堆)[135]처럼 크기가 말 같아서 내려갈 수도 없고, 크기가 코끼리 같아서 올라갈

132) 약수(弱水) : 옛날, 중국에서 신선이 살던 곳에 있었다는 물의 이름. 부력(浮力)이 아주 약해서 기러기 털처럼 가벼운 물건도 가라앉았다고 한다.

133) 장연(長淵) : 황해도 장연군에 있는 읍.

134) 태안(泰安) : 충청남도 태안군에 있는 읍.

135) 염예퇴(灩澦堆) : 중국 사천성을 흐르는 양자강의 구당협(瞿塘峽) 어귀에 있는 거대한 바위인데 모양이 말처럼 생겼다고 한다. 이 바위 주변은 맹렬하게 소용돌이치는 물결 때문에 배가 지나가기 매우 위험한 곳이다. 이 바위에 새겨져 있는 '대아래(對我來 : 나를 마주보고 오라)'는 글자를 마주하여 배가 나아가면 무사히 지나갈 수 있으나, 이 바위를 피하여 가려고 하면 급한 소용돌이에 말려 배가 전복된다고 한다. 중화인민공화국 수립 이후 선박 왕래에 장애가 된다고 폭파해 버렸다고 한다.

수도 없고, 크기가 소 같아서 흘러 보낼 수도 없고, 크기가 두건 같아서 부딪칠 수도 없다. 금모래가 떠 흘러와 갯가에 많이 쌓여 있기에 지나기를 꺼린다.

성호(星湖) 이익(李瀷)이 말하였다.

조운선(漕運船)이 난파되는 이유는 짐을 너무 많이 실었기 때문이니, 관물(官物) 적재는 약간인데 비해 사물(私物)은 반드시 두 배의 물량을 싣는다. 만약 조운을 감독하는 사람이 함께 탄다면 저들이 반드시 죽음을 두려워 할 터이니 염려가 없으리라 하는데 대체로 그 말이 일리가 있다. 지원(至元)[136] 연간에 해적(海賊) 주청(朱清)과 장선(張瑄)을 불러 금패(金牌)를 주고 조운을 감독케 하니 경비가 절감되고 난파되는 일도 없었다. 명나라에서도 여전히 그 제도를 모방하였다.[137]

고마
固麻

『남사(南史)』에서 "백제는 도성을 '거목성(居牧城)' 또는 '고마(固麻)'라 하고, 읍은 '담로(檐魯)'라 한다. 신라는 도성을 '건모라(健牟羅)'라고 하고, 그 내읍(內邑)은 '탁평(啄評)', 외읍(外邑)은 '읍륵(邑勒)'이라 하니, 중국의 군현(郡縣) 제도와 같다"[138]라고 하였다.

---

136) 지원(至元) : 원나라 순종(順宗)의 연호. 1335~1339년.

137) **皆云船**敗**只緣**多載, 官載**若干**, 私運必倍也. 若**使**監運者**幷載**, 彼必憂死**念生**, **卒**無慮**矣**. 其言有理, 且至元間, 招海盜朱清·張瑄, **授**金**符**押運, **能達一萬三千有餘里**, **京師稱便**. 省費**不貲**. 至明朝, **猶倣**其制.(『星湖僿說, 卷八, 人事門, 海運』) → **漕運之**敗**由**多載官載私運必倍也. 若**幷載**監運者, 彼必憂死, 無慮. 其言有理, 且至元間, 招海盜朱清·張瑄, **給**金**牌**押運, 省費**無敗**. 至明朝, **有放**其制.(『松南雜識』)

138) 百濟**者** …… **所**都**城**曰, 固麻, **謂**邑曰檐魯, **如中國之言郡縣也**. …… **新羅** …… **其俗**, 呼城曰健牟羅, 其邑在內曰啄評, 在外曰邑勒, 亦中國之言郡縣也.(『南史, 卷七十九, 列傳, 第六十九, 夷貊, 下』) → 百濟, **其**都曰, **居牧城**·固麻, 邑曰檐魯. 新羅呼城曰健

지금의 "고마(固麻)이다"라고 하였다.

이천

利川

『동국여지승람(東國輿地勝覽)』에서 "이 고을 사람 서목(徐穆)이 고려 태조를 인도하여 건넜다"139)라고 하였으니, 곧 이 강이다. 어떤 사람은 "태조가 백제를 정벌하려고 할 때에 이 고을에 군사를 주둔시키고 점을 쳐서 '큰 강을 건너는 것이 이롭다[利涉大川]'라는 점괘를 얻었기 때문에 '이천(利川)'이라 한다"라고 하였다.

영일

迎日

신라의 역사에서 말하였다.

일성왕(逸聖王)140) 4년(138)141) 동해에 해초를 뜯는 부부가 있었으니, '연오(延烏)'와 '세오(細烏)'라고 한다. 연오가 표류하다가 일본의 작은 섬에 이르러 왕이 되었고, 세오도 표류해 가서 왕비가 되었다. 이때에 신라에서 해와 달이 빛을 잃자, 일관(日官)142)의 건의를 받아

羅, 其邑在內曰啄評, 在外曰邑勒, 亦中國之言郡縣也.(『松南雜識』)

139) 王太祖之南征也, 帥大軍行至郡, 有徐穆者導之, 利涉南川.(『新增東國輿地勝覽, 利川都護府, 樓亭』) → 郡人徐穆, 導高麗太祖以涉.(『松南雜識』)

140) 일성왕(逸聖王) : 신라 제7대 왕(?~154). 성은 박(朴). 말갈의 침입을 자주 받았으나, 농본국의 정책을 펼쳐 제방을 고쳐 쌓고 농지를 개간하는 한편 백성들의 사치를 금하고 검소한 생활을 장려했다. 재위 기간은 134~154년. ≒ 일성 이사금.

141) 『삼국유사(三國遺事), 연오랑세오녀(延烏郎細烏女)』에는 아달라왕(阿達羅王) 4년으로 기록되어 있다.

들여 영일현(迎日縣)을 설치하였다.

칠원
漆原

『강희자전(康熙字典)』에서 말하였다.

「조선국지(朝鮮國志)」에 "경상도(慶尙道)에 칠원군(漆原郡)이 있다"라고 하였다.[143]

대개 桼(칠)자는 木자와 水자로 구성되어 있으니, 오직 이곳의 이름일 뿐이다.

영암
靈岩

월출산(月出山) 구정봉(九井峯) 아래의 층층 바위 위에 세 개의 돌이 우뚝 솟아 있는데, 높이가 한 길 남짓에 둘레는 열 아름이나 된다. 서쪽으로 가파른 봉우리를 등지고 동쪽으로는 절벽을 마주하고 있다. 비록 천 명 백 명이 흔들어도 움직이지 않다가 한 사람이 흔들면 떨어질 듯 하면서 떨어지지 않기에 그런 이름이 붙었다.

---

142) 일관(日官) : 천문(天文)과 역수(曆數)를 맡은 관원.
143) 朝鮮**國**志, 慶尙**道**, 有漆原**郡**.(『康熙字典, 添』) → 朝鮮志, 慶尙, 有漆原.(『松南雜識』)

쌍성
雙城

『일통지(一統誌)』에 "읍루(邑婁)와 개원(開元)은 삼만위(三萬衛) 서문 밖에 있다"라고 하였다. 『원지(元志)』에서 "개원 서남쪽을 '영원현(寧遠縣)'이라 하고, 또 서남쪽을 '남경(南京)' 또는 '합란부(哈蘭府)'라 하고, 또 남쪽을 '쌍성(雙城)'이라 한다"라고 하였다. 지금 영흥(永興)은 옛날 읍루의 땅이다.

『고려사』의 "고종 때에 몽고가 조휘(趙暉)를 총관(摠管)으로 삼았다"라는 기록이 이것이다.

창해
滄海

『순오지(旬五志)』144)에서 말하였다.

예국(穢國)이 오랫동안 강릉(江陵)에 있었는데, 지금 오대산(五臺山)에 창해(滄海)의 옛터가 있다. 세상에 이런 이야기가 전한다.

예국의 촌 노파가 시냇가에서 빨래를 하고 있었다. 알이 하나 떠내려 왔는데 크기가 표주박만 하였다. 노파가 주워 방안에 두었더니, 얼마 뒤에 사내아이가 껍질을 깨고 나왔는데 용모가 평범하지 않았다. 겨우 예닐곱 살에 키가 팔 척이나 되었다. 얼굴빛이 검었기 때문에 성을 '여(黎)'라 하였다. 이때에 나라안에 사나운 호랑이 한 마리가 대낮에도 설치고 다니며 사람을 해치는 일이 많았지만 제압할 수 있

---

144) 순오지(旬五志) : 조선 중기에 홍만종이 쓴 문학 평론집. 정철과 송순의 시가(詩歌)와 중국의 『서유기』에 대하여 평론하고, 130여 종의 속담(俗談)을 수록했다. 2권 1책의 사본(寫本).

는 사람이 없었다. 여(黎)가 분연히 “내가 반드시 이 놈을 죽여서 백성의 해악을 없애겠다”고 말하였다. 그 말을 들은 사람들은 믿지 않았다. 여(黎)가 즉시 그곳으로 갔는데 갑자기 우레 같은 소리가 울리고 음산한 바람이 스치며 불더니 커다란 얼룩무늬 호랑이가 산에서 내려와서는 울부짖으며 이빨을 갈고 껑충 뛰어 나왔다. 여(黎)가 호랑이 위로 높이 뛰어오르더니 주먹을 날려 한 번 내려치자 호랑이 머리가 박살났다.

그 뒤에 이런 일화도 있다. 임금이 만 근짜리 종을 만들어 앞에 두려라고 하였다. 수 백 명의 장사들이 끌어 당겨도 꼼짝하지 않다가 여(黎)가 단 번에 둘러메니, 임금이 장하고 기특하게 여겨 항상 곁에 두고 상객(上客)으로 삼았다. 그 후에 어떻게 되었는지 모른다.

생각하건대 장량(張良)이 창해군(滄海君)을 만나서 장사(壯士)를 얻고 백 이십 근 짜리 철퇴를 만들었다고 한 것이 이 사람일 것이다.[145)]

---

145) 世傳穢國一村媼, 澣衣於溪**水**, 有一卵浮來, 其大如瓢, **村**媼**異之**, 取置其室, 俄**而**一男子, 破殼而出, 形貌非常, **村媼因養之**, 年纔六七, 身長八尺, 顔面黎黑, **仍**以黎爲姓, 是時, **國中有**一惡虎, 白晝橫行, 傷人甚多, **一國憂之**, 莫有制者, **勇士**忿然曰, 吾必殺此**惡獸**, 以除生靈害**也**, 聞者不信, **俄**有一聲如雷, 陰風颯至, 一大斑虎, 自山而下, 咆哮磨牙, 跳躍而進, **勇士**奮躍高出虎上, 張拳一打, 虎卽碎頭**而斃**, 後國君, 鑄萬鈞鍾, 置之前, **欲徙之**, 壯士數百**人**, 引之不動, **勇士**一擧而負, **國**君壯而奇之, 常**留之**在側, **以**爲上客, 後莫知其所終云, 余見太史公張良列傳曰, 東見滄海君, 得力士, 爲鐵椎重百二十斤.(『旬五志, 上』) → **穢國, 久在江陵而今五臺山, 有滄海舊址云**, 世傳穢國村媼澣衣於溪, 有一卵浮來, 其大如瓢, 媼取置其室, 俄一男子破殼而出, 形貌非常, 年纔六七, 身長八尺, 顔面黎黑, **因**以黎爲姓, 是時, **中國**一惡虎, 白晝橫行, 傷人甚多, 莫有制者, **黎**忿然曰, 吾必殺此, 以除生靈**之**害, 聞者不信, **黎卽造其所**, **忽**有一聲如雷, 陰風颯至, 大斑虎, 自山而下, 咆哮磨牙, 跳躍而進, **黎**奮躍高出虎上, 張拳一打, 虎頭卽碎, 後國君, 鑄萬鈞鍾, **欲**置之前, 數百壯士, 引之不動, **黎**一擧而負, 君壯而奇之, 常在側爲上客. 後莫知所終云. **意者**, **子房**見滄海君, 得力士, 爲鐵椎重百二十斤**者**, **卽此也**.(『松南雜識』)

삼수
三水

큰 물이 셋이 있는데, 하나는 백두산 아래 마죽동(馬竹洞)에서 나오고, 하나는 길성현(吉城縣) 북쪽 장백산(長白山) 서북쪽 보(堡)에서 나오고, 하나는 함흥부(咸興府)에서 나온다. 합류하여 압록강(鴨綠江)으로 흘러 들어가니, '삼수(三水)'라고 한다. 어떤 사람이 말하기를 "고을이 어면강(魚面江)·압록강(鴨綠江)·삼수동수(三水洞水)가 갈라지는 곳에 있다"라고 하였다.

연안
延安

만력(萬曆)[146] 신묘년(1591)에 중봉(重峯) 조헌(趙憲)[147]이 부사 신각(申恪)[148]에게 편지를 보내 "머지 않아 왜구가 준동할 것입니다. 원컨대 성곽과 해자를 수리하십시오"라고 하였다. 신각이 그의 말대로 하였다. 임진년(1592)에 왜구가 과연 쳐들어와 노략질을 하니, 전국이 유린되었다. 초토사(招討使) 월천군(月川君) 이정암(李廷馣)[149]이 이 성을 수비하여 적

146) 만력(萬曆) : 명나라 신종(神宗)의 연호. 1573~1620년.

147) 조헌(趙憲) : 조선 중기의 문신·의병장(1544~1592). 본관은 배천(白川). 자는 여식(汝式). 호는 중봉(重峯)·도원(陶原)·후율(後栗). 시호는 문열(文烈). 임진왜란이 일어나자 옥천(沃川)에서 의병을 일으켜 1,700여 명을 모아 영규(靈圭) 등 승병과 합세하여 청주를 탈환했다. 이어 전라도로 향하는 왜군을 막기 위해 금산(錦山)으로 향했으나, 전공을 시기하는 관군의 방해로 의병이 대부분 해산되고, 700명의 의병으로 금산전투에서 분전하다가 의병들과 함께 모두 전사했다.

148) 신각(申恪) : 조선 중기의 무신(?~1592). 본관은 평산(平山). 임진왜란이 일어나자 서울 방위를 위해 중위대장(中衛大將)이 되었다가, 도원수 김명원(金命元)의 부원수로서 한강싸움에서 패한 후 유도대장(留都大將) 이양원(李陽元)을 따라 양주(楊州)로 도망갔다. 이곳에서 함경도병마사 이혼(李渾)의 원군을 만나 전열을 정비하고 해유령(蟹踰嶺)에서 왜군을 대파했다. 이때 임진강으로 패퇴하였던 도원수 김명원이 명령불복종으로 몰아 무고하였기에 참형(斬刑)을 당했다.

149) 이정암(李廷馣) : 조선 중기의 문인(1541~1600). 본관은 경주(慶州), 자는 중훈(仲薰),

을 막아 크게 승리하였다. 오성(鰲城) 이항복(李恒福)[150]이 비문을 지어서 공적을 기록하였다.

이덕무(李德懋)의 시에,

신공이 선견지명으로 성을 쌓으니	申公築城炳幾先
마침내 이정암이 뛰어난 공을 세웠네	畢竟奇功李月川
무너진 성곽 구불구불하니 왜구를 쫓아내고	敗壘蜿蜒逋草寇
높다란 비석 우뚝하니 임진년을 알려 주네	崇碑贔屭辨龍年

라고 한 말이 이것이다.

내포
內浦

『택리지』에서 말하였다.

가야산(伽倻山) 앞뒤의 열 고을을 모두 '내포'라 부르는데, 그 지세가 가파르게 끊겨 한 모퉁이도 큰길로 통하지 않기 때문에 임진년과 병자년의 전란에도 침입하지 못하였다.[151]

호는 사류재(四留齋)・퇴우당(退憂堂)・월당(月塘), 시호는 충목(忠穆). 임진왜란 때 임금을 호종, 개성(開城)에서 방어했고, 개성이 함락되자 황해도에서 의병을 모아 활약한 공으로 황해도초토사(黃海道招討使)가 되어 연안(延安)에서 포위된 왜군 3,000여 명을 격파하여 경기도관찰사 겸 순찰사(巡察使)가 되고 병조참판에 승진했다. 1604년 연안 수비의 공으로 선무공신(宣武功臣) 2등으로 월천부원군(月川府院君)에 추봉되었다.

150) 이항복(李恒福) : 조선 중기의 문신・학자(1556~1618). 본관은 경주(慶州), 자는 자상(子常), 호는 백사(白沙). 임진왜란이 일어나자 선조를 따라 의주로 갔으며, 이후 병조판서가 되어 명나라 군대의 파견을 요청하는 한편 국왕의 근위병을 모집하는 데 주력했다. 광해군이 즉위한 후에도 정승의 자리에 있었으나, 대북파들과는 정치적 입장이 달랐으며 17년 이이첨(李爾瞻) 등이 주도한 폐모론(廢母論)에 적극 반대하다가 18년 삭탈관직되었다. 이후 북청(北青)으로 유배되었다가 그곳에서 죽었다.

호서호남
湖西湖南

반계 유형원이 말하였다.

전라도와 충청도 사이의 김제(金堤) 벽골제(碧骨堤)는 큰 호수이기에 '제(堤)'를 고을이름으로 삼았다. 서쪽을 호서(湖西)라고 하고 남쪽을 호남(湖南)이라 하니 도(道) 이름 역시 '호(湖)'자로 지었다.

서수라
西水羅

지봉 이수광이 "숙신씨(肅愼氏)에서 호시(楛矢 : 화살대)와 석노(石砮)를 바치는데 호시(楛矢)를 우리나라에서 서수라목(西水羅木)이라고 한다. 지금은 지명이 되었다"[152]라고 하였다.

천연의 요새 강화도
江華天塹

『택리지』에서 말하였다.

동북쪽으로는 강이 둘러 쳐 있고 남서쪽으로는 바다가 둘러 쳐져

151) 伽倻前後**有**十縣, 俱號**爲**內浦, **地**勢斗絶, 一隅**且**不當孔道, 故壬**辰**丙**子南北**二亂**俱不到**.(『擇里志, 八道總論, 忠淸道』) → 伽倻**山**前後十縣, 俱號內浦, **其**勢斗絶, 一隅不當孔道, 故壬丙二亂**不入云**.(『松南雜識』)

152) 肅愼氏**貢**楛矢石砮, **按肅愼, 卽我國北邊胡也, 楛矢, 俗所謂**西水羅木.(『芝峯類說, 卷二, 諸國部, 北虜』) → **俗謂**肅愼氏, 楛矢石砮, **爲**西水羅木, **今爲地**名.(『松南雜識』)

서 큰 섬을 이루니 한양(漢陽) 수구(水口)의 나성(羅星)이 된다. 다만 산자락이 강과 만나는 곳에 돈대(墩臺)를 쌓아 외적의 침입에 대비하였다. 북쪽 해안의 경우 승천포(升天浦)와 갑곶(甲串) 두 길만 한결 같이 지킨다면 섬이 천연의 요새가 될 것이다. 고려 고종 때 원나라의 침입을 피하여 10년 동안 도읍을 옮겼다. 육지는 유린 되었으나 섬은 끝내 침범하지 못하였다. 그러나 조선 병자호란 때 김경징(金慶徵)[153]은 날마다 도박을 하고 술에 빠져 천연의 요새만 믿다가 위태로워졌다. 영조 병인년(1746)에 유수(留守) 김시혁(金始爀)[154]이 성 쌓을 것을 주청하여, 성이 연미정(燕尾亭)에서 손돌목(孫石項)까지 이르렀다. 얼마 뒤에 성이 장마로 무너졌다. 강안(江岸)은 견고하여 사람과 말이 다닐 수 있다. 강을 따라 사십여 리에 걸쳐 곳곳에 배를 정박할 수 있게 되자 비로소 섬을 지킬 수 없게 되었다.[155]

---

153) 김경징(金慶徵) : 조선 중기의 문신(1589~1637) 본관은 순천(順天), 자는 선응(善應). 인조반정 때의 공으로 정사공신(靖社功臣) 2등에 책록되고 순흥군(順興君)에 봉해졌다. 병자호란 때 강도(江都) 검찰사로 부임하였으나, 아무런 대책도 강구하지 않고 매일 술만 마시는 무사안일에 빠졌다. 강화가 함락되자, 수비 실패를 이유로 대간에게 탄핵을 받아 사사되었다.

154) 김시혁(金始爀) : 조선 후기의 문신(1676~1750). 자는 회이(晦而), 호는 매곡(梅谷), 시호는 효헌(孝憲). 1741년 강화부유수로 나가 강화도 외성(外城)을 개축하였고, 그 공으로 44년 한성부판윤(漢城府判尹)이 되었다.

155) 東北環江, 西南環海, 爲大島, 爲漢陽水口之羅星, …… **左右不用城郭**, **只築墩臺於左右**, **山脚臨江處**, **如城之有雉**, **內藏兵器置卒以備寇**, **東自甲串**, **南至孫石項**, **惟甲串可用船渡**, **餘岸如北岸皆泥濘**, **故亦**只於山脚臨江**處**, 築墩臺以備寇, 如北岸, 一守**昇**天甲串兩路, 則島**外**爲天塹矣. **是以高**麗避元**兵**移都十年, **雖**陸地糜爛, 終不能犯**島**, …… **當宁**丙寅, 留守金始爀, **狀**請**緣江**築城, **朝廷許之**, **始爀使築城於東面**, **北**自燕尾亭, **南**至孫石項, **役畢**, **上擢始爀爲正卿**, 未幾, 潦雨城圮, **而築城時**, **遇平地泥濘**, **輒塡以土石作基**, **故**江岸**皆**堅固, 可通人馬, 沿江四十里, 處處可泊舟, 而島始不可守矣.(『擇里志, 八道總論, 京畿』) → 東北環江, 西南環海, 爲大島, 爲漢陽水口之羅星, 只於山脚臨江**虛**, 築墩臺以備寇, 如北岸, 一守**升天浦**甲串兩路, 則島爲天塹矣. 麗**高宗**, 避元移都十年, 陸地糜爛, 終不能犯, 而金慶徵, 日蒲博沈醉, 而恃天塹則危矣, **英廟**丙寅, 留守金始爀, 請築城, 自燕尾亭, 至孫石項, 未幾, 潦雨城圮, 江岸堅固, 可通人馬, 沿江四十里, 處處可泊舟, 而島始不可守矣.(『松南雜識』)

*『松南雜識』의 밑줄 친 부분은 『택리지』의 내용을 매우 많이 축약하였기에 『택리지』 원문을 병기하지 않았다.

삼랑성(三郎城)은 전등산(傳燈山)에 있으니 단군(檀君)이 세 아들에게 쌓게 하였다. 참성단(塹星壇)은 마니산(摩尼山)에 있으니 단군이 하늘에 제사지내던 곳이라 세상에 전해진다.

궁위

弓位

『신씨보(申氏譜)』에서 말하였다.

신숭겸(申崇謙)[156]이 고려 태조를 따라 평산(平山)으로 유람 갔는데, 기러기 세 마리가 날아갔다. 왕이 여러 장수들을 돌아보며 물었다.

"누가 잡을 수 있느냐?"

공이 물었다.

"어디를 맞추오리까?"

"세 번째 기러기의 왼쪽 날개를 쏘아라."

신숭겸이 활을 쏘아 떨어뜨리니 과연 말한 대로였다. 그래서 그 땅을 하사하고 '궁위'라 이름하였다.

계룡산

鷄龍

『택리지』에서 "계룡산은 웅장하기로는 오관산에 미치지 못하고, 수

156) 신숭겸(申崇謙) : 고려 초기의 무신(?~927). 초명은 능산(能山), 시호는 장절(壯節). 평산 신씨(平山申氏)의 시조. 918년 태봉(泰封)의 기장(騎將)으로 배현경(裵玄慶)·홍유(洪儒)·복지겸(卜智謙) 등과 협력, 궁예(弓裔)를 폐하고 왕건(王建)을 추대하여 고려 개국의 대업을 이루었다. 태조 10년(927) 공산(公山)에서 견훤(甄萱)의 군대에게 태조가 포위되자 김낙(金樂) 등과 함께 역전하여 태조를 구출하고 전사했다.

려하기로는 삼각산에 미치지 못한다. 전면에는 유입되는 지류가 적고 다만 금강(錦江) 한 줄기가 계룡산을 휘감고 있을 뿐이다. 회룡고조(回龍顧祖)[157]의 지세는 본래 큰 역량이 많지 않다. 비록 금릉(金陵)[158]과 비교해 보더라도 매양 한 지역의 패자(霸者)가 될 만한 곳이다"[159]라고 하였다. 또 조운이 불편하기 때문에 건국 초에 사흘 간 공사를 하다가 그만두었다고 한다. "지경 안 서북쪽에 있는 용연(龍淵)은 매우 깊고 넓은데 물이 넘쳐서 큰 계곡을 이루니 이런 것이 한양이나 개성에는 없다."[160]

금구(金溝)[161]의 모악산(母岳山)[162] 아래는 확 트인 평지가 있으니, 세상에서는 도읍을 만들만한 곳이라는 말이 전한다.

해미(海美)[163]의 가야사(伽倻寺) 골짜기에는 예부터 왕궁 터가 있다.

동선관
銅仙關

관찰사 권수(權修)가 다음과 같이 상소하였다.

"청석곡(靑石谷)이 비록 천연의 요새라 하지만 북쪽으로 뻗고 동쪽으로 뻗어서 크고 작은 길을 다 지킬 수 없습니다. 중요한 요새로 동선(銅仙) 한 길보다 나은 것이 없습니다. 관서(關西)를 넘어서 본도(本

157) 회룡고조(回龍顧祖): 풍수지리에서 산의 지맥(支脈)이 빙 돌아서 본산(本山)과 서로 마주함.
158) 금릉(金陵): 중국 남경(南京)의 옛 지명.
159) 『擇里志, 卜居總論, 山水』.
160) 『擇里志, 卜居總論, 山水』.
161) 금구(金溝): 전북 김제시 동부에 있는 면. 노령산맥과 호남평야의 접경지대에 위치한 면.
162) 모악산(母岳山): 전북 김제시와 완주군 경계에 있는 산. 높이 793m. 산중에는 신라 불교 5교 9산(五教九山)의 하나인 금산사(金山寺)가 있다.
163) 해미(海美): 충남 서산시 동부에 있는 면.

道)로 통하는 여섯 개의 길이 있습니다. 동선은 직선으로 통하는 길이니 반드시 지켜야 할 곳입니다. 적이 이곳을 통과하지 못하면 반드시 극성(棘城)으로 향할 것입니다. 극성은 정방성(定方城)에서부터 뻗어 바다로 이어져 있으며 산등성이에는 옛 성터가 있습니다. 또 한 길은 황주(黃州)에서부터 자비령(慈悲嶺)을 경유하여 서흥(瑞興)으로 도달합니다. 또 한 길은 판적원(板籍院)에서 수안(遂安)으로 도달합니다. 또 장벽이 삼등(三登)과 상원(祥原)의 경계에 있고, 장벽의 남쪽에는 양덕(陽德)의 경계가 있습니다. 여섯 갈래 길 외에 오직 설한령(薛罕嶺)이 함경도 땅으로 들어갈 뿐입니다. 어떤 곳은 옛길이 가시나무로 막혔고, 어떤 곳은 험난하여 막기 쉬우니 『숙묘보감(肅廟寶鑑)』[164]에 자세히 실려 있습니다."

살펴보니, 고구려 영류왕(榮留王)[165] 14년(631)에 장성을 쌓으니, 북동으로는 부여성에서 동남으로는 바다에 이르기까지 천여 리로 모두 16년 만에 일을 마쳤다. 『동국여지승람』에 이르기를 조선 문종(文宗) 2년(1452)에 성을 개축하니 길이가 오천 삼 척이고 높이가 칠 척이다. 이른바 '옛성터[古城基]'라는 곳이니, 양덕(陽德)[166]과 성천(成川)[167]을 경계로 한다. 이른바 '부여성'은 바로 양덕의 경계에 있다. 관문과 성벽을 설치한 것이 예나 지금이나 같은 계책이다.

---

164) 숙묘보감(肅廟寶鑑) : 『국조보감(國朝寶鑑)』은 조선 역대 국왕의 치적 중에서 모범이 될 만한 사실을 수록한 편년체의 역사책이다. 이 중 『숙묘보감』은 영조 6년(1730)에 이덕수(李德壽) 등이 숙종 1대의 사적을 편찬하여 65권으로 완성한 것이다.

165) 영류왕(榮留王) : 고구려 제27대 왕(?~642). 이름은 건무(建武)·건성(建成). 중국 당나라와 평화적인 관계를 맺어 수나라의 고구려 원정 때 잡혀간 포로를 찾아왔으며, 도교를 처음으로 받아들였다. 재위 기간은 618~642년.

166) 양덕(陽德) : 평안남도 양덕군에 있는 읍.

167) 성천(成川) : 평안남도 성천군에 있는 읍. 대동강의 지류인 비류강 유역에 있다.

서도의 관문과 요새
西道關阨

성호(星湖) 이익(李瀷)이 말하였다.

참판 이민환(李民寏)[168]이 변경 수비에 대해 "창성(昌城)에서부터 시경(時梗)을 지나 운산(雲山)에 다다르고, 삭주(朔州)에서부터 대삭주(大朔州)를 지나 귀성(龜城)에 다다르고, 의주(義州)에서부터 용천(龍川)을 지나 철산(鐵山)의 북쪽에 다다르니, 세 길이 가장 중요한 요충지이다. 고려 때에 '거란 · 몽고 · 홍건적(紅巾賊)'이 모두 이 '귀성 · 삭주 · 의주 · 철산'의 길을 경유하였다. 하물며 구성은 세 길의 사이에 있으며 지형과 지세가 매우 좋아 고려 때 박서(朴犀)[169]가 방어하던 곳이다. 시경과 용천의 사이도 마땅히 지형과 지세가 좋은 곳을 골라서 장벽을 수축하는 것이 좋다. 자모성(慈母城)은 비록 천연의 험준한 곳이라 하지만 요충지는 아니다"라고 하였다.

나[李瀷]의 생각으로는 강계(江界)와 이산(理山) 등의 길도 우리나라를 정벌할 때 이곳을 경유하는 경우가 많았으니 고려하지 않을 수 없다. 정묘년과 병자년의 난리 때에는 모두 의주 길을 택하였다. 대개 철령은 북관(北關)의 요새이고, 조령(鳥嶺)은 동남쪽의 요새이다.

---

168) 이민환(李民寏) : 조선 시대의 문신(1573~1649). 본관은 영천(永川), 자는 이장(而壯), 호는 자암(紫巖), 시호는 충간(忠簡). 강홍립(姜弘立)의 막하로 출전, 부차(富車) 싸움에서 패하여 청군(清軍)의 포로가 되어 17개월 동안 유폐되었다. 1620년 석방되었으나 박엽(朴燁)의 무고(誣告)를 받아 4년간 관서지방에 은거했다. 이괄(李适)의 난 및 정묘호란 때 각각 임금을 호종(扈從)하였으며 병자호란이 일어나자 스승인 영호남 호소사(號召使) 장현광(張顯光)의 종사관이 되어 참전했다.

169) 박서(朴犀) : 고려 시대의 무신. 본관 죽산(竹山). 고종 18년(1231) 서북면병마사(西北面兵馬使) 재임시 몽골 장수 살례탑(撒禮塔)이 침입, 철주(鐵州)를 함락한 후 귀주(龜州)를 공격하자 김중온(金仲溫) · 김경손(金慶孫) 등과 함께 귀주성을 사수, 몽골군과 1개월에 걸친 격전 끝에 물리쳤다. 귀주를 돌아 먼저 개성을 함락, 고종의 항복을 받고 귀환하던 중 귀주를 공격해오는 몽골군을 또다시 대파했다.

서울은 또 서쪽에 송도 뒤의 서강(西江)이 있고, 또 그 서쪽에 저탄(豬灘)이 있고, 또 그 서쪽에 대동강(大同江)이 있고, 또 그 서쪽에 청천강(淸川江)이 있고, 또 그 서쪽에 압록강(鴨綠江)이 있으니 이것이 대략이다.

두 강의 사이에는 반드시 산이 한 줄기 있다. 이른바 '청석령' 한 줄기는 서강과 저탄의 사이에 있어 경기도와 황해도의 경계가 되고, 정방성(正方城[170])의 한 줄기는 저탄과 사이에 있어 황해도와 평안도의 경계가 된다. 이 두 줄기는 실로 험준하여 지킬 만한 곳이다. 대동강과 청천강 사이의 산맥은 낮고 평평한데 평안도 안에 있다. 청천강과 압록강 사이는 산세가 험준하여 곳곳이 지킬 만 하니, 이른바 '청북제군(淸北諸郡)'이 이곳이다.

강계(江界)는 폐사군(廢四郡)과 접해 있고 북도(北道)에서 멀지 않다. 이곳에서부터 압록강 변·위원(渭源)·이산(理山)·벽동(碧潼)·창성(昌城)·삭주(朔州)를 따라 의주에 이르기까지 모두 왼쪽의 강과 오른쪽의 산마루가 그 안의 땅을 보호하고 있으니, 대개 사람이 없는 것이 걱정이지 관문과 요새가 없을까 걱정할 일이 아니다.[171]

---

170) 『松南雜識』에는 '定方城'으로 되어 있음.

171) 李參判**民**寏, **爲巡撫御史遍歷西關**, **又被拘柵中備諳邊情**, **其**論關**防則**曰, 自昌城由時梗達於雲山, 自朔州由大朔州達於龜城, 自義州由龍川達於鐵山, **此**三路最爲要害, 前朝契丹蒙古紅**巾**, 皆由此龜朔義鐵之路, 況龜城在三路之間, 形勢極好, 前朝朴犀保障之地, 時梗龍川之間, 亦宜量擇形勢而修築之可也. 慈母城雖曰天險, 非要衝也, **其說如此而余未曾躬歷**, **未詳其如何**. **其他**江界理山等路, 國朝征討多由此, 亦不可不慮, 而赤兎赤鼠之役, 皆取義州路, **此必其勢有然者也**. **盖白頭大幹**, **沿海南走其間**, 鐵嶺爲北關之阨, 鳥嶺爲東南之阨, **自鐵嶺以北山勢皆西走**, **欲尋其脉絡**, **須據水而知其幹也**. 京都以西有松都之後西江, 又其西有豬灘, 又其西有大同江, 又其西有淸川江, 又其西有鴨綠江, 此**其**大較也. 兩水之間, 必有山一幹, 所謂靑石嶺, 一幹在西江豬灘之間, 爲京畿黃海之界, **正**方城一幹, 在豬灘大同之間, 爲黃海平安之界, 此兩幹實爲險阻, 可守之地, 大同淸川之**間**, 山脉低平而, 在平安道內, 淸川鴨綠之間, 山勢峻阨, 處處可守, 所謂淸北諸郡是也, 江界**北接**廢四郡, 距北道不遠, 自此緣鴨綠江邊, 渭源理山碧潼昌城朔州**以**達于義州, 皆在江右嶺, 控護內地, 盖患**其無人**, 不患**其**無關阨矣.(『星湖僿說, 第二卷, 天地門, 西道關阨』) → **星湖曰**, 李參判寏, 論關**阨**

함경도의 길
北道徑路

성호 이익이 말하였다.

북도(北道)의 큰길과 지름길로 저들의 경계에 이르는 예닐곱 길이 있다. 하나는 경원(慶源)·경흥(慶興)의 사이로 들어가는 길이니, 높은 산이나 큰 언덕으로 막힘이 없다. 하나는 회령(會嶺)에서 두만강(豆滿江)을 건너, 마운두성(麻雲頭城)으로 해서 부녕(富寧)에 도달하는 길이다. 하나는 장백산(長白山)에서 구불구불 남쪽으로 내려와 나무와 바위 사이를 따라 무산(茂山)에 도달하는 길이다. 하나는 명천(明川)의 서쪽 골짜기에서 곧바로 성 밑에 도달하는 길이다. 하나는 영흥(永興)의 요덕리(了德里)에서 나오는 길이다. 하나는 별해(別害)에서부터 함흥(咸興)에 도달하는 길이다. 적이 요덕리에서 나오면 정평(定平) 이북의 길이 끊어지고, 별해에서 나오면 함흥 이북의 길이 끊어지고, 명천 및 장백산의 밑에서 나오면 육진(六鎭)의 길이 끊어진다. 대개 유몽인(柳夢寅)[172]의 변방 안정책(安邊策)도 이와 같다.[173]

曰, 自昌城由時梗達於雲山, 自朔州由大朔州達於龜城, 自義州由龍川達於鐵山, **北**三路最爲要害, 前朝契丹蒙古紅**頭**, 皆由此龜朔義鐵之路, 況龜城在三路之間, 形勢極好, 前朝朴犀保障之地, 時梗龍川之間, 亦宜量擇形勢而修築之可也, 慈母城雖曰天險, 非要衝也. **余謂**江界理山等路, 國朝征討多由此, 亦不可不慮, 而赤兎赤鼠之役, 皆取義州路, **盖**鐵嶺爲北關之阨, 鳥嶺爲東南之阨, 京都亦以西有松都之後西江, 又其西有豬灘, 又其西有大同江, 又其西有淸川江, 又其西有鴨綠江, 此大較也. 兩水之間, 必有山一幹, 所謂靑石嶺, 一幹在西江豬灘之間, 爲京畿黃海之界, **定**方城一幹, 在豬灘大同之間, 爲黃海平安之界, 此兩幹實爲險阻, 可守之地, 大同淸川之山, 脉低平而, 在平安道內, 淸川鴨綠之間, 山勢峻阨, 處處可守, 所謂淸北諸郡是也. 江界廢四郡, 距北道不遠, 自此緣鴨綠江邊, 渭源理山碧潼昌城朔州, 達于義州, 皆在江右嶺, 控護內地, 盖患**無其人**, 不患無關阨矣.(『松南雜識』)

172) 유몽인(柳夢寅) : 조선 시대의 문신(1559~1623). 본관은 홍양(興陽), 자는 응문(應文), 호는 어우당(於于堂)·간재(艮齋)·묵호자(默好子), 시호는 의정(義貞). 성혼(成渾)의 문인이기도 한 그는 스승의 교훈을 거역, 파문당하여 성혼이 죽은 뒤에 그를 모욕하는 글을 써서 비난을 받았다. 도승지·예조참판·이조참판 등을 지냈으며, 1623년 인조반

대관령
大關嶺

대관령은 강릉(江陵)의 진산(鎭山)이다. 여진(女眞)의 장백산(長白山)에서 종횡으로 구불구불 뻗어 내렸다. 남쪽으로 서리고 동해가에 웅거해 있는 것이 그 얼마인지 알 수 없으나 이 대관령이 가장 높다. 산허리를 휘감은 길이 모두 아흔아홉 구비이다. 이것이 서쪽에서 서울로 통하는 큰길이다.

폐지된 사군
廢四郡

압록강의 남쪽, 강계(江界)의 동쪽에 여연(閭延)·무창(茂昌)·우예(虞芮)·자성(慈城)이 있으니, 동서는 도합 사백 삼십 사 리이고 남북은 수백 리 이상이다. 파저(婆猪)[174]의 야인(野人)들이 백성을 살해하고 약탈하였기 때문에 조선 세조 원년(1455)에 그 땅을 비우게 하였다. 아! 우예(虞芮)가 마침내 노는 땅이 되었지만 그것은 진실로 우리나라의 변경을 견고하

정으로 벼슬을 내놓고 전전하다가 역모로 몰려 사형되었는데, 정조 때 신원되어 이조판서에 추증되었다.

173) 北道**路徑**. 北道大路捷徑達于彼境者六七條, 一自慶源慶興間而入, 無高山大陵之關隔, 一自會寧渡豆滿劘雲頭城而來達于富寧, 一自長白山邐**池**而南, 因緣木石間抵茂山, 一自明川西谷直抵城底, 一出於永興了德里, 一自別害達于咸興, 出于了德里則定平以北之路絶, 出于別害則咸興以北之路絶, 出于明川**及**長白山下則六鎭之路絶, **其見於**柳夢寅安邊策**者**, 如此.(『星湖僿說, 卷三, 天地門, 北道路徑』)→北道**徑路**. **星湖曰**, 北道大路捷徑達于彼境者六七條, 一自慶源慶興間而入 ,無高山大陵之關隔, 一自會寧渡豆滿劘雲頭城而來達于富寧, 一自長白山邐**迤**而南, 因緣木石間抵茂山, 一自明川西谷直抵城底, 一出於永興了德里, 一自別害達于咸興, 出于了德里則定平以北之路絶, 出于別害則咸興以北之路絶, 出于明川長白山下則六鎭之路絶, **盖**柳夢寅安邊策, 如此.(『松南雜識』)

174) 파저(婆猪) : 강이름. 퉁가강(佟家江)·통가강(通加江)·통가강(通家江)·통길아강(通吉雅江)·파제강(婆提江)·포주강(蒲洲江) 이라고도 한다. 백두산에서 발원하여 압록강에서 모여서 동남쪽으로 바다에 들어간다. 『대동수경』 참조.

게 하는 정책이었다.

옥저 · 숙신
沃沮肅愼

성호 이익이 말하였다.

옥저는 숙신의 부족으로 북옥저 · 동옥저 · 남옥저의 세 종족이 있었다. 두만강 서쪽에서부터 철령 안팎에 이르기까지가 모두 그들의 땅이었다. 하나가 남옥저이고 또 하나가 북옥저이며 그 사이에 살던 것이 동옥저이다. 생각하건대, 지금의 무산(茂山) 바깥쪽 두만강의 안팎이 모두 그 땅인 듯하다. 그리고 무산 이남의 여러 고을이 바로 북옥저이다. 동옥저는 개마산(盖馬山) 동쪽에 있었다. 개마산은 아마 백두산의 줄기인 듯한데 함흥 이북의 큰 산이 이것이다. 남옥저가 가장 가까우니 철령 이남이 이것이다.[175]

175) 沃沮**邑婁**. 沃沮者, 肅愼之**別**部, 有北東南三種, 自豆滿以西至鐵嶺內外, 皆其地, 而一南一北**其居**間者, **爲**東也. **其北者**, **每爲肅愼乘船侵寇**, **肅愼在不咸山北**, **不咸者白頭也**, 意者, 今之茂山以外豆滿內外, 皆其地而自茂**山**以南諸郡, 卽北沃沮, **故慶源以外諸種**, **可以乘船來侵也**, 東沃沮**者**, 在盖馬山東, 盖馬山者, 似是白頭之幹, 咸興以北大山是也, **其地東西狹南北長**, **可千里也**, 南沃沮**者**, 最近**南**鐵嶺以南是也.(『星湖僿說, 卷二, 天地門, 沃沮邑婁』) → 沃沮**肅愼**. **星湖曰**, 沃沮者, 肅愼之部, 有北東南三種, 自豆滿以西至鐵嶺內外, 皆其地, 而一南一北**居其**間者, 東也, 意者, 今之茂山以外豆滿內外, 皆其地而自茂以南諸郡, 卽北沃沮**也**, 東沃沮, 在盖馬山東, 盖馬山者, 似是白頭**山**之幹, 咸興以北大山是也, 南沃沮, 最近鐵嶺以南是也.(『松南雜識』)

물을 나누어 경계를 정하다
分水定界

『동국여지승람(東國輿地勝覽)』에서 말하였다.

백두산은 회령부(會寧府) 서쪽에 있다. 그 산꼭대기에는 못이 있는데 남쪽으로 흘러 압록강이 되고 북쪽으로 흐르고 송화강(松花江)·혼동강(混同江)이 되고 동북쪽으로 흘러 소하강(蘇下江)이 되고 속평강(速平江)이 되고 동쪽으로 흘러 두만강이 된다. 『대명일통지(大明一統誌)』에 "동쪽으로 흐르는 것은 아야고하(阿也苦河)가 되었다"라고 하였는데, 아마 속평강을 가리키는 듯하다.[176]

또 분계강(分界江)이라고도 한다.

홍세태(洪世泰)[177]는 『유하집(柳下集), 백두산기(白頭山記)』에서 말하였다.

장백산(長白山)은 우리나라에서는 백두산(白頭山)이라고 부른다. 두 나라가 산 위 쪽의 두 강을 경계로 삼았다. 임진년(1713) 여름에 중국에서 오나총관(烏喇總管) 목극등(穆克登)[178]을 파견하여 살펴보고 경계를 정하게 하였다. 대개 이 산은 북쪽에서부터 솟아 큰 평야로 곧장 내려오다가 이곳에 이르러 우뚝 솟으니 그 높이는 하늘에 닿아 몇 천만 길인지 알 수가 없다. 그 꼭대기에는 못이 있는데 사람 정수리의 숫구멍 같다.

---

176) **在府西七八日**, …… 其**顚**有潭, **周八十里**, 南流爲鴨綠江, 北流爲松花江爲混同江, 東北流爲蘇下江爲速平江, 東流爲豆滿江, 大明一統志, 東流爲阿也苦河, 疑指速平江也.(『新增東國輿地勝覽, 會寧都護府, 山川』) → **白頭山在會寧府西**, 其**巓**有潭, 南流爲鴨綠江, 北流爲松花江爲混同江, 東北流爲蘇下江爲速平江, 東流爲豆滿江, 大明一統志**云**, 東流爲阿也苦河, 疑指速平江也.(『松南雜識』)

177) 홍세태(洪世泰) : 조선 숙종 때의 시인(1653~1725). 자는 도장(道長), 호는 유하(柳下)·창랑(滄浪). 『해동유주(海東遺珠)』를 편찬했으며, 문집 『유하집』이 있다.

178) 목극등(穆克登) : 숙종 38년(1712)에 백두산정계비(白頭山定界碑)를 세울 때 청나라 대표로 왔다.

둘레가 이삼십 리나 되며, 물빛이 검푸르러서 깊이를 알 수 없으며 한 여름에도 얼음과 눈이 쌓여서 멀리서 바라보면 하나의 은빛 바다이다. 산 모양은 아스라이 푸른빛으로 엎어놓은 항아리와 같고, 올라가 보면 사방이 약간 오목하고 중간은 물이 고여 있어서 동이 아가리가 위를 향해 있는 것 같다. 밖은 희고 안은 붉으며, 사방으로 절벽이 깎은 듯 서 있다. 그 북쪽으로 몇 자가 터져서 물이 넘쳐흘러 폭포가 되니 바로 혼동강(混同江)이다. 마침내 동쪽으로 삼사 리쯤 내려와서 압록강의 수원이 되니, 샘이 산의 구멍 가운데서부터 콸콸 솟아서 그 물이 빨리 흐르는데 수백 보가 안되어 골짜기가 갈라져 큰 계곡이 되어 그 가운데로 흘러 들어간다. 또 동쪽으로 작은 산등성이를 넘어가면 샘물 하나가 있는데 서쪽으로 삼사십 보를 흘러 가다가 다른 두 줄기로 갈라진다. 한 줄기는 흘러 가다가 서쪽의 시내와 하나로 합쳐지는데 동쪽으로 흘러 내려가면서 그 물줄기는 매우 가늘다. 또 동쪽으로 산등성이 하나를 넘어가면 동쪽으로 흐르는 샘이 있는데 동쪽으로 백여 보쯤 흘러가다가 가운데 샘이 갈라져서 동쪽의 것이 와서 합하여진다.

목극등(穆克登)이 가운데 샘과 가닥진 물 사이에 앉아서 말하였다.

"여기는 분수령(分水嶺)이라고 할 만하니 비석을 세워 국경을 정해야겠다. 그러나 토문강(土門江)의 원류가 중간에 끊어져서 땅속으로 흐르므로 국경이 분명치 않다."

그리고 비석을 세워,

> 청나라의 오나총관(烏喇總管) 목극등(穆克登)이 황제의 명령을 받들어 변경을 조사하다가, 이곳에 이르러 자세히 살펴보니 서쪽은 압록강(鴨綠江)이고 동쪽은 토문강(土門江)이다. 그래서 분수령(分水嶺)에 비석을 세워 기록한다. 강희(康熙) 51년(1712) 5월 15일.

이라고 썼다.

우리나라 사람에게는 "토문강(土門江)의 원류가 끊어진 곳에 돈대를 쌓아 그 하류에 접하게 하여 표시할 만 하다"라고 하였으니, 토문(土門)은 두만(豆滿)이다.

옛날에 윤관(尹瓘)[179]이 땅을 개척하여 속평강(速平江)에 이르렀는데 그때 남긴 비석이 아직도 있다. 김종서(金宗瑞)[180]가 두만강(豆滿江)을 경계로 삼은 것을 우리나라 사람들이 아직도 한스럽게 여기는데 윤관(尹瓘)의 비를 다투어 고수하지 못한 것은 봉명사(奉命使)의 실책이다.

백산 · 흑수
白山黑水

지봉 이수광이 말하였다.

장백산은 냉산(冷山) 동남쪽 천여 리쯤에 있다. 그 산의 새와 짐승이 모두 희며, 사람들이 감히 들어가지 못하는데, 아마 그 공간을 더럽혀서 뱀과 독사의 해를 초래할까 두려워해서인 듯하다. 흑수(黑水)는 이곳에서 발원하니 바로 혼동강(混同江)이다. 큰 나무를 쪼개어 배를 만드는데 그 모양이 북(梭)과 같아서 '북배(梭船)'라고 하니 지금의 마상선(亇尙船)[181]이다.[182]

---

179) 윤관(尹瓘) : 고려 시대의 장수(?~1111). 자는 동현(同玄), 시호는 문숙(文肅). 문종(文宗) 때 문과에 급제, 예종 2년(1107)에 여진 정벌군의 원수가 되어 17만 대군을 이끌고 함주(咸州) · 영주(英州) 등 여러 곳에 9성을 쌓아 여진을 평정하고 돌아와 문하시중이 되었다.

180) 김종서(金宗瑞) : 조선 전기의 충신(1390~1453). 자는 국경(國卿), 호는 절재(節齋). 태종 5년(1405)에 문과에 급제하고, 함길도 절제사를 거쳐 우의정을 지냈다. 육진(六鎭)을 개척하여 두만강을 경계로 국경을 확정했다. 『고려사』의 개찬(改撰), 『고려사절요』의 편찬을 총관했다. 수양대군에 의하여 두 아들과 함께 격살(擊殺)되었다.

181) 『松南雜識』에는 '于尙船'으로 되어 있다.

182) 『芝峯類說, 卷二, 地理部, 山』.

혼동(混同)은 속말(粟末)이다. 말갈(靺鞨) 땅의 접경은 『서경(書經), 우공(禹貢)』에서 이른바 '흑수(黑水)'가 이것이다. 당의 절진(節鎭)[183] 노룡(盧龍)이 흑수(黑水)다. 노(盧)는 '붉은 활과 검은 화살[彤弓盧矢]'이라고 했을 때의 노(盧)이고 북방 오랑캐 말로 '물'을 '용(龍)'이라 한다. 『차한기(車漢記)』에 이른바 "강 너비는 이십여 리이고 깊이는 측량할 수 없고 빛깔은 검고 물고기들과 강 주변의 새와 짐승이 모두 검다"라고 하니, 역시 이상하다.

장백산은 불함산
長白不咸

성호 이익이 말하였다.

백두산 줄기가 북막(北漠)으로부터 남쪽으로 내달리다가 분수령에 이르러 꺾여 동쪽으로 가서 가로로 천리에 뻗으니 옛날에 '불함산(不咸山)'이라고 하였다. 그곳의 방언으로 '가이민상견아린(歌爾民商堅阿隣)'이라고 하니, 대개 '가이민(歌爾民)'은 '길다[長]', '적견(商堅)'은 '희다[白]'이며, '아린(阿隣)'은 '산(山)'이라는 뜻이다.

여진(女眞)의 경계에 들어가는 산맥에서부터 분수령(分水嶺) 사이에 장령(長嶺)이 있다. 그곳의 방언으로 '가이민주돈(歌爾民朱敦)'이라고 하니 '주돈(朱敦)'은 '고개(嶺)'이다. 장령(長嶺)은 남쪽으로 납록와집(納綠窩集)[184]에 접하고 북쪽으로 고로납와집(庫魯納窩集)[185]에 접하니 와집(窩集)은 숲이다. 성경(盛京)과 홍경(興京)은 모두 요동(遼東)에 있다. 동쪽은 봉천부(奉天府)이고 서쪽은 금주위(錦州衛)다.

---

183) 절진(節鎭) : 요충이 되는 큰 고을로 절도사(節度使)를 둔다.
184) 납록와집(納綠窩集) : 지금의 홍경(興京) 동북 300리에 있다.
185) 『松南雜識』에는 '庫魯納窩集'으로 되어 있음.

혼동강을 넘어서면 몽고의 경계다. 몽고는 오랑캐[胡]다. 옛 나라의 북막에서부터 동쪽으로 흑룡강 밖에 이르기까지 도합 마흔 여덟 개의 부족이 있으니 이른바 청태극(靑太極)·황태극(黃太極)은 서쪽에 있고 액라사(額羅斯)·합이합(哈爾哈)은 동쪽에 있다. 액라사(額羅斯)는 '코 큰 오랑캐(大鼻㺚子)'라고 한다.

『통고(通考)』에서 "실위(室韋)[186]의 아홉 부족은 숙신의 북쪽에 있다. 지금의 달자(㺚子)는 아마도 이들의 후예인 듯한데, 서쪽에는 지두우(地豆于)·오락후(烏落侯)가 있다. 또 실위의 북쪽에는 구도매(驅度寐)의 여러 종족들이 있으니 모두 달자다"라고 하였다.[187]

『금사(金史), 예지(禮志)』에서 "장백산은 천하의 왕이 탄생할 곳에 있으

---

186) 실위(室韋) : 종족명. 거란(契丹)의 별종으로 거란 동북쪽 지금의 몽고 동부 및 흑룡강 북부 일대에 거주했다.

187) **生熟女眞**. 白頭之幹, 自北**漠**來南走, 至分水嶺, 折而東橫亘千里, 古稱不咸山, 其俗稱歌爾民商堅阿鄰, 歌爾民者長也. 商堅者白**也**, 阿鄰者山也, **一名長白山**, **佟家江**, **諸水出分水嶺**, **入鴨綠 佟家江或稱通加江**, **似是我國所謂婆猪江**, **與興京迫近也**. 自山脉之入女眞境, 至分水嶺, 其間有長嶺, 其俗稱歌爾民朱敦, **歌爾民者長也**. 朱敦者嶺也, 長嶺南接納綠窩集, 北接庫魯**訥**窩集, 窩集者, 樹林也, **興京諸水**, **皆出分水及納綠**, **入於遼河**, **自長嶺至庫魯訥衆水之出其西者**, **皆西北流**, **入於遼河**, **出其東者**, **皆東北流**, **入於混同江**, **其勢南高北低**, **自白頭以北便成北向大局而水皆北注混同以東鏡泊及烏蘇哩江**, **最其大者也**, **遼河者**, **一名巨流河**, **與長嶺諸水合而其源出塞外者**, **不可考**, **合而南注**, **所謂遼西遼東以此爲界**, **而**盛京興京, 皆在遼東, 東爲奉天府, 西爲錦州也. **今設木柵**, **西接山海城**, **斜亘東北**, **越遼河及北來山脉**, **又**越混同, 爲蒙古界, 蒙古者, 胡也, 自**中**國之北漠, 東至黑龍江外, 合**爲**四十八部, 所謂靑太極黃太極, 居西額羅斯哈爾哈, 居東**厄**羅斯, 卽大鼻㺚子云. **按**通考, 室韋九部, 在肅愼之北, 今之㺚子似是**其**遺種, 而室韋之西**千餘里**, 有地豆于烏**洛**侯, 室韋之北, 有驅度寐諸種, **或近或遠**, **要**皆**今之所謂**㺚子也.(『星湖僿說, 第三卷, 天地門, 生熟女眞』)→**星湖曰**, 白頭之幹, 自北來南走, 至分水嶺, 折而東橫亘千里, 古稱不咸山, 其俗稱歌爾民商堅阿鄰, **盖**歌爾民者長也. 商堅者白, 阿鄰者山也, 自山脉之入女眞境, 至分水嶺, 其間有長嶺, 其俗稱歌爾民朱敦, 朱敦者嶺也, 長嶺南接納綠窩集, 北接庫魯窩集, 窩集者, 樹林也, 盛京興京, 皆在遼東, 東爲奉天府, 西爲錦州**衛**也, 越混同**江**, 爲蒙古界, 蒙古者, 胡也, 自**古**國之北漠, 東至黑龍江外, 合四十八部, 所謂靑太極黃太極, 居西額羅斯哈爾哈, 居東**額**羅斯, 卽大鼻㺚子云, 通考, 室韋九部, 在肅愼之北, 今之㺚子似是遺種, 而室韋之西, 有地豆于烏**落**侯, **又**室韋之北, 有驅度寐諸種, 皆㺚子也.(『松南雜識』)

니 예로 화합하며 존숭한다"[188]라고 하였다.

차한에 관한 기록
車漢記

성호 이익이 말하였다.

조선 효종(孝宗) 9년 무술년(1658)에 청나라가 우리나라의 군사를 징발하여 청나라의 차한(車漢) 공격을 원조토록 하였다. 차한(車漢)은 러시아[羅禪]이다. 첨사(僉使) 신류(申瀏)가 군사를 거느리고 싸우러 갔다. 두만강을 건너 열사흘 만에 어제강(漁濟江)을 건너고 모단강(毛段江)을 거쳐 영고탑(寧古塔)에 이르렀다. 성은 높고 해자는 깊었으며 백성이 많고 가축들이 들에 가득하였고, 농경지는 성 십리 밖에 있었다.

행군하여 후통강(厚通江)에 이르니, 강의 너비가 십여 리나 되었다. 몽고국을 지나 가리강(加里江)을 건너서 금천강(金泉江)에 이르렀는데, 여기서 만리장성까지 나흘 길이라고 하였다.

퍅개국(愎介國)을 지났는데, 그 나라의 풍속은 남녀가 같은 옷을 입기 때문에 수염으로 구별한다.

왈개국(曰介國)에 도착했는데, 이 나라는 청나라의 후예다. 송가라강(宋加羅江)에 도착했는데, 송가라강은 흑룡강과 합류하니, 이곳이 차한(車漢)이 왕래하는 요충지다.

차한은 배를 집으로 삼고 농사와 길쌈을 하지 않으며 노략질을 생업으로 삼기에 수전(水戰)이 아니고는 제압할 수가 없었다.

머물러서 전함이 오기를 기다렸는데, 큰 배는 길이가 오십 길(丈)이고, 높이가 삼 사 길이었다. 내부를 삼 층으로 만들고 판자로 칸막이

188) 『金史, 卷三十五, 志, 禮八』.

를 하여, 아래층에는 군량을 저장했고, 가운데층에는 무기를 적재했으며, 위층에는 오백 명을 수용할 수 있었다. 전함마다 작은 배 다섯 척이 딸려 있는데, 매우 정교하게 제작되었다.

왈개의 군사가 다섯 길이나 되는 큰 물고기를 잡았는데, 그 절반을 우리 군사들에게 주었다.

청나라 원수(元帥)가 왈개・개부락(介夫落)・퍅개・몽고 등의 군사를 거느리고, 흑룡강에 도착하였다. 강의 너비는 이십 여 리이고 빛깔은 검고 물고기와 새와 짐승들이 모두 검었다. 사람들이 "송가라강(宋加羅江)은 만리장성 밖에서부터 흘러온다"라고 말하였다.

적이 바라보고는 놀라고 두려워하며 일자(一字)로 벌여 늘어서서 반은 섬으로 올라가 물과 육지 양쪽에서 공격할 대형을 이루었다.

청나라 원수는 우리나라의 부장(副將) 배시황(裵是熀)의 책략을 사용하여, 큰배로 진로를 가로질러 끊은 후 철책을 세워 성을 만들어, 물과 육지의 적이 서로 구원하지 못하게 한 다음 먼저 섬의 적들을 섬멸하고 다시 물위에 있는 적들을 공격였으나 전황이 불리하였기에 우리 장수가 화공책(火攻策) 사용을 설득하자 청나라 원수가 허락하였다. 이에 배시황・유응천(劉應天)이 서로 말하였다.

"적선은 모두 자작나무 껍질로 겹겹이 덮였으며 화약을 많이 싣고 있으니, 불화살을 쏘면 반드시 거센 불길에서 죽음을 면하지 못할 것이다."

적군은 그들이 단신으로 오는 것을 보고 위장병으로 생각하여 공격하지 않았다. 배가 조금씩 가까워지자 화살을 쏘아 배에 닿게 하니 일시에 불길이 번지며 바람과 우레가 번갈아 일어나고 소리가 천지를 뒤흔들었다. 두 사람이 배를 돌려 서로 잃어버렸다. 십 리쯤 갔는데도 여전히 파도가 뒤집혀 배가 요동하여 전포(戰袍)[189]가 다 젖었

189) 전포(戰袍) : 장수가 입던 긴 웃옷.

다. 어둠 속에서 연기와 화염이 치솟다가 반나절이 지나서야 비로소 진정되었다.

며칠 만에 비로소 대군(大軍)이 있는 곳에 도달하자, 청나라 원수가 말하였다.

“흉악한 파도가 갑자기 일어나기에 나는 너희들이 죽은 줄 알았다.”

이튿날 적이 있던 곳으로 가보니 모두 타서 재가 되었고 살이 타는 누린내가 진동하였다. 여러 나라 군사들이 “조선(朝鮮)의 힘이다”라고 축하하였다.

적군은 신장이 열 자나 되며 눈은 길고 움푹하며, 붉은 머리터럭과 헝클어진 수염이 마치 해초가 어깨에 드리워진 것 같으니, 이는 아마도 거란이 정벌했던 노랑머리의 실위(室韋)인 듯하다.

영고탑(寧古塔)에 도착하자 청나라 원수가 배시황을 데리고 집에 가서 그의 처를 만나게 하였다. 그의 처 세 사람이 한 팔은 올리고 한 팔은 내려 예(禮)를 하고 앞으로 나와 함께 얼굴을 마주한 후 진수성찬으로 대접하였다. 생각건대, 한 팔을 올리고 한 팔을 내린 것은 천지를 가리킨 것일테고 사람의 마음은 얼굴처럼 다른 까닭에 얼굴을 마주하면 마음이 합해진다는 의미이리라.

신류와 배시황은 모두 영남 사람이다.190)

---

190) 車漢日記. 我孝廟九年戊戌, 大國徵我兵, 助攻車漢賊, 車漢者, 羅禪也. 於是, 以惠山僉使申瀏, 移拜北虞候, 領兵赴戰, 先時, 曰介介夫落愎介三國, 朝貢不至, 淸將問罪, 三國皆言, 小邦爲車漢所侵掠, 捄難不贍, 寧有貳志, 大國若揚威勦滅, 是大國有卹小之恩, 小邦盡事大之誠, 於是, 連歲發兵, 往土皆爲賊所敗, 甲午遣使徵兵我邦, 以北虞候邊岋爲將, 領銃手百名, 旗鼓火丁四十八名, 赴之, 遇賊於厚通江, 賊多中丸死, 追至好通及骨地, 賊遠遁, 岋全師還至, 是選北邊九邑銃手二百名及標下旗鼓手火丁六十名, 齎三月糧前去, 戊戌春三月一日也. 渡豆滿江, 十三日, 渡漁濟江, 十六日, 歷毛段江, 十九日, 達靈古塔, 中間樹林蔽天, 人迹未到, 麋鹿成群, 魚不避人, 長或十餘尺, 以佃漁饗士皆飽, 靈古城高池深, 人民繁庶, 畜産遍野, 耕農之地, 在城外十里, 行至厚通江, 江濶十餘里, 又十餘日, 歷蒙古國, 四月十九日, 渡加里江, 至金泉江, 去萬里城六日程云, 歷愎介國, 其俗男女同服, 以鬚爲別, 五月五日, 到曰介國, 此本淸之餘種, 與淸族類相錯, 十五日到宋加羅江, 江與黑龍江合, 此車漢往來之衝, 車

漢者, 以船爲宅, 不耕不織, 攘奪爲業, 非水戰, 不可制, 留待戰艦之至, **留八日**, **戰艦至**, 大者, 長五十丈, **小亦十三丈**, 高可三四丈, 內作三層, 用板爲隔, 下藏穀, 中藏械, 其上, 可容五百人, 每艦, 領五小舠, 制作極精緻, 曰介軍, 獵得大魚長五丈, 以其半餉我軍**皆飽**, 淸元帥**率**曰介介夫落愎介**及**蒙古等兵, **六月五日解纜**, **十日**到黑龍江, 江濶二十餘里, **深不可測**, 色如柒, 魚族**及江邊**禽獸皆黑, 人言宋加羅從萬里城外來, **十日**賊**從黑龍下流至**, 望見驚惶, 一字擺列, 半登于島, 水陸掎角, 淸**元**帥**發卒**, **再嘗賊**, **銃丸齊發**, **死傷過半**, **淸元帥**用我國副將裵是愰策, 以**鉅**艦橫截竪鐵于爲城, 使水陸不相及, 先殲島賊, **北軍亦多死傷**, 復**進**攻, 水賊不利, **相持五日**, **士氣益沮**, 我將以火攻之策, 說之淸**元**帥, **利其貨物**, **不聽**, **至勢窮而後**許**之**. 於是, **令裵**是愰劉應天, **被重甲乘流而下**, **二人**相謂曰, 賊船皆樺皮重覆, 多藏火藥, 旣發火箭, **不急避**, 必不免於虐炎, 賊見其孤行, **慮爲**疑兵, 不搏擊, 船稍近, 矢發着船, 一時延燒, 風雷交作, 聲震天地, 二人**廻**船, **走避慌忙**相失, 行**止**十里許, 猶波飜舟蕩, 戰袍皆**沾**, 烟炎晦冥, **自分必死**, 半日始**風**定**浪息**, **若東方之漸白**, 數日始達大軍, 淸**元**帥**延謂**曰, 凶濤忽起, 吾以爾爲死矣. 明日, **進船**至賊所, 則盡爲灰燼, 腥膻**之臭不堪聞**, 諸國**咸稱**曰, **此**朝鮮之力也. 賊身長十尺, 目長而深, 赤髮鬖髿, 如海毛垂肩, 此恐是契丹所征黃頭室韋也. **軍器則火炮長鎗也**, **銃不用火線**, **以環瑚石**, **着在火門**, **堅不動**, **又於龍頭上 置金鑑**, **龍頭落而金石相薄激**, **成火點**, **火起丸發**, **舡制覆以木板**, **或排椽加柞外**, **皆樺皮厚覆**, **多穿穴放丸也**. **我兵死者八人**, **傷者又若干**, **七月十日**, **奏捷發還**, **擧鋏碇**, **十人不能勝**, **有械囚俘賊**, **一擧引上**, **若取芥然**, **其膂力如此**. **九月二十七日**, **還**到靈古塔, **勅降賜朝鮮將**, **爵龍骨大副骨大**, **大頒賞有差**, 淸**元**帥引是愰, 至家見其三妻, 三人擧一臂垂一臂爲禮, 進與合面, 享以盛饌, 意者, 一擧一垂, 指天地也, 心不同如面, 故面合則心合也. **十日月十八日**, **離靈古塔**, **十二月十五日**, **到豆滿江**, **明年大國付貢使陳亡者八人家銀各三十兩**, **傷者二十五人**, **分五等賜銀有差**. 申裵**二人**, 皆嶺南人.(『星湖僿說, 第八卷, 人事門, 車漢日記』)→車漢記. **星湖曰**, 我孝廟九年戊戌, 大國徵我兵, 助攻車漢, 車漢者, 羅禪也. 以僉使申瀏, 領兵赴戰, 渡豆滿江, 十三日渡漁濟江, 歷毛段江, 達靈古塔, 城高池深, 人民繁庶, 畜産遍野, 耕農之地, 在城外十里, 行至厚通江, 江濶十餘里, 歷蒙古國, 渡加里江, 至金泉江, **則**去萬里城**四**日程云. 歷愎介國, 其俗男女同服, 以鬚爲別, 到曰介國, 此淸之餘種, 到宋加羅江, 江與黑龍江合, 此車漢往來之衝, 車漢, 以船爲宅, 不耕不織, 攘奪爲業, 非水戰, 不可制, 留待戰艦之至, **其**大者長五十丈, 高可三四丈, 內作三層, 用板爲隔, 下藏穀, 中藏械, 其上, 可容五百人, 每艦領五小舠, 制作極精緻, 曰介軍, 獵得大魚長五丈, 以其半餉我軍, 淸元帥**帥**曰介介夫落愎介蒙古等兵, 到黑龍江, 江濶二十餘里, 色如漆, 魚族禽獸皆黑, 人言宋加羅**江**, 從萬里城外來, 賊望見驚惶, 一字擺列, 半登于島, 水陸掎角, 淸帥用我國副將裵是愰策, 以巨艦橫截竪鐵于爲城, 使水陸不相及, 先殲島賊, 復攻水賊不利, 我將以火攻之策, 說之淸帥**乃**許. 於是, 是愰劉應天, 相謂曰賊船皆樺皮重覆, 多藏火藥, 旣發火箭, 必不免於虐炎, 賊見其孤行, **謂**疑兵不搏擊, 船稍近, 矢發着船, 一時延燒, 風雷交作, 聲震天地, 二人**回**船相失, 行十里許, 猶波飜舟蕩, 戰袍皆**濕**, 烟炎晦冥, 半日始定, 數日始達大軍, 淸帥曰, 凶濤忽起, 吾以爾爲死矣. 明日至賊所, 則盡爲灰燼腥膻, 諸國**賀**曰, 朝鮮之力也. 賊身長十尺, 目長而深, 赤髮鬖髿, 如海毛垂肩, 此恐是

북쪽으로 흐르는 것은 하, 동쪽으로 흐르는 것은 강
北河東江

지봉 이수광이 "하(河)는 북쪽으로 흐르는 물의 통칭이니 비록 규모가 작아도 반드시 '하(河)'라고 이름한다. 저탄(猪灘)이 패하(浿河)와 요하(遼河)인 것이 그 예이니 대개 수원이 하(河)에서 나온다"[191]라고 하였다.

강(江)은 동남쪽으로 흐르는 물의 통칭이다. 비록 규모가 커도 반드시 '강'이라고 한다. 낙동강(洛東江)과 소양강(昭陽江)이 그 예이니 대개 수원은 강에서 나온다.

황하 · 압록강
黃河綠江

주자(朱子)는 황하(黃河)와 오장강(吳長江) · 압록강(鴨綠江)을 천하의 삼대수(三大水)라고 생각했는데, 대개 수원(水源)이 멀기 때문이었다. 황하는 서번(西蕃) 타감사(朶甘思)에서 나와서 성수해(星宿海)가 된다. 흘러가다가 반월(半月)에 이르고 대설산(大雪山)에 이르니 바로 곤륜산(崑崙山)이다. 또 땅속으로 삼천 리를 흐르다가 적석(積石)에 이르러 비로소 드러나 중국으로 흘러 들어간다. 천 리가 한 구비가 되는데, 무릇 서른 여섯 구비나 된다. 거란(契丹)은 이른바 요라개몰리(裊羅箇沒里)이고 몽고(蒙古)에서 중국을 '황리(黃裏)'라고 부르는 말이 이것이다. 발원지는 소와 말도

契丹, 所征黃頭室韋也. 到靈古塔, 淸帥引是熀, 至家見其妻, **妻**三人擧一臂垂一臂爲禮, 進與合面, 享以盛饌, 意者, 一擧一垂, 指天地也, 心不同如面, 故面合則心合也. 申裒, 皆嶺南人**也**.(『松南雜識』)

191) 河者, 北方流水之通名, 故自遼抵燕都一路, 有八渡河, 甕北河, 三叉河, 大小凌河 · 沙河 · 深河, 灤河 · 潞河 · 玉河, 皆以河稱焉, 我國之猪灘, 舊稱浿河, 蓋亦以此.(『芝峯類說, 卷二, 地理部, 水』) → 河者, 西北流水之通名, 雖小必名河, 猪灘爲浿河及遼河, 蓋源出於河也.(『松南雜識』)

건너갈 수 있다.

장강(長江)은 민산(泯山)이 발원지이다.

압록강은 백두산에서 나오니 샘 구멍에서 펑펑 솟아나오는 것이 마치 회묘(淮廟)의 홰나무 아래 샘 구멍에서 회수(淮水)가 솟아나는 것과 같다.

『당사(唐史)』에서 말하였다.

> 원만경(元萬頃)이 이적(李勣)을 위해 쓴 격문(檄文)에서 "고려는 험한 압록강도 지킬 줄 모른다"라고 하였다.

『당서(唐書), 지리지(地理志)』에서 "마자수(馬訾水)는 백두산에서 나오는데 빛깔이 오리 머리[鴨頭] 같아서 압록수(鴨綠水)라고 한다"라고 하였다.

어니하
淤泥河

『설문해자』에서 "니(泥)는 강 이름으로 북지(北地) 욱질(郁郅)의 북만(北蠻) 가운데서 나온다"라고 하였다.

『한서(漢書)』에서 "요동(遼東)에 어니하(淤泥河)가 있다. 그 진흙이 서해(西海)의 약수(弱水)와 같아서 사람과 말이 가라앉으니 바로 당 태종(太宗)이 동쪽을 정벌을 할 때 직접 흙을 짊어졌던 곳이다"라고 하였다.

영고탑(寧古塔)은 어니하 안쪽에 있다. 그래서 병자호란 때 싸리나무 땟목 삼천 장을 맹약서(盟約書)에 기재한 사실이 이것이다. 우리나라의 갑산(甲山) 한 길은 이 어니하를 지나지 않는다. 임경업(林慶業)[192]이 곧

192) 임경업(林慶業) : 조선 인조 때의 명장(1594~1646). 자는 영백(英伯), 호는 고송(孤松). 이괄의 난에 공을 세우고, 병자호란 때 명나라와 합세하여 청나라를 치고자 했으나 뜻을 이루지 못하고 김자점의 모함으로 죽었다.

장 위(魏)나라의 수도로 달려간 것은 그 계책이 반드시 기이하지 않은 것은 아니다.

운서(韻書)에서 말하였다.

당나라 측천무후(則天武侯) 때 서국(西國)에서 청니주(淸泥珠)[193]를 바쳤는데, 호인(胡人)이 백금(百金)으로 그것을 사들였다고 한다. 서국(西國)의 청니박(淸泥泊)에는 진귀한 보물이 많다. 다만 깊은 수렁 때문에 얻을 수가 없다. 이 구슬을 던지면 바로 진흙이 물로 바뀌어 보물을 얻을 수 있다고 한다.[194]

패수와 산수
浿滻

성호 이익이 말하였다.

위만(衛滿)이 패수(浿水)를 건넜다고 하는데 아마도 압록강인 듯하다. 진수(陳壽)[195]의 『삼국지(三國志)』[196]를 살펴보니 "노관(盧綰)이 연

193) 청니주(淸泥珠) : 서국(西國)에서 생산되는 보배로운 구슬이다. 『광이기(廣異記)』에 측천무후(則天武侯)가 서국에서 바친 청니주(淸泥珠)의 가치를 모르고 서명사(西明寺)의 중에게 주었는데 그 가치를 알아본 호인(胡人)이 십만금으로 그것을 사들여 넓적다리 속에 숨겼다. 나중에 사실을 알게된 측천무후가 그의 배를 갈라서 그것을 꺼내려 하자 마지못해 넓적다리살을 갈라서 꺼내주었다고 한다.

194) **淸泥珠**. **廣異記**, 則天時, 西國獻淸泥珠, **后不知貴**, **以施西明寺**, **僧布金剛額中**, **有**胡人, **十萬貫**買之, **納腿中**, **則天欲剖其腹**, **胡不得已**, **於腿中取出**云. 西國**有淸泥泊**, 多**珍**寶, 但苦泥深, **不可得**, **若以此投泥中**, **泥悉**成水, **其寶乃可得**, **則天因寶持之**.(『佩文韻府, 卷七之三』)→則天時, 西國獻淸泥珠, 胡人, **百金**買之云. 西國多寶, 但苦泥深, 投此珠, 卽成水**云**.(『松南雜識』)

195) 진수(陳壽) : 서진(西晉)의 역사가(233~297). 자는 승조(承祚). 삼국 시대에 촉나라를 섬기었으나, 후에 진(晉)나라에서 벼슬했다. 중국 정사(正史)의 하나인 『삼국지』를 편찬했다.

왕(燕王)이 되어 조선과 연(燕)나라가 추수(溴水)를 경계로 하였다. 노관이 흉노(匈奴)로 투항하자 위만은 망명하여 오랑캐 옷을 입고 동쪽으로 추수(溴水)를 건넜다"라고 하니 '浿'는 아마도 '溴'의 오자인 듯하다. 『성경통지(盛京通志)』[197]에도 '溴'라고 썼으니 모두 증거 삼을 만하다.

어떤 사람은 "어니하(淤泥河)를 패수라고도 일컫는다"라고 하였다. 한(漢)나라 때 어니하가 패수현(浿水縣)에 있었던 까닭에 『한서(漢書)』에서도 혼동하여 쓰고 구별하지 않았던 것인가? 평양 남쪽이 패수와 인접하였던 것을 근거로 한다면 아마도 대동강인 듯하다. 그러나 우리나라 역사에서 백제의 국경이 북쪽으로 패하까지 이르렀기에, 고구려 안장왕(安藏王)[198]이 백제를 침략하여 패수에 이르렀다고 한다. 『동국여지승람』에 "평산(平山)의 저탄(猪灘)이 이곳에 해당된다"[199]라고 한 기록이 이것이다.

살수(薩水)는 지금의 청천강(淸川江)이다. 대동강은 아마도 열수(洌水)인 듯하다. 한강(漢江)은 아마도 대수(帶水)인 듯하다.

『백제사(百濟史)』에서 "동북부의 굶주린 백성들이 고구려의 패수(浿水)와 대수(帶水)의 지역에 들어갔다"라고 하였다.

『한서, 지리지』에서 "패수는 요동성(遼東城) 밖에서 나와서 서남쪽으

---

196) 삼국지(三國志) : 진(晉)나라 때에, 진수가 지은 위 · 오 · 촉 삼국의 정사. 중국 이십오사의 하나. 위지(魏志)에 기록된 부여전(夫餘傳) · 고구려전(高句麗傳) · 옥저(沃沮) · 읍루(挹婁) · 예(濊) · 삼한전(三韓傳)은 우리나라의 상대사(上代史) 연구에 귀중한 자료이다. 기전체로, 위지 30권, 촉지 15권, 오지 20권으로 모두 65권으로 되어 있다.

197) 성경통지(盛京通志) : 청(淸) 동병충(董秉忠) 등이 감수(監修)하여 편찬한 것으로 경성(京城)의 제도(制度) · 문물(文物)을 총망라하였는데 편찬자의 서문(序文)에 이어 편목(篇目)이 차례로 나열되어 있다. 이것은 총 32권인데 청(淸) 건륭(乾隆) 44년(1779)에 칙명으로 수정 보완하여 120권으로 편찬되었다.

198) 안장왕(安藏王) : 고구려의 제22대 왕(?~531). 이름은 흥안(興安). 백제와 두 차례 싸웠으며 양(梁)나라와 통호(通好)했다. 재위 기간은 519~531년.

199) 猪淺一云浿江.(『新增東國輿地勝覽, 平山都護府, 山川』) → 以平山猪灘當之.(『松南雜識』)

로 낙랑현에 이르렀다가 서쪽으로 바다로 들어간다"라고 하였다.[200]

천양

泉洋

서긍(徐兢)[201]의 『사고려록(使高麗錄)』에서 "바다에 백수양(白水洋)이 있

---

200) 外國地號, 本土無驗, 而上國有之, 宜從而取斷, 苟使本土有之, 而與上國文字有別者, 宜從本國. 如人名之, 見於上國者, 分明多誤, 豈可據彼而反疑吾名. 或然耶, 如浿江, 據衛滿之渡浿, 則疑鴨綠也. 然按陳壽三國志, 盧綰爲燕王, 朝鮮與燕界於溴水, 及綰入匈奴, 燕人衛滿亡命, 爲胡服, 東渡溴水, 則浿卽溴之誤也. 今盛京通志, 亦作溴, 皆可證也. 或者, 遼東淤泥河, 亦稱浿水, 在漢浿水縣北, 故漢書混而不別耶. 據平壤之南臨浿水, 則疑大同江也. 然據本國史, 百濟定疆域, 北至浿河, 句麗安藏王, 侵百濟, 至浿水, 是時, 句麗都平壤東黃城, 百濟都漢山, 浿在其間, 輿地勝覽, 以平山府猪灘, 當之者, 是也. 百濟辰斯王時, 大發國人, 設關防, 自青木嶺, 北距八坤城, 西至于海, 青木嶺者, 卽今之青石谷, 最宜設關之地, 而距猪灘至近, 此爲兩國之限, 過此以外, 平山瑞興之類, 亦不及也, 况大同乎. 按通考, 自禮成江三日, 抵岸曰碧瀾亭. 然則此水, 亦名禮成江, 而今亦稱碧瀾渡也. 薩水者, 以爲今淸川江者, 是也. 句麗大神武王時, 漢渡海伐樂浪, 薩水以北屬漢, 是時, 句麗自國內移丸都, 猶在鴨綠之外. 意者, 龍銕宣郭諸郡, 漢皆取之也. 後十三年, 句麗拓境, 南至薩水, 則漢復失之矣. 乙支文德傳, 宇文述渡鴨水追, 又東渡薩水, 去平壤城三十里, 則又可驗. 自東川王時, 自丸都渡鴨綠移平壤, 則浿水以北, 皆其境內矣. 大同江者, 恐是洌水也. 通典, 泉水洌水汕水, 合爲洌水, 今平安道內, 惟大同江最大. 揚雄方言, 每稱朝鮮洌水之間, 洌水之在道中, 又可驗. 按輿地勝覽, 其源有三. 一出寧邊郡, 至江東郡, 界爲雜派灘, 一出陽德縣, 界合雜派灘, 又與平壤江, 合入海, 其三水合流者, 惟此爲然, 則非洌水而何. 漢江者, 恐是帶水也. 百濟始祖三十七年, 東北部落飢亡, 入句麗, 浿帶之間, 空無居民. 後十九年, 句麗滅樂浪, 樂浪人與帶方人, 投新羅, 新羅分置六郡, 則今之南原等地, 是也. 又句麗沸流之南犇也, 渡浿帶二水, 至彌鄒忽居焉. 是時, 句麗在洌水之源, 則所可渡大江, 惟臨津及漢江. 沸流登負兒嶽云云. 彌鄒忽者, 今之仁川地, 不渡漢江, 無以至也. 餘在帶方條, 安百順云, 帶方是羅州會津縣, 據三國史地理志李勣所奏而知之.(『星湖僿說, 第二卷, 天地門, 浿滻』)→衛滿渡浿, 則疑鴨綠也. 按陳壽三國志, 盧綰爲燕王 朝鮮與燕, 界於溴水及綰入匈奴, 滿亡命, 爲胡服, 東渡溴水, 則浿卽溴之誤也. 盛京通志, 亦作溴, 皆可證也. 或者, 淤泥河, 亦稱浿水, 在漢浿水縣此故漢書混而不別耶. 據平壤之南臨浿水, 則疑大同江也. 然本國史, 百濟之疆域, 北至浿河, 句麗安藏王, 侵百濟, 至浿水, 輿覽以平山猪灘, 當之者, 是也. 薩水, 今淸川江也, 大同江, 恐是洌水, 漢江, 恐是帶水. 百濟史, 東北部飢, 入麗 浿帶.(『松南雜識』)

201) 서긍(徐兢) : 송나라 때의 문신. 고려 인종 1년(1123)에 고려에 사신으로 다녀간 후 『고

다. 그 수원이 말갈(靺鞨)에 있기 때문에 백색이 된다. 황수양(黃水洋)은 사미(沙尾)인데, 그 물이 뿌옇고 얕다"[202]라고 하였으니, 곤륜산에서만 양수(洋水)가 나오는 것이 아니다.

천수와 산수, 합류하여 열수가 된다
泉汕合洌

『진서(晉書)』에서 장화(張華)[203]가 "조선에 천수(泉水)·산수(汕水)·열수(洌水)가 있는데 합하여 열수가 된다"라고 하였다.

지금 한강(漢江)을 열수라고 하니 패대(浿帶)의 대(帶)가 그 별명인가? 장안(張晏)[204]이 "조산(朝汕)이 조선(朝鮮)이 된 것은 산(汕) 때문이다"라고 하였다.

려도경』을 지어 고려의 실정을 송나라에 알렸다.

202) 白水洋, 其源出靺鞨, 故作白色, **是夜擧火三舟相應矣**. 黃水洋卽沙尾也, 其水渾濁且淺.(『使高麗錄』) → **洋中有**白水洋, 其源出靺鞨, 故作白色, 黃水洋卽沙尾也, 其水渾濁且淺.(「松南雜識』)

203) 장화(張華) : 진(晉)나라 방성(方城) 출신. 자는 무선(茂先). 도(圖)·위(緯)·방(方)·기(技)에 관한 서적들을 많이 공부했고 기억력이 좋아서 사람들이 자산(子產)에 비유했다. 무제(武帝)가 오(吳)를 정벌할 때 승리를 예견하고 참전하여 광무후(廣武侯)에 봉해졌다. 청렴하여 집에 책 외에 다른 재산이 거의 없었다고 한다.

204) 장안(張晏) : 삼국 시대(三國時代) 위(魏)나라 중산(中山) 출신. 자는 자부(子傅). 저서에 『서한서음석(西漢書音釋)』 40권이 있다.

百濟至俱水輿覽以平山猪灘當之是也淸水今淸川江也大同江恐是浿水漢江恐是帶水百濟史東北部飢入麗俱帶

泉汕合浿

泉洋 徐兢使高麗錄曰洋中有白水洋其源出靺鞨故作白色黃水洋即沙尾也其水渾濁且淺不獨昆侖之紅洋水出焉

晋書張華曰朝鮮有泉水汕水浿水合為浿水今漢江為浿則其俱帶之帶別名耶張晏謂朝汕之為朝鮮者以汕也

相江候潮

李奎報詩云三兔三龍水三蛇一馬時半三條亦二月黑後如斯候於西江不差他處則否其理未可曉也

衆水西流

淮南子曰天傾西北星辰就焉地傾東南衆水歸焉我國水皆西流者山障西北水出東南故必環西北而歸東南則堪輿家

泥如西海之弱水人馬墊沒而唐太宗東征親自負土處也靈古塔在其洞內故丙子之役桴筏三千立載在盟書是也我國甲山一路不涉此河林忠愍之直走魏都其計未必非奇也韻書曰唐則天時西國獻清泥珠胡人以百金買之云西國多寶但苦泥深投此珠即成水云

浿渡 漢地理志浿水出遼東塞外西南至樂浪縣西入海

星湖曰衛滿渡浿則疑鴨綠也按陳壽三國志盧綰爲燕王朝鮮與燕界於溴水及綰入匈奴滿亡命爲胡服東渡溴水則浿即溴之誤也盛京通志亦作溴溴皆可證也或者淤泥河亦稱浿水在漢浿水縣此故漢書混而不別耶據平壤之南臨浿水則疑大同江也然本國史百濟之疆域北至浿河句麗安臧王侵

河是也蓋源出於河也江者東南流水之通名鄭樵云今江淮

東江昭陽江是也蓋源出於江也

黃河綠江水唐書地理志曰馬訾水出白山色若鴨頭號鴨淥

朱子以黃河及吳長江鴨綠江爲天下三大水蓋源遠故也黃河出西蕃朶甘思爲星宿海行至半月至大雪山即崑崙也又伏流至積石始見入中國千里一曲凡三十六曲契丹所謂烏裕羅箇沒里蒙古謂中原曰黃東是也其發源處牛馬可渡長江出岷山始所濫觴鴨江出白山泉穴泡泡循淮扇棍樹下一泉眼淮木出焉唐史元萬頃爲李勣檄高麗不知守鴨綠之險

淤泥河

說文曰泥水名出北地郁郅北蠻中漢書曰遼東有淤泥河其

霞多藏大藥既發大箭必不免於虜矣賊見其流行謂疑兵不
搏擊船稍退矢發著船一時延燒風雷交作聲震天地二人四
船相失行十里許猶彼飄舟蕩戰袍皆濕烟矣晦冥半日始定
數日始達大軍清帥曰凶濤忽起吾以爾為死矣明日至賊所
則盡灰燼腥膻諸國賀曰朝鮮之力也賊身長十尺目長而深
赤髮鬖鬖鬍如海毛垂肩此甚是契丹所征黃頭室韋也到靈古
塔清帥引是槐至家見其妻妻三人擧一臂垂一臂為禮進供
合西享以盛饌意者一擧一垂指天地也心不同而西故西合
則心合也中裹皆嶺南人也

北河東江

芝峯曰河者西北流水之通名淮以北名河清難為具河及虛

曰介國比清之餘種到宋加羅江、與黑龍江合此車漢往來
之衝車漢以船爲宅不耕不織擄奪爲業非水戰不可制留待戰
艦之至其大者長五十丈高可三四丈內作三層用板爲隔下
藏穀中藏械其上可容五百人每艦領五小舠制作極精緻曰
介軍獲得大艦長五丈以其半餉我軍清元帥、曰介、夫落
復介蒙古等兵到黑龍江、闊二十餘里色如漆魚族禽獸皆
黑人言宋加羅江從萬里城外來賊望見驚惶一字擺列半登
于島水陸犄角清帥用我國副將褒是焜策以巨艦橫截
于島爲城使水陸不相及先殲島賊後攻水賊不利我將以
之策說之清帥乃許於是是焜劉應天相謂曰賊艦皆梯其

俗稱歌爾民朱敦朱敦者嶺也長嶺南接納綠窩集北接庫魯
窩集窩集者樹林也盛京興京皆在遼東、爲奉天府西爲錦
州衛也越混同江爲蒙古界蒙古者胡也自古國之北漠東至
黑龍江外合四十八部所謂青太極黃太極居西額羅斯哈爾
哈居東額羅斯即大㒵㺚子云通考室韋九部在肅愼之北今
之㺚子似是遺種而室韋之西有地豆于烏落侯又室韋之北
有驅度寐諸種皆㺚子也 金史禮志云長白山在興王之地禮合尊崇

車漢記

星湖曰我 孝廟九年戊戌大國徵我兵助攻車漢車漢者羅
禪也以僉使申瀏領兵赴戰渡豆萬江十三日渡漁濟江歷毛
段江達臺古塔城高池深人民繁庶畜產遍野耕農之地在城
外十里行至多通江、闊十餘里歷蒙古國[illegible]

白山黑水

芷峯曰長白山在冷山東南千餘里其山禽獸皆白人不敢入恐穢其間以致蛇虺之害黑水發源於此即混同江剖大木為舟形如梭日梭船即今于尚船也混同者粟末也靺鞨之地接禹貢所謂黑水是也唐節鎮盧龍者黑水也盧者彤弓盧矢之盧龍者胡語謂水為龍也東漢記所謂江闊二十餘里深不可測色如漆魚獸及江邊禽獸皆黑云亦異矣

長白不咸

皇朝曰白頭之幹自北來南走至分水嶺折而東橫亘千里古稱不咸山其俗稱歌爾民商堅阿鄰蓋歌爾民者長也商堅者白阿鄰者山也自山脈之入女真境至分水嶺其間有長山

岡江也遂東下三四里而得鴨綠之源有泉沲沲從山穴中出
甚流汩減漯疾不數步峽坼為大壑中注之又東行踰一短岡
而得一泉西流三四十步而別出二派其一派與西川合一則
東下而其流甚微甚細又東踰一岡則有泉東流可百餘步而
中泉之歧而東者來合克登坐中泉汊水間曰此可名分水嶺
立碑定界而土門源流間斷伏行地中疆界不明乃竪碑書曰
大淸烏喇總管穆克登奉旨查邊至此審視西為鴨綠東為土
門故於分水嶺勒石為記康熙五十一年五月十五日謂我人
曰土門源斷處可築墩接其下流以表之土門者豆滿也昔尹
瓘拓地至速平江遺碑尚在金宗瑞以豆滿為境國人猶恨不
能以尹碑爭執為奉命之失

淺最近鐵嶺以南是也

分水定界

輿地勝覽曰白頭山在會寧府西其巔有潭南流爲鴨綠江北流爲松花江爲混同江東北流爲蘇下江爲速平江東流爲豆滿江大明一統志云東流爲阿也苦河疑指速平江也亦猶分界江洪世泰柳下集白頭山記云長白山我國謂之白頭山兩國以山上二江爲界壬辰夏中國遣烏喇總管穆克登往觀定界蓋山起自北直下大荒至此特立高極天不知其幾千萬仞頂有池如人顖穴周可二三十里色黝黑不測方夏氷雪委積望之一銀海也山形遠望若覆甕及登則四圍微凹中窪如仰盆口向上外白内赤四壁削立坼其北數尺水溢出爲瀑即混

嶺者不知其幾而此嶺最高有經緩廻山腹凡九十九曲而通

京都之大路

廢四郡

鴨綠之南江界之東有閭延茂昌虞芮慈城東西合四百三十

四里南北不下數百里以婆猪野人殺略人口我 世祖元年

空其地噫虞芮遂爲閒田其因吾圉之策歟

沃沮肅慎

星湖曰沃沮者肅慎之部有北東南三種自豆滿以西至鐵嶺

內外皆其地而一南一北居其間者東也意者今之茂山以外

豆滿內外皆其地而自茂以南諸郡即北沃沮也東沃沮在蓋

馬山東蓋馬山者似是白頭山之麓咸興以北大山是也南沮

自此緣鴨綠江邊渭源理山碧潼昌城朔州達于義州皆在江右嶺控護內地盖患無其人不患無關阨矣

北道徑路

星關曰北道大路捷徑達于彼境者六七條一自慶源慶興間而入無高山大陵之關隔一自會寧渡豆滿衢雲頭城而來達于富寧一自長白山邐迤而南因緣木石間抵茂山一西谷直抵城底一出於永興了德里一自別害達于了德里則定平以北之路絕出于別害則咸興以于明川長白山下則六鎭之路絕盖柳夢寅安

大關嶺

江陵鎭山也自女真之長白山縱橫迤

人水遙出爲溪即泝

者前朝契丹蒙古紅頭皆由此龜朔義鐵之路況龜城在三路之間形勢極好前朝朴犀保障之地時梗龍川之間亦宜量擇形勢而修築之可也慈母城雖曰天險非要衝也余謂江界理山等路國朝征討多由此亦不可不慮而赤兔赤鼠之役皆取義州路蓋鐵嶺爲北関之阨鳥嶺爲東南之阨京都亦以西有松都之後西江又其西有豬灘又其西有大同江又其西有清川江又其西有鴨綠江此大較也兩水之間必有山一幹所謂青石嶺一幹在西江豬灘之間爲京畿黃海之界定方城一幹在豬灘大同之間爲黃海平安之界此兩幹實爲險阻可守之地大同清川之山脉低平而在平安道内清川鴨綠之間山勢峻阨處處可守所謂清北諸郡是也[illegible]

直路參兄守之地南不遠山[illegible]
走浦海山脊有古城基一路自黃州由慈悲嶺達于瑞興一路
由校籍院趁遂安文塞墻在三登祥原界塞南在陽德界六條
之外惟薛罕嶺入咸鏡地而已或舊路榛塞或險阨易府詳載
肅廟寶鑑按高句麗榮留王十四年築長城東北自扶餘城東
南至海千有餘里凡十六年功畢輿覽云本朝　文宗二年設等
城長五千三尺高七尺所謂古城基者此也陽德與成川爲界
所謂扶餘城者即在陽德界設關置防古今同策

西道關阨
星湖曰李參判寅論關阨曰自昌城由時梗達於
由大朔州達於龜城自義州由龍川達於鐵山

公曰財何中王曰第三左翼財隆果然仍賜其地名曰弓位

鷄龍

擇里志曰鷄龍雄不及五冠秀不及三角前面又少朝水只錦江一帶周回龍身而已凡回龍顧祖之地本少大力量雖以金陵觀之無爲偏覇之邦且以漕運不便故國初三日始役而去云局內西北有龍湫極深且大溢爲大溪此則漢陽開城所無也金溝母岳下有平地洞府諺傳可作都邑海東伽倻寺洞經古有王宮闕基址

銅仙關

權監司脩疏言靑石谷雖曰天塹逸北趍東大徑小路不可勝守關阨之要無過周山一路

芝峯曰俗謂肅慎氏楛矢石砮[illegible]

江華天塹

擇里志曰東北環江西南環海爲大島爲漢陽水口之羅星只於山脚臨江處築墩臺以備冦如北岸一帶昇天浦甲串兩路則島爲天塹矣麗高宗避元移都十年陸地糜爛終不能犯而金慶徵日䔍博沉醉而恃天塹則危矣 英廟丙寅留守金始爀請築城自燕尾亭至孫石項未幾潦雨城圮江岸堅固可通人馬沿江四十里處處皆泊舟而島始不可守矣三郎城燈山檀君命三子築之塹星壇在摩尼山世傳檀君祭

侍位

申氏譜曰崇謙從麗祖遊平山有三鴈飛過王顧[illegible]

萬曆辛卯趙重峯貽書府使申恪曰不久倭寇將動願修城池申公如其言壬辰倭果入寇八路風靡招討使月川君李廷馥守此城拒之大捷鰲城撰碑紀功李德懋詩云申公築城炳幾先畢竟奇功李月川敗壘蜿蜒連草寇崇碑屓贔辨龍年是也

內浦

擇里志曰伽倻山前後十縣俱號內浦其勢斗絶一隅不當孔道故壬丙二亂不入云

湖西湖南

磻溪曰金羅忠清之間金堤碧骨堤爲大湖故邑以堤名而以西爲湖西以南爲湖南云則道亦以湖名也

西水羅

旬五志曰穢國久在江陵而今五臺山有滄海舊址云世傳穢國村媼澣衣於溪有一卵浮来其大如瓠媼取置其室俄一男子破殼而出形貌非常年纔六七身長八尺顏面黎黑因以黎爲姓是時中國一惡虎白晝橫行傷人甚多莫有制者黎忽然曰吾必殺此以除生靈之害聞者不信黎即造其所忽有一聲如雷陰風颯至大斑虎自山而下咆哮摩牙跳躍而進黎奮躍高出虎上張拳一打虎頭即碎後國君鑄萬斤鐘欲置之前數百壯士引之不動黎一擧而負君壯而奇之常在側爲上莫知所終云意者子房見滄海君得力士爲鐵椎重百者即此也

迮安 三水 有三大水一出白頭山下西竹間一出吉城縣北長白山西北堡一出咸興府合流入鴨綠江故曰三水或曰鄕在東西江鴨綠江三水間水三岐之間

迎日 利川 輿覽曰郡人徐穆導高麗太祖以涉者即此川或云太祖將伐百濟駐師于郡卜得利涉大川之繇故曰利川

羅史逸聖王四年東海採藻人夫妻曰迎烏細烏迎烏漂至日本小島爲王細烏又漂爲妃時日月無光用日者言置縣

壼岩 漆原 字典曰朝鮮志慶尚道有桼原蓋桼字從木而從水則惟此地名也

月出山九井峯下三石特立層岩之上高丈餘周十圍西負危巓東臨絶壁雖千百人不動一人搖之則欲墜不墜故名焉

雙城

一統志云邑婁開元在三萬衛西門外元志云開元西南曰寧遠縣又西南曰南京又哈蘭府又南曰雙城今永興即古邑婁之地麗史高宗時蒙古以趙暉爲揔管是也

滄溟

鈞云

西南二串

長淵之長山串泰安之安興串并入海中巉岩峭起舟從其間行多敗如艷澦堆之大如馬不可下大如象不可上大如牛不可流大如襆不可觸金沙淨轉多掛浦忌經過星湖曰漕運之敗由多載官物私運必倍也若並載監運者彼必憂死無虞此言有理且至元間招海盜朱淸張瑄給金牌押運者費無敗至明朝猶效其制云

固麻

南史百濟其都曰居拔城又固麻邑曰檐魯新羅呼城曰健羅其邑在內曰啄評在外曰邑勒猶中國之郡縣今固麻

南故謂避我朝也

竹嶺

羅史阿達羅王時金品釋子竹竹開此路故也今武官踰此嶺文官踰鳥嶺以到任未知何意

泗沘河

濟史云義慈作望海亭與官人淫樂成忠諫王怒囚之忠臨死上書曰敵來使陸不過炭峴水不入白江令扶餘之保障也蘇定方以義慈見帝帝曰何不因而伐羅定方曰其君仁而愛民其臣忠而事國下之事上如父兄國雖小不可謀也不諺傳白江環國都前面而爲弱水舟不敢入故不築城謂半月城又云溫祚王死爲龍居之濟史所謂江神護國是也及其末也弱退龍

也 肅廟辛卯李濡等之築城 正廟等之有老來堂

東西郊

楊州抱川加平永平為東郊高陽積城坡州交河為西郊

青石谷

百濟史所謂青木嶺也丙子清襲我至此欲斬龍胡處昔申濡鳥嶺詩云客行千里路主吃幾重關鳥道如天上羊腸在此間青丘無壯士白晝過南蠻按使交龜地書生撫劍還吾於青石谷亦云按百濟辰斯王設關防自青木嶺北距八坤城

車嶺

擇里志曰麗祖與甄萱戰屢危及平惡百濟以為車嶺以南水皆背走遺命勿用又竹山有朝遊山蓋家山頭向北而比山獨

謂萬夫莫開云 及鳥嶺皆可設關 西國無截路作關之處委棄
天險良可惜也

枉尋

漢都之定也無學自白雲臺尋脈到萬景臺西南行至碑峯見
一石碑有大刻無學枉尋到此六字卽道詵所立今枉尋里是
也又龍仁於停浦俗謂定都時徘徊此地故名之云

南北漢

仁祖丙寅李曙建白築南漢作保障之所卽溫祚王古都也內
夷而外峻絶丙亂淸不能陷只以糧少且江華不守也有峰岩
斗起山上可俯察城內動靜若江華之升天浦甲串也汗登此岩放
砲折練武廳柱我人震慴今謂汗峯又漢北亦近肖古王故都

異他人

俗傳壬亂倭人順服者使處外南山自成一村故謂異他人又中朝有高麗村高麗浦日本武壯州有高麗郡攝津州有百濟郡云蓋楚置夏州之義也

蓉山

擇里志曰漢江本派舊從南岸下過而一派逗入北岸為十里長湖西阻鹽倉沙岸不滲蓮生其中高麗時御駕遊連賞蓮至本朝鹽倉忽為潮衝直達蓉山為漕運所泊故麻浦土亭籠岩六石等江村為公卿樓臺宴遊之所

綠礬峴

擇里志曰都城西去五里許為沙峴踰峴又有綠礬峴

妹而歸及壬亂純彥又隨之靈使入明時石星主兵事此女爲星妻以故星謂朝鮮義人力主救亂至封唐城君之爵女又織緞繡報恩二字贐之今京城報恩緞洞卽其居訛爲家堂洞又西小門外鄭家洞以晦谷鄭氏所居今訛爲蛤洞南門內小公主洞以永安尉洪桂元公主所居也北村三淸洞世謂山淸水淸人物淸故名爲李廷龜三兄弟居南門外俱爲翰林故名其洞爲三翰林洞也會洞七松亭我先祖參奉公鏻(七松居士)所居而爲號也

從先祖希正希哲兄弟所旌也 御書閣洞崔奎瑞以戊申告變
英廟親書一絲扶九鼎以旌之 後凋堂洞李容濟所居

壯義洞

羅史太宗王欲伐百濟請兵於唐不報王憂之忽有長春罷郎者曰皇帝已命蘇定方等領兵將以明年五月至因不見創壯義寺於漢山州以資冥福長春罷郎即羅將之嘗戰死百濟者明年果滅濟今漢城壯義洞即其寺故基云

報恩緞洞

燕岩曰舌官洪純彦入中原求美色養漢的以銀千兩買一好女來女悲咽蓋涕絶非娼家態怪問之女曰本泗川人父官至主事父母俱沒客地故賣身返葬純彦憐之即捐千金助葬結義

之道傳曰入之佛藏外之儒與命從道傳議

負兒巖

芝峯曰俗謂負兒岩有出走之狀故山以毋岳名南曰伐兒嶺盖欲遮截不得去西曰餠市峴盖以餠餌誘而留之也命名者有深意乎又松岳之石燈其替燈長明平陳不滅乎其石犬亦爲犬守夜能警盜之來耶

種李村

芝峯曰今景福宮卽種李林麗用道詵圖讖以壓之云東村謂楊柳洞墨寺洞墨寺所在宋亭乃宋姓人松亭也按貞陵洞以神德王妃陵故名之羅大將洞羅弘佑所居尙政丞洞尙震所居盃監司洞薊希識橋指採橋卽許琮兄弟所居變孝子

木覓山

今漢陽南山一名引慶山又除來山又紫閣峯道詵謂玉女擲裙形唐修撰皐易覓木故名木覓又蠶頭峯故植桑於江岸至蠶室云又龍頭峯大明一統誌稱龍山在梨花渡孤立不甚高然入江心斗斷四望通闊無礙爲勝最絕故著稱焉

雪城

擇里志曰漢陽欲築外城未定周圍遠近一夜天下大雪外積內消我 太祖異之從雪立城故曰雪城猶馬邑之馬走也雖因山爲城震坤虛低且不設雉堞濠壬丙二亂

肅廟乙酉議改築都城或言東方太低若蓮池灌之

世傳仁王山有禪岩無學欲入之內鄭道傳欲出

麗史肅宗時金謂磾上書引道詵秘記云自十一月至二月住
中京自三月至六月住南京自七月至十月住西京則三十六
國來朝王幸楊州相宅其踏山歌云松岳後落向何處三冬日
出有平壤謂五冬日出巽方木覓在松京東南也廣陽古稱南
平壤也又引神誌秘詞曰如秤錘極器秤幹扶疏樑錘者五德
地極器百牙岡此秤諭三京松岳為中木覓為南平壤為西也
極器者首也錘者尾也秤幹者提綱之處也松岳為扶疏以喻
秤幹西京為百牙岡以喻秤首三角南為五德丘五德者中有
面岳圓形土德北有紺岳曲形水德南有冠岳尖銳火德東有
楊州南行山直形木德西有樹州北岳方形金德撰里志曰道
峯三角極意清秀如萬丈朝天別有異氣[illegible]

防海塘募致土石一斛與錢一斗米者如雲諺云不能取之言
棄去塘成畏矣

三水成部

擇里志曰俗離山在清州東百里山上之水東注者入洛東江
西注者入錦江北注者入漢江又俗傳清州上黨爲天下之高
忠州新塘爲朝鮮之中云

漢陽

肅廟問漢陽之義尹定鉉對曰漢置四郡經界至帶水而止帶
水今漢江陽之義亦有理水在前宜曰陰而曰陽者十月云
是也自羅時爲北瀆麗稱沙平渡按周之洛陽亦背邙面

五德丘

寺後石岡自折移立東門外屹然如兩峯峙時

禮成江

罷之西江也朝宋發船於此故名之趙官詩禮成江上打魚迴

碧瀾渡

擇里志曰自碧蹄嶺西行四十里爲臨津渡卽漢陽北江下流而江南岸上山蟠如天作城形且當西路要阨眞可守之地不待築城處也宋史自急水門又三日抵岸有館曰碧瀾亭由此登陸崎嶇四十餘里乃其國都者是也今息波亭在松京西

錢浦

擇里志曰唐宣宗少時離十六院隨商船至開城西江見浦岸泥濘以舟中所載錢鋪地登陸故曰錢浦與錢塘志云華信[illegible]

尤國家云大興洞紫霞洞通日岩花潭等地勝景難求云

硯臺筆山

龍首進鳳二山多松京內案甚與家以進鳳爲玉女梳臺形故

罷王景業尚上國云主巽有筆山故國人多占中朝科甲世稱

進鳳躑躅故楚官詩云進鳳山中紅躑躅至今猶自發鮮、

扶蘇王氣

芝峯曰松嶽初名扶蘇尹紹宗詩蒼、萬古扶蘇山許琛詩扶

蘇王氣鬱沉淪又鵠嶺以栽松故名松岳流雲謂鵠嶺青松又

神嵩故忠惠王時松岳鳴內豎諂對曰詩有嵩嶽三呼續、書

滂巖山

在五冠山洛山寺成化乙酉夜有聲如雷寺僧震怖明日視之

五京

又按倭史倭京又曰平安城亦稱洛陽、、之稱欲效漢制也倭皇宮闕之內通稱、、中 皇居殿名曰仙洞樣今在山城州云

唐書曰渤海大氏以肅愼地爲上京其南爲中京穢貊地爲東京沃沮地爲南京高麗地爲西京又淸州爲西京鐵原爲北京忠州爲中京帶方爲南京、州爲東京是爲東方五京。

滿月臺

麗史云王隆家于松岳南僧道詵來詣門下曰此地當出聖人隆出迎詵授一封書曰公明年必得貴子旣長與此書及期果生太祖神光繞室年十七詵復至請見告以出師置陣之法天時地利之理擇里志曰滿月臺宋史所謂依大山立宮殿者也金寬毅謂金豚卧處道詵謂種穄地又水母木幹勢極長遠而大斷爲松岳卽堪輿家所謂湊天木星也董越謂風氣比平[illegible]

高句麗都

東明王居卒本扶餘今成川琉璃王徙國內城今義州山上三徙丸都今寧邊東川王移平壤又東黃城長壽王徙平壤平原王徙長安城舊史謂統合羅句為操鵠摶鴨

丸都

揮里志曰寧邊府因山為城峻絶險固號為鐵甕平安一道推此可以保障府北有劒山山嶺即丸都城遺址尚在古狩人國

百濟都

温祚王都河南慰禮城今稷山徙南漢今廣州近肖古王都南平壤今北漢文周王徙熊津今公州李埜宮詩云周開國二千年公字山青哭杜鵑是也聖王都泗沘號南扶餘今扶餘

王儉城

檀君居平壤而以君名王儉故也解夫婁避箕子從白岳伽葉原號東扶餘今九月山也箕準避衛滿從金馬郡號馬韓今益山郡也右渠爲漢所滅是謂三朝鮮故都

柳京

京覽曰箕子東來從者五千詩書禮樂醫巫陰陽卜筮百工皆隨之東俗强健種柳表其性故平壤稱柳京民以永明嶺比泰山大同江比黃河歌頌之擇里志曰以箕子故於九疇風氣先開且江山奇絶朱蒙古蹟甚多另詭

新羅都

赫居世都辰韓今慶州唐人稱鷄林君子之國有月城金城

清平山臨昭陽江爲貊國千年故都城外有牛頭大村自南北
武使彭吳通牛首州是也通鑑云州有彭吳碑疑漢武帝時穿
穢貊朝鮮置滄海郡之彭吳與檀君時治山川之彭吳爲二人

春川保障

星湖曰博川集有云今之王城比則洛陽也關東比則關中也
春川比則關中之長安也春川古之貊國重岡疊嶂周繞而護
擁二水合于後中開沃野周數百里野阻三面而守一夫當關萬
夫莫過眞所謂金湯不拔之形勝也宜三路置營金化路爲北
道之要衝加平路爲西道之要衝洪川路爲南道之要衝今可
四達而或際溪嵌谷石磴縈紆或山脉阡斷羊腸百折依險設
營鎖鑰門局則有衽席之安矣

四郡二府

星湖曰漢取朝鮮地爲四郡即樂浪玄菟臨屯真蕃昭帝合四郡爲二府有平那而無真蕃則真蕃是平那矣惟臨屯治東暆縣今江陵玄菟治沃沮縣今咸興樂浪治朝鮮今平壤真蕃治霅縣今遼東

莊莊坪

擇里志曰九月山四龍顧祖之形西北負海東南逆受平壤載寧二江之水通潮汐魚鹽之利全擅黃海一道沃野水勢及地理之險阻大勝於雞龍石山鉅巖之勢亦不下五冠三角又築山城依天險矣諺傳檀君子避箕子自平壤移都所謂唐莊坪

半頭村

崑崙一枝行大漠之東南爲醫巫閭山自此大斷是爲遼東之
野渡鴨爲白頭山即山海經所謂不咸山也其精氣北走千里挾
二江向南爲靈圖摺背後一脉爲朝鮮山脉之首有八道曰平
安隣瀋陽曰咸鏡隣女真曰江原承咸鏡曰黃海承平安曰京
畿在江原黃海之南京畿南則忠清及全羅全羅之東即慶尚
道古辰下新羅之地忠清全羅古百濟之地咸鏡平安黃海古
朝鮮高句麗之地江原別爲濊貊之地唐末王太祖出而統合
三韓爲高麗而我朝繼運矣東南西皆海獨北一路通女真遼
東多山少野其民柔謹局促長近三千里東西不滿千里際海
而南右可值浙江吳會之間平安之北義州爲畧首邑畧可當
青州大抵在中國日本之間

夏官職方氏謂幽州山鎮也其產珣玗琪說文云醫巫東閭夷
也珣玗琪玉器也林滄溪有詭以爲東北華夷之界也故山海
關之名以醫巫山與渤海也

三韓八道

星湖曰崔致遠云馬韓爲高句麗弁韓爲百濟辰韓爲新羅余
謂古者東方中分爲界自今之圻甸以上爲朝鮮以下爲韓界韓
之地中分爲界東辰下西屬韓箕準奪馬韓地而王則箕氏之
前有韓矣辰與秦同音春秋傳辰嬴是也六國之中韓最近秦
故避秦之事韓必先動史云即墨大夫說齊王建曰三晉大夫
不便秦在阿甄之間者百數張良報秦必衰見滄海君即識國
令江陵也韓之避秦者來據故自稱曰韓 [illegible]

蒸岩曰吾今後使行得三魚之名按中國呼我直[illegible]王里人使行軍官謂伴倘彼人見我軍官服色謂幌以其形似[illegible]當我俗謂蘇魚嘉五里彼人謂鯀佐魚即鱗也

槿花鄉

山海經曰海東有君子國衣冠帶劍好讓不爭有薰花草朝生暮死高麗時表詞稱槿花鄉

小中華

童蒙先習曰我國衣冠文物禮樂一遵華制華人見之曰小中華擇里志曰西北多武臣東南多文士亦赤霞經所謂中原爲雄魁傑奇偉江南爲雌清楚嬌麗

醫巫閭

擇里志曰古人謂我國爲老人形而坐亥向巳開面有拱揖中國之状故自昔忠順於中國且無千里之水百里之野故不生大人西戎北狄與東胡女真無不入帝中國而獨我國無之惟謹守封疆恪修事大然藐在海外別是一區

·山險民仁

晋書曰白頭山爲地之根山出兩水分豆滿鴨綠以爲界東西南皆大海鬱陵釜山耽羅鳴吁等島環焉山川險阻民俗柔仁

青丘

子虛賦曰秋獵于青丘服虔曰青丘國在東海三百里故後人謂我國稱青丘

·嘉五里

五木驗歲 [illegible]

山林經濟曰冬至日量五穀種各一升盛布囊埋之北墻陰處勿令覆甚正後十五日或立春日發取量之最多息者歲所宜也果菜同法師曠古術曰五木者五穀之先也擇其木盛者來年種之萬不一差故陰陽書曰禾生于棗或楊稻生于柳或楊大麥生于杏小麥生于桃黍生于榆大豆生于槐小豆生于李麻生于楊或荊桃李多宗來年必穰當年杏子多則虫不蛀大麥桃子多則虫不蛀小麥槐樹無虫則豆利 李樹不蛀豆有收

地理類

海外一區

而捕之諺傳昔兵滅時有此蟲災故亦名滅兵

東方盛衰

芝峯曰羅太宗時豊布一疋直三十石或五十石麗恭愍時飢布一疋米五升此東方盛衰也癸巳倭退後餓莩滿城時庭試及第崔啓沃放榜日戴賜花持紅牌就賑濟場喫粥焉尹長源詩飢民頭上桂花浮紅紙聲中怨血流其此時作

狡見國穰

山海經曰玉山有獸狀如犬而豹文角如牛者名曰狡音如吠犬見則其國大穰郭璞曰太康中檻得一獸豹文兩角無兩脚時人謂之狡

犰狳

山海經曰餘峩之山有獸名曰犰狳其狀如菟而鳥喙鴟目蛇尾見人則眠其鳴自訆見則螽蝗爲敗

文武官蝗 山林經濟曰蝗生起火如操且焚且瘞百里之內可以立盡又收積後焚田一次去穢草亦防此患云

說文曰螽也食苗爲災類蚧蟊腹下有梵字魚子所化武曰蝦化也類說曰蝗由吏貪殘所名身黑頭赤者曰武官蝗頭黑身赤者曰文官蝗唐姚崇奏秉畀炎火此謂除蝗之義也

滅吳

韻書曰蝨食苗根蟊螣食苗節蟲蟦食苗蟲螟食苗蘇蝨螽之蝗類也蚜蚄爲害稼蝨而近戊子年間湖南內浦等地始有蝨名滅穀其色白極細微似米糠土民灌水滿畓以布帒量水入…

甚于蝸厲見則天下大疫 又獨山末塗之水多條鱅其狀如黃蛇魚翼出入有光見則其邑大旱 郭璞詠條鱅蜓狀振翼灑光

𧕷[illegible]

山海經曰太華之山有蛇焉名曰肥𧕷六足四翼見則天下大旱註湯時此蛇見于陽山下字彙曰有人名[illegible]玉篇[illegible]似雞尾鼠見則大旱

強鐵

芝峯曰俗謂強鐵去處雖秋如春按山海經云蜚如牛行水則渴行草則枯見則兵疫韻會云蜚宮稼虫又獸名

蝦荒蟹兵 又今見君古事以文蛛蛛眼占之志初蜘蛛說四曲之六尖八萬之

蟹譜曰兵俗有蝦荒蟹兵之語蓋蟹爲橫行介士以被堅執銳

高雷無雨

坡詩遊人脚底一聲雷註俗說高雷無雨今諺謂乾天動是也

三旱

盛均解云天旱國旱人旱是謂三旱

魃母

神異經云南方有人長二三尺袒身目在頂上走如風所見之國大旱得而投之溷中乃死大人賦女妭北而應龍翔註妭魃也禿無髮所居天不雨即詩旱魃爲虐是也左傳所謂欲焚巫尫者與檀弓之暴尫皆投溷之說也

蜚傜

山海經曰太山有獸狀如牛白首一目蛇尾名曰蜚所經枯竭

曰犧牛騂毛宜於廟牲其於致雨不若黑蜧註蜧蛇也潛於神泉能致雲雨柳州祈晴文誅黑蜧抶陰蛛是也遁甲開天圖曰霍山有蟲名雨虎狀如蠶長七八寸在石內雲雨則出可炙食或曰石蠶之類也

柳瓶

談苑曰閩中求雨沙門善胡法者求蜥蜴置甕中童男女持柳枝呪曰蜥蜴、、興雲吐霧雨令滂沱放汝歸去宋咸平初用此有驗蓋蜥蜴龍之類柳枝水之樹也蜥蜴乏以蝎虎代之入水即死故語曰冤苦、、我是蝎虎似恁昏沉怎得下雨今禱雨令兒童爲蜥蜴舞呼蜥蜴是也我 純祖癸巳有朝令家、擣柳水瓶以祈雨也全羅道將旱則西派渴慶尙道將旱則東派渴忠淸道將旱則北派渴是謂水落岩又淸道鰲山之先鳴噴雲則雨善山鮏埋淵之沉虎頭而燒柴冷山則雨皆異矣

石動楓泥

擇里志曰沃溝自天臺有二石籠卽孤雲藏秘書者人不能開或聲動風雨暴至村民每暵曳之田畦治是今瘞跡泯云初學記冝都二石鞭陰石則雨鞭陽石則晴零陵石燕雨作飛又孫炎云楓〻生江上有寄生枝三四尺生毛名楓子天旱以泥〻之卽雨亦異矣

攏龍黑蜧

韻書曰攏註禱旱玉龍也今籠箓爲龍而祈雨盖古矣淮南子

獨脚異鳥上以問解縉對曰此名鷊鴹左脇有肉鼓右肋有肉鍾伐鼓則舞考鍾則鳴試之果然山海經曰光山神計蒙處之其狀人身龍首恒遊於漳淵出入必有飄風暴雨又崑崙山有獸似豕目在耳曰猾字彙貐聲如小兒見則天下大水

日月雨旱

芝峯曰二十五日雨則主久雨又四月朔雨則主旱侯鯖錄曰月如懸弓少雨多風月如偃瓦不求自下日月暈遠則雨近則雨遠或以風又水衡星一點小下陰鳥和鳴雄鷄長歌豕取薪鸛鳴垤日赤月白及彤雲密布皆雨徵也

水落知旱

熊川縣東栗川峴水流作瀑數十丈分三派直下惡土人以爲

上〻一下如春則雨易林云螘封穴戶大雨將至蟲穴者知雨巢者知風而唐史邠王守禮累被天后杖成疾每欲雨則其痕濕癢欲晴則乾爽今或病瘡者亦然歐詩云病識陰晴似鵓鴣

鴨鵲爭巢

後魏史壽春城鴨鵲爭巢未幾水浸屋宇

蠃魚舌獸

山海經曰濛水多蠃魚魚身而鳥翼音如鴛鴦見則大水山海經曰長舌山有獸名長舌狀如禺四耳出則郡多水

商羊計蒙

家語曰齊有一足鳥其謠云天將雨商羊鼓舞字統云一名山蕭文身赤口晝伏夜飛聲如人嘯將雨轉鳴明永樂中兩城延

自是每是月是日如期而至壬丙二亂之際不雨云

田鷄婦鳩

章孝標詩田家無五行水旱卜蛙聲古諺云田鷄呌得啞低田好稻把田鷄呌得響田内合滻槳又天將雨鳩逐婦天將晴鳩婦鳴閭諺云夜雨不流擇高田不要作註即葉雨百蟲飲則蟄

猥狗陰諧

即蜡又名雨毋淮南子曰蜡知雨至其蟲大如筆管長三寸天雨則於草木下藏其身博雅曰鳩息其雄謂之運日其雌謂之陰諧淮南子陰諧知雨註天將陰雨則鳴

蠛蠓風雨

郭璞云蠓飛磑則天風舂則天雨韻會將風則蠓〻飛〻如旋磑一

七月刈禾傷早九月食饌正當豐年之兆我國俗諺云食之伐
辰稼盡巳巳飢死

　餐倍作荒

鶴林玉露曰歲將飢餐必倍俗謂作荒蓋人氣虛故也亦今粮
將盡食必倍之語也

　河伯使者

神異記曰西海上有人乘白馬朱鬣白衣玄冠從十二童子馳
馬如飛名曰河伯使者所至之國雨水滂沱

　太宗雨

我太宗末年不豫時適壬寅五月十日大旱農家勸雨上曰我
將登遐雲鄉得雨而來哉昇遐甘霈乃洽謂太宗雨歲仍大熟

光州南門外有樹名曰弓樹枝幹輪囷大數十圍高七十餘尺以發葉早晩占豐歉今林云農者以老槐一時發葉爲兆峽人以烏樹發繁多垂爲豐云蓋以地氣也

二分二至

保章氏云是日觀雲氣靑虫白喪赤兵荒黑水黃豐又東方朔識云正月初今辰日望雲物白人多死黑水多來靑蠶損傷赤旱黃豐無雲則饑荒此以雲占者也今中國人徵驗則三月十二日風早起晩止早穀熟晩起至暮晩穀豐終日風百穀登熟風則飢云此以風占者也(俗諺二月二十日爲旱霾潮空以此日雨則豐不雨則凶云此以雨占者也)

乞漿得酒

續博物志曰太歲在丑乞漿得酒太歲在巳販妻鬻子古諺曰

二穴閏則加一數月名納大豆其穴合手塑線纏緊封投之井
及朝發之豆潤其月有水否則旱是謂叔閏蓋葭管之遺也

、朝飲星

天文志旄頭俗謂朝飲星言小也天之乞星二月六日夜先月
而行豊後月而隨亦宜最忌與月並行云 此以星占者也 大國占歲專以此云

旱草兩草

師曠曰歲欲甘、草先生薺也歲欲苦、草先生葶藶也歲欲
惡、草先生水藻也歲欲旱、草先生蒺藜也歲欲雨、草先
生藕也歲欲病、草先生艾也歲欲流、草先生蓬也

稟峰子樹 崇水院在平山慈秀山東有東出山之岩穴流懸三脈至冬凍而冰柱或長或短老農一主歲旬一主下三道長則豊短則歉頗有驗以此俗亦謂之神水院

寰宇記曰臨川縣石稟峰可容千斛開口則豊斂則歉

多占年麥之豐云

立春諺

甲乙則豐丙丁則旱旱戊己則備田庚辛則人不靜壬癸則水盈川又甲子荒丙子亂戊子豐庚子旱壬子水滔滔無年正月上旬看蓋貨殖傳所謂歲在金穰水毀木饑火旱六歲穰六歲旱十二歲一大饑亦古之占歲也

上元月

玉堂閑話云是夜竪一丈竿候月午影至七尺大稔六尺小稔九尺有水五尺歲旱二尺大旱五山詩每年正月望。月候爭先近北豐山峽稍南稔海邊赤黃枯草木白怕漲澗川圖滿純黃色方知大有年又農家上元前日取糖莖一節剖半之穿十

陽和則魚多詩人所謂衆維魚矣實維豐年是也唐書曰西域東女國歲初詣山中剖鳥腹有谷則豐否則凶謂鳥卜

得辛

戴記有辛日祈穀之文我東自高麗成宗始令農家得辛占云一日二日四日得辛則青龍治水先旱後水租吉粟凶三日九日十日則黑龍治水多風高田大熟下田不宜麥上租次粟下五日六日則白龍治水不雨多風粟吉租凶七日八日則黃龍治水麥下菽上租粟次又月日下有斗滿三則大豐一則兇又五六月大爲荒歉之利年最忌三大月者國有事云

金神占麥

白虎通曰麥過金而生過火而死故今新曆太歲下以金神之

學而還始

預知豐儉

羅史伐休王占風雲預知水旱儉(豐)又知人邪正世稱聖王

上日占

俗說正月一日甲則米賤人病乙則禾麥貴人病丙則四十日旱丁則綿貴戊則粟麥賤魚塩貴己則米貴蠶凶多風雨庚則金鐵貴禾熟人病辛則麻貴禾大収壬則米麥賤損布穀豆貴癸則禾熟人多病

魚夢爲卜

埤雅曰春魚遺子如粟埋於泥中明年水下故岸則化而爲魚如遇旱乾水不及岸其子爲日所薰乃化飛蝗故說者以爲陰

時憲書

黃帝命容成作曆而大明曆即劉宋孝武帝大明之年也時憲曆明淸不改而以乾隆名弘曆故曰書今皇壇祝板日朔不書初字以明初也洋曆書初字以明末也清仍之諺傳時憲本洋人著曆書以功戾欲加之爵但願曆書年號下書名云

萬歲曆法

朴燕岩源趾曰萬曆九年西洋人利瑪竇入中國留二十九年華人無信之者獨徐光啓一人力主其曆法遂以為萬歲曆法之朝宗則萬曆紀年乃利瑪竇先入中國之兆按太初曆作而知後九月之非時憲書出而認歲差法之廢易曰五歲再閏註曰十九年七閏為一章我東曆自新羅文武王時奈麻德福入唐

之謂也十一月陽氣始施於下色赤、者陽故周為天正色尚赤十二月萬物始芽色白、者陰故殷為地正色尚白正月萬物莩甲而出色黑人得加功展業故夏取人正色尚黑必以三微之月為正者時物尚微王者受命當扶微奉成之義所謂紫色蛙聲餘分閏位何足算又三朔書大傳曰夏以平旦殷以鷄鳴周以夜半是謂三朔

春王正月

王錫爵辨曰周之正本乎陽氣之始萌因天者也商之正本乎陽氣之上通因地者也夏之正本乎陽氣之已至因人者也商書始即位曰惟元祀十二月則月不易也秦書始建國曰元年冬十月則時不易也若亥月之陽氣未至不可以為春與周異

落午曰敦牂又大律未曰協洽申曰涒灘酉曰作噩戌曰閹茂
亥曰大淵獻

三元

玉燭寶典曰正朝歲之元月之元時之元又正月望上元七月望中元魏野詠萊公生朝詩何時生上相明日是中元十月望下元丘瓊山濬曰康節經世書天地之大數以十二萬九千六百年爲一元國祚之大數以九千六百年爲一元人之壽以百二十年爲一元又曆推以七十二歲爲一節二十節爲一紀三十歲爲一世十二世爲一運三十運爲一會十二會爲一元

三正

白虎通曰三正卽天地人之謂也三微者三正之始萬物皆微

子天皇氏制古干支定歲所在十干亦曰十母十二支亦曰十二子地皇氏定三辰分晝夜以三十日爲一月唐堯以蓂莢知旬朔置閏芒峯曰子鼠前足五爪爲陽後足四爪爲陰故屬穴夜子時屬此日晝子時屬未日丑牛蹄坼寅虎爪五卯兎唇缺辰龍鱗八十一巳蛇舌午馬蹄圓未羊蹄坼申猿爪五酉雞無後趾爪四戌犬足指五亥猪足坼

古干支

爾雅曰甲曰閼逢乙曰旃蒙又端蒙丙曰柔兆又游兆丁曰彊圉又強梧戊曰著雍又徒維己曰屠維又祝犁庚曰上章又商嶺辛曰重光又昭陽壬曰玄黙又橫艾癸曰昭陽又尚章子曰困敦丑曰赤奮若寅曰攝提格卯曰單閼又亶安辰曰執徐巳曰大荒

益木火土金水循次相生滿一相克自立春木立夏火立秋金立冬水各七十二日土寄旺四季各十八日俗以邦字諱[illegible]土天邦漢高祖以黑痣故名邦字季云

載歲祀年

爾雅釋文曰載始也取物終更始之義蔡邕曰言一歲之中莫不覆載也唐虞曰載是也歲木星一年行一次而四時功畢故詩云何以卒歲夏曰歲是也祀說文祭無已也商取四時祀事一終故曰祀書云惟元祀是也年說文作秊穀熟也周取一歲穀熟為紀故曰年詩云自古有年是也

六甲

史曰黃帝臣大撓驗斗柄初昏所指月建以天幹地支配為甲

六氣

原覽曰風寒暑濕燥火謂六氣五日爲候三候爲氣六氣爲時四時爲歲又十五分爲一刻八刻爲一時十二時爲一日

五際

翼奉傳時有五際註卯酉午戌亥陰陽終始際會之歲則有變改之政一云五際

五行

原覽曰玄氣凝空水始生也赤氣炫空火始生也蒼氣浮空木始生也素氣横空金始生也黃氣際空土始生也俗釋音青者草之青也赤者火之赤也白者謂稀言其色淡而稀也黑者謂黔言望之遠其色黔而黑也黃者熅也如鑄底焦飯謂黃之者

鷚知地氣

爾雅曰鷚天鑰也俗呼告天鳥其鳴如龠形醜善鳴聲高多韻今謂從違帝呼地理、、自春初一日飛一丈次日二丈推從地氣之升達天際而止及秋亦日減如春云若玄鳥至鴻鴈来候陰陽之推欲循南北而往来矣

蟻磨天旋

天文志曰天圓如倚蓋地方如碁局天旁轉半在地上半在地下日月東行天西旋入于海如蟻行磨、疾蟻徐不得不西抱朴子曰天左行日月右行碁三百註天左旋十月之交註日月右行明高帝云天右旋今曆家亦云周禮土圭之法測土正日景以求地中註圭長尺五寸夏至日立八尺表景與圭等謂地中

驢午鷄晨

正字通曰驢有褐白黑三色以午及五更初鳴協漏刻運斗樞曰玉樞星精散爲鷄或曰鷄爲積陽又名燭夜芝峯曰鷄於五更鳴者日將至巽位感動其氣故風人不可食按易巽爲鷄又註鷄金畜故先振羽後鳴者金空則鳴也雉火畜故先鳴後振羽者火空則鳴也丹溪心法曰鷄屬土宜其丑時鳴昔地闢於丑耶蓋各以意推而合理也書曰牝鷄無晨晉史祖逖中夜聞荒鷄鳴曰此非惡聲蓋荒鷄兵象牝晨家索而多不驗

獺肝象膽

韻書曰獺水狗肝葉隨月數隨減瘢故吳妃傷頰以獺髓爲藥
與蛤胎之隨月肭朏同類說曰象膽隨四時在四腿春在前左
夏在前右醫書曰烏膽午前則有午後則無埤雅曰蚺蛇尾圓
無鱗身有斑文如故晴錦纈似蠶行地膽隨日轉上旬近頭中
旬在心下旬近尾晉顔含嫂病得蚺膽者

猫眼蝌足

韻書曰烏圓子者猫也鼻常冷夏至一日煖朝暮目睛圓午斂
如線意者鼻屬肺、屬秋故冷夏至則夏氣極至故煖目屬肝
而可見其肝葉回轉至午則直如立莖於鏡中矣爾雅翼曰蝌
蚪月大盡生前兩足月小盡生後兩足

芋子慈姑

續博物志曰芋以十二子爲衛應月之數也群芳譜曰慈姑一根歲生十二子歲閏則十三子如慈母之乳諸子也註果名也

菈𦯬蒲蘂

康熙字典曰菈草名也結十二𦯬當十二月若閏則加一萬蔌莢之節類也爾雅云烏菈生下田節似龜鬚可食是二草一名也蜀孟昶詔望杏勸耕瞻蒲勸穡註冬至後五旬七日蒲生

夏枯月季

本草曰夏枯草名乃東冬至後生五月枯又有半夏月令曰半夏生今花有四季朔而開其色軟紅可賞謂之月季與此史所謂突厥不知年曆惟以草青爲記者也詳四時之季矣

天文志曰竹爲管蘆莩爲灰爲室三重布緹縵木爲案內卑外高加律其上氣至灰飛殿中用玉律十二惟二至乃候靈臺用竹律杜詩吹葭六管動浮灰是也

土炭輕重

史曰二至前三日垂土炭於衡兩端輕重均陰氣至則土重陽氣至則炭重後以鐵易土故隋曆志鐵炭輕重無失寒燠之宜

藕桐知閏

顧會英藻行根如竹行鞭節生一葉一華華葉常偶故謂之藕續博物志藕生應月閏月益一節遁甲書梧桐可知月正閏歲生十三葉每邊六葉從下數一葉爲一月有閏則十三葉視葉小處則知閏何月立秋之日至則一葉先墜

置大小簡儀渾儀日晷仰釜等器七政內外篇今觀象監

自鳴鍾

唐書大秦國快時法懸金秤以金丸十二枚屬於衡端每至一時金丸輒落疑今利瑪竇自鳴鍾而又時規似眼鏡佩而聽其內自斡之聲觀其外某時之意或有以衡錘繫縣垂於銅器則自往擊幾點而止且李蘭以銅爲渴烏狀以引水銀龍吐出入溝器漏一升重一斤時經一刻即靈臺渾儀之類也

香篆

香譜曰近世作香篆其文作十二辰分百刻燃一晝夜已盡木爲範以香塵爲篆文也

六管葭灰

豫所謂鍾鳴漏盡夜行不止是罪人刑統云鼓前鼓後謂犯夜

唐禮樂志曰日未明四刻挝一鼓爲一嚴二鼓爲二嚴

明月

楊升庵曰來月爲明月在左傳則去月亦可謂昨月去年謂昨年來日謂明日又素朝說文詰明也明日爲詰朝俗訛作詰

觀漏制器

說文曰以銅受水刻節晝夜百節亦取漏下之義原覽曰黃帝創觀漏水制器取則分晝夜周禮註太史立成法有四十八箭律曆志云孔壺爲漏浮箭爲刻史補云惠遠以廬山不知更漏銅葉制器如蓮花狀我東羅麗德王始鍊石爲騰晷臺甬其中人由而上下以候我世宗戊午建欽敬閣簡儀臺於景福宮內

芝峯曰二十爲念自唐已然稗史云佛家以二十念爲一瞬二十瞬爲彈指韻玉曰數珠百廿顆云數珠卽念珠也紀元畧云唐後主從珂小字二十三蓋正月二十三日生也人臣奏對但云兩旬三或數物至二十二過二十四不敢斥尊也

禺中

淮南子曰日出暘谷至衡陽曰禺中註近午蓋至番禺也日至虞淵是謂高舂至于連石是謂下舂

初更人定

芝峯曰初更俗謂亥時人定謂鍾動也韓詩百二十刻須臾間則唐漏刻與今異矣李郢詩二十五聲秋夜長則夜漏五、相遞爲二十五與我國同按漢表歛跡有人定則自漢謂人定田

夕

說文從月半見註月字之半月初生暮見西方故半月爲夕記

曰月生於西

晦陰

說文曰從日從每則惟日而無月俗釋音今陰也公羊傳提月

六鷁退飛註提月晦日也

上澣

韻書亦作浣濯衣垢也唐官制十日一休沐以澣爲上中下旬

浹旬

韻書浹洽也自甲至癸浹日自子至亥浹辰左傳浹旬註十二日

二十念

鼠火

談聞錄云有叟爲山魈所害李畋故今是夕於庭爆竹至曉寂
然安帖云坡詩爆竹驚小兒今俗門前放火謂鼠火
夏小正曰鳴弋 玄駒賁地(螘)中(奔) 納卵蒜蒜(收)本(納) 虞人入梁

朔吉

說文曰朔月一日始蘇俗釋音朱之訛也魯論言月必朝服註
周禮月吉讀邦法皆用吉禮以別孟賓享嘉也所謂月吉即正
月之吉懸法象魏是也詩二月初吉註君子舉事尚早朔爲吉

月望

周禮鄉士註月大十五日望月小十六日望言日月相望也俗
釋望音見也俗言旬前謂初生者以月初生也

送窮鬼

唐四時寶鑑曰高陽氏子好衣敝食糜晦日巷死世於是日以破衣糜粥棄巷韓退之送窮文唐子西留窮詩是也

繩繫偶人

歲時記曰有商人見淸湖君丶問所須但乞如願後得一婢名如願商有求悉致之後因正朝晩起撻之走入糞壤中不見今正朝細繩繫偶人投糞中云令如願俗謂除僃除夜出之寶如願而訛爲除厄余詩云 如願人成依草立屠蘇酒熟屬爲深

火炬照田

風土記曰吳中村落除夕燃火炬縛長竿以照耀然盈野以祈來年穀今鄕里到處皆然香山詩野火燒不盡春風吹又生

上動四門東驅西逐勢紛如年、關汝徒添白海內何曾一鬼
除荊楚記曰臘鼓鳴春草生又曰金剛力士逐疫鬼

歲夕

尙書大傳曰歲之夕月之夕日之夕註正月盡四月爲歲之朝五月盡八月歲之中九月盡十二月歲之夕今謂除夕言除舊布新且出歲與除音相近荊楚記曰年盡夜盡故具酒饌以迎新年卽杜詩閤夜賈島祭詩也唐詩今歲今宵盡明年明日來金農岩帽詩老境漸同羈客住殘年似送故人歸余詩雞棲此夕爲今歲犬吠明朝又一年

燈照虛耗

夢華錄曰都人請僧道看經帖竈馬抹酒槽點燈謂照虛耗

月古法遇閏以第四戌爲臘不可在十一月皇明以冬至後第三戌爲臘麗史文宗時太史奏用辰而我朝用未蓋東屬木、青帝也麗用水德故也

祭竈神

雜五行書曰竈神名禪字子郭荊楚記曰豚酒祭竈神按漢陰方晨炊竈神見以黃羊祀之范至能謂神翼日朝天白一歲事

金剛逐疫

呂氏春秋曰前歲一日擊鼓驅疫癘之鬼謂之逐除亦曰儺漢禮樂志曰顓頊氏有三子一居江中爲瘧鬼一居若水爲罔兩蜮鬼一居人室隅善驚兒爲小兒鬼故儺以驅焉即侲子赤幘執鼗方相秉鉞巫覡操茢今官舍應然是也羅隱詩云儺散蔡

風土記除夜祭先竣事長幼聚飲祝頌而散謂之分歲蘇軾云
蜀中值歲晚問遺謂之饋歲酒食相邀謂之別歲

臘平

廣雅曰夏曰清祀殷曰嘉平周曰大蜡亦曰臘始皇聞茅初成
之帝若學之臘嘉平之謠改從殷號也漢從周蜡爲臘禮記曰
伊耆氏始爲蜡、者報百神臘者祭先祖或云以所獵禽獸祭
之蕭是伏獵侍郎未必非也道書曰正月朔爲天臘端午爲地
臘七夕爲道德臘十月朔爲民歲臘十二月正臘日爲王侯臘
曆家曰王者各以行盛日爲祖墓日爲臘故金寅水土巳木申
火亥當是也漢火德盛於午墓於戌如青帝未日白帝丑日黑
帝辰日也叢語曰宋用漢臘已酉年閏八月冬節三戌在十一

左傳僖公五年正月辛亥朔日南至公視朔登臺書雲物凡分至啓閉爲備考經說云陰極至陽始至與南至謂三至余詩云王春從此周正月天曆由來漢太初紅是呵神煮豆粥青備新物薦腥魚

豆粥

歲時記曰共工氏子冬至日死爲疫鬼畏赤豆故作粥以禳之劉子翬詩豆糜厭勝憐荊俗是也今豆粥荼禮與藥飯同夏小正曰王狩　陳筋革　嗇人不從　隕麋角

小歲

天官書曰臘之明日曰初歲四民月令亦曰小歲又始歲同獻歲夢華錄曰除夕夜士庶之家圍爐團坐達朝不寐謂之守歲

頒曆

芝峯曰中朝頒曆用十月而我國冬至賀表多用頒曆之語未穩或言大明初冬至頒曆而後用十月朔萬蹈襲用之

夏小正曰織女正北鄉則旦昏初南門見 豺祭獸 黑鳥浴時有養夜 雉入于淮爲蜃

亞歲

荊楚記曰魏晉受賀其儀亞於歲朝故冬至曰亞歲

荔月

月令曰十一月荔挺出 註荔馬薤即莧陸陳寵傳云陽氣始萌十一月有蘭射干芸荔之應是也

日南至

下元

道書曰十五日爲下元

小春

樂書曰應樂猶應之應物其穫也小故小鼓小春謂之應所以應大也歲時記曰冬日其煖如春故謂之小春歐陽公詞十月小春梅蕊綻梅梢綻故曰小春

盤古生辰

荊州土風記曰十月十六日爲盤古生辰占冬時陰霽今寒煥之說出此而周末無寒年秦末無煥年亦洪範恒若之語也

戊午

俗謂戊馬日以菁根俗名蕪爲餅祈禳盖詩之吉日維戊是類是禡者出師校獵祭馬神故也午是典午之午

歲時記曰都城重九後一日宴賞號小重陽唐詩菊花何太苦遭此兩重陽鄭古玉詩我有黃花兼白酒九秋何日不重陽

登高

齊諧記曰桓景隨費長房登高飲茱萸酒令家人縫囊盛茱萸以避厄唐詩遙知兄弟登高處遍插茱萸少一人是也

夏小正曰納火　遰鴻鴈　主夫出火夫作大火火日陟玄鳥蟄　熊羆貊貉鼶鼬則穴　榮鞠　樹麥　王始裘　雀入于海爲蛤

雉糟

荊俗十月一日食雉糟杜詩雉糟葬一盤是也又南越志閩人是日作京飥祖祖告冬正字通曰今餛飩即餃餌屑米麪爲末空中裹餡類彈丸大小不一籠蒸啖之

羅史王使王女率六部女子於七月望日績於廣庭八月望乃考功負者設酒相與歌舞謂嘉俳會一女起舞爲會蘇曲俗謂秋夕爲嘉會是也耽羅人亦是日有鞦韆及捕鷄之戲

覰月孕胎

瑣碎錄曰中秋無月則兎不孕蚌不胎蕎麥不實今衆家以兩則翌年麥凶是也又曰雖是若雨獨天柱峯有月

夏小正曰辰則伏參中則旦 剝棗 玄校 (綠色未)嫁者衣 栗零 剝瓜 丹鳥羞白鳥 (丹鳥丹良 白鳥蚊蚋) 鹿人從 鴽爲鼠

重陽

楚辭重陽入帝宮註積陽爲天 有九重故曰重陽

小重陽

道藏經曰是日太上老君同元始天尊會集福世界荊楚記曰
僧尼道俗悉營盆供諸寺院佛經曰目連比丘見其母生餓鬼
中不得食目連白佛 言七月十五日具百味五果著盆中供
養十方大德佛勅衆僧皆爲施主然後受食脫餓鬼之苦目連
白佛永來世佛弟子行孝順者亦應奉盂蘭盆今百種佛供
夏小正曰初昏織女正東鄉斗柄縣在下則旦 莠雚葦 貍
子肆殺也湟潦生苹 爽死 苹莠 漢案戶肆寒蟬鳴 時有
霖雨 灌

碁卜

西京記曰八月四日竹下圍碁卜勝者終年有福不勝者有疾

嘉俳會

以前惟秋社孝武以七夕祀荆楚記曰牽牛娶織女取天帝二萬錢下禮久不還被驅在營室又六日雨謂洗車七日雨謂灑淚淮南子曰烏鵲填河而渡織女我國有梧製

乞巧

荆楚記曰婦女持九孔針向月穿之過者爲得巧謝朓賦縷條緊而貫中針晏細而穿空楊朴詩云年年乞與人間巧不道人間巧已多風俗通謂巧節

貙膢

漢武帝紀曰膢五日祠門戶北膢注說文立秋日貙祭獸故曰貙祭名又楚俗以二月祭飲食謂膢又祈穀謂新離膢

中元百種 又僧家是日皆洗足故謂白踵

初伏四庚中伏立秋後初庚末伏秦德公初立伏碑狗禦蠱卽
夏官疈辜也今伏日狗羹出此漢和帝令閉門盡日謹萬鬼行
程曉詩平生三伏日道路無行車閉門避暑卧出入不相過、
夏小正曰初昏斗柄正在上　煮桃　鷹始摯

四秋

管子曰歲有四秋而分有四時故曰農事且作以什伍農夫賦
耜鐵此謂春之秋大夏且至絲纊之所作此謂夏之秋大秋成
五穀之所會此謂秋之秋大冬營室中女事紡績緝縷之所作
此謂冬之秋又廣韻竹秋三月蘭秋九月

七夕

月令粹編曰七夕楚懷王時始置又云始於五代錢癸阜陶晉

流頭

新羅舊俗是日浴髮東流水因爲禊飲謂流頭宴食水䭔或以爲出於古槐葉冷淘之義也南月巖𨒼詩云流頭眞野禮廟薦當家、國風殊久矣祖考亦知耶或曰流大之頭謂流頭

浴狗

山中一夕話曰唐寅於三月三日浴滌一客過之以浴辭及六月六日公往是客ゝ亦辭以浴公題其壁曰君昔訪我ゝ沐浴我今訪君、沐浴君昔訪我三月三我今訪君六月六蓋三月三乃浴佛之晨六月六乃浴狗之日耳

三伏

郊祀志曰秋以金代火而畏火故至庚日不伏夏至後第三庚

百草鬪香谷又五日看花情並葉今朝鬪草得宜男是也又競渡戲自求屈原始也

水團

風土記曰弱葉裹稻米爲粽本出區回接屈原事天寶遺事曰造粉團角黍釘金盤以小角弓射之中者得食蓋滑膩難射也此水團之始又名白團雜五色人獸花果之狀最精者名滴粉團或加麝香又有乾團不入水者張文潛詩水團冰浸沙糖裹透明角黍宛和今薑桂橘棗等味餡謂踈水餅近自中原來

夏小正曰參則見初昏大火中 浮游有殷蜉(浮游蜉能或)鵙則鳴 時有養日(長養乃衣似識新良)蜩鳴 匽之興五日翕望乃伏 啓灌藍蓼[illegible]鳩爲鷹 唐蜩鳴 種黍菽糜 煮梅 蓄蘭 頒馬

艾人

歲時記曰是日泥塑張天師以艾爲髮蒜爲拳置門章簡公詩艾葉成人後榴花結子初又鞠灰辟麥蠹取鴝鵒教語

青蒲丹脂

歲時記曰以菖蒲或縷或屑汎酒章簡公詩菖華汎酒堯樽綠菰葉縈絲楚粽香又刻菖爲人故王沂公帖子云明朝知是天中節旋刻菖蒲要辟邪抱朴子曰剪綵爲赤靈符著於心可辟兵即釵頭符綴髻鬟云今青蒲染丹脂插頭出此坡詩云丹脂絲綵繫心與菖歜菹

鬪草

歲時記曰是日踏百草又有鬪草之戲章簡公詩五英鬪瑞莢

祝釐啟王乘夜微行觀之按涅槃經曰如來闍維訖收舍利罌置金牀上天人散花奏樂繞城步步然燈十二里唐崔液詩神燈佛火百輪張刻像圖形七寶裝影裏如聞金口說空中似散玉毫光蓋燃燈本出於佛也是日寺刹為龍華之會自元朝聚大豆至是煮水浴佛今之蒸豆其遺俗歟按說文灝豆汁也長箋禮用豆汁沐髮釋氏以灝浴身故四月八日用豆浴佛

夏小正曰昴則見初昏南門正　鳴札　蛰囿有見杏　鳴蜮

王萯秀（王瓜）取荼秀　越有小旱　幽執　陟攻駒（陟升之君攻教服車也）

端午

通鑑解曰端始也午忤也五月陰氣午逆陽冒地而出也是月

是日午時為天中節

五色書文以施門戶劉昫曰本漢制以止惡氣魏收端午詩曰
辟兵書鬼字神印題靈文是也

小滿芒種

周禮稻人曰澤草所生種之芒種註稻麥也字典芒或作麰說
文曰小滿麥氣至此方小滿而未熟也芒種者諸種之有芒者
麥也至是當熟或云麥至是可收稻至是可種韻書云芒者非
草耑故謂麥穀爲芒種今農家又以白露爲稻芒種

燈夕

春明退朝錄曰漢祠太乙自昏至晝故列火滿壇今望夕觀燈
是其遺事唐宋及今中原皆然高麗時亦於元夜至毅宗世白善
淵於四月八日準王行年鑄銅佛畫觀音幀以釋迦生日點燈

次盖三月大辰候當出火故田鼠至辰月化鴽八月辰伏當納

當納火而鴽四月為鼠者辰巳伏也子午陰陽之極神交變化

夏小正曰參則伏　攝桑　䍧羊　螜則鳴斛螜音　委楊花　頒冰

采識識蟻也　妾子始蠶執養宮事　祈麥實　越有小旱　田鼠化

為鴽　拂桐芭、拂拂然　鳴鳩

清和

韻玉活套曰清和非節名也居家必用曰首夏清和即豔陽也

夏其虫羽

月令註王爽曰鳳為虫之長故南方之宿為朱鳥又鳳謂丹鶉

桃印施門

漢禮儀志曰夏至陰氣萌作恐傷物茂以桃印長六寸方三寸

晋史禊註禊者潔祭名也漢禮儀志云上巳官民皆潔於東流水上洗去宿垢蘭亭記修禊事是也風俗通云鄭俗于溱洧之上招魂續魄以蕙蘭草祓除不祥故上巳謂祓禊之辰圖經曰池陽上巳婦女以薺花點油祝而灑之水中成龍鳳花卉之狀則吉是謂油花卜

流觴

齊諧記摯虞云徐肇二女死三日乃水邊濯洗以濫觴曲水束晳云成王卜洛時羽觴隨波又秦昭王置酒河曲有人自泉而出捧水心釰曰制有西夏因立曲水度

田鼠化為鴽

正字通曰鴽即鵪也十二支神子水位鼠屬水午伏乃鵪火之

社各以社餻社酒相遺以諸肉調和鋪於飯上謂社飯

夏小正曰征耨黍 禪禪初俊羔助厥毋粥從也羔食草木而不食於毋綏多士女 丁亥萬用入學萬舞名也祭鮪 榮菫 采蘩 昆小蟲抵蚳卵也來降燕乃睇視室 可剝鱓為鼓有鳴倉庚 榮芸 時有見稊始收之稊稗別之

元巳

風俗通曰巳者祉也邪疾已去祈介祉也南都賦云暮春之首元巳之辰方軌齊軫遊于陽瀕張華上巳篇云姑洗三月元巳啓良辰註三日謂上巳宋書曰魏以後但用三日不復用巳坡詞云春色三分二分塵土一分流水

祓禊

即寒食東風百五節也亦一百五日寒食雨二十四番花信風

社日

說文云祈禱道神爲之社有事於道者吉凶偕名總含曰漢一日丙午臘用丁未晉則孟月酉日各因其行運萬年曆曰立春立秋後五戊爲春秋社以祈農事今尚用之姚令威叢語以社詩社日用伏事誤秦史始用伏祠社乃同日也至漢方春秋二社與伏分也韻書曰是日繫蔥蒜謂能聰明計算也

社雨

提要錄云社公社母不食舊水故雨謂社翁雨陸龜蒙詩幾點社翁雨一番花信風瑣言云飲社酒不聾猶寒食飯滅瘢也李濤詩治聾酒一瓶本草社酒噴壁去蚊謂祭餘酒夢華錄曰秋

驚蟄

月令曰二月驚蟄言百蟄虫皆驚故有蟄虫附戶之文近聞老農則蟄非蟄伏之蟄也乃蛙名也春候至則雖氷雪必先鳴者

花朝

提要錄曰二月十五日爲花朝翰墨記洛陽以二月二日爲花朝又二月十二日爲百花生日

寒食

歲時記曰冬至後百三日爲炊熟日將禁火先具饔飧也秦人謂冷節也龍忌之禁非爲子推乃龍星木之位屬東方懼火盛故禁火謂禁烟唐宰相宴酴醾酒採其花釀之耶俗用冬至次日數及九九八十一日多作九九詞又云九盡寒盡伏盡熱盡

補天穿

江東人於是月二十四日置煎餅屋上謂補天穿其女媧鍊石日耶今無此俗而亦煎餅之始云

夏小正曰初昏參中斗柄縣在下 啓蟄 鴈北鄉 雉震响 魚陟負氷 農緯厥耒 緯束耒 歲初祭耒 祭始為耒 始用暢 鬯也 囿有見韭 時有俊風 俊大 寒日滌凍塗 滌解凍為塗、 田鼠出 農率均田 獺祭魚 鷹則化鳩 農及雪澤 沬解 初服于公田 采芸 蔿也鞠 則見 柳稊 梅杏杝桃則華 緹蕩 緹實蕩莎 雞桴粥 伏養

中和

唐李泌奏曰以正月晦為節非也請以二月朔為中和節以青囊盛百穀瓜李果種相問遺號獻生子令百官進農書示務本

衣教民蠶今蜀青衣神是也 與禮記蠶鞠衣同又塑女像被馬皮以馬頭娘故也

踏橋

姜克誠詩云年少佳辰記上元踏橋玩月醉芳樽盡自麗朝始謂一年無脚痛也是夜弛禁謂放夜士女駢闐婦人也以舊馬踏橋為勝遊至有失妻者官禁不止壬亂後無此俗云安東舊俗是夜府内年少婦女賭粉戯餙出路邊伏行鱗錯匍匐環循五部謂路橋踏有一印童假以服犀入挾吏房處子未

耗磨

張説詩云正月今朝減流傳耗磨辰還將不事〻司

月令廣義以十六日為耗磨不飲酒不開倉謂鬼〻伏盡熱盡

龍卯造飯

荊楚記曰 照井蘆莒火今農家曉持火照井取水造飯謂龍卯

龍耕

輿覽曰近安卧龍池冬月冰裂或橫或縱謂龍耕占望年豐歉
橫則豐縱則水溢全不坼則歉安學生上聞命有司致祭今池
湖上元夜有之其近村牛流汗似服犁者然異矣

白粥祭蠶

荊楚記曰上元白粥祭蠶迎紫姑卜蠶桑績麻諸記曰吳張成
見一婦人謂曰此地蠶室我即地神正月望日作白粥祭之蠶
業百倍異苑曰紫女云是人家妾爲大婦所嫉每以穢事役上
元日死世人作其形夜於廁間豬欄迎之荒史曰蚕叢國服青

耳明酒

事紀原曰漢博士擇聰明有威重者爲祭酒香山詩有上元耳明酒今耳明酒之說其始於聰明祭酒耶

紙鳶火颺

羅史星落月城金庾信以偶人抱火載風鳶颺之曰落星還上於天今紙鳶繫火繩颺之謂除厄自此始矣

賣暑

吳俗分歲罷小兒繞街呼叫云賣汝癡賣汝獃吳人多獃故欲賣其餘范至能詩云翁買不須錢奉賒癡獃三百年今賣暑亦其意耶余詩有云朝起無言恐見欺相逢便若不相知許多癡了多於暑賣暑人人詎賣癡

分四方用金玉刻作兩行書曰正月卯日又曰疾日嚴卯凡六十六字以正月卯日作此卯佩之後除不祥眞誥曰五卯之日當齋心存神玉女隱侍黃山谷剛卯辨絲絲繩也字彙絲音護今俗以卯爲兜佩綵多拘忌蓋出此

藥飯

羅史曰炤智王上元日幸天泉亭有烏啣書封來鳴其書外曰開見二人死不開一人死日官奏一人者王也王開之書曰射琴匣入宮射之有僧中死乃內殿焚修僧與王妃通者自是國俗作糯飯雜以果味祭烏中朝珍之迺世爲時食之或薦於家廟余詩有云炤智王前糯飯無疫啼琴曲有壽符東人但識茶馬禮祭祖家、不祭烏

日到人日未有不陰時其天寶之宗乎人為萬物之靈故李嶠
詩七日最靈辰又帖人於帳故唐詩鏤金作勝傳荊俗剪綵為
人起晉風我朝有人日應製

愼日

東俗以正月上子午日二月初二日為愼日

怛忉樂遊

芝峯曰怛忉悲愁而禁忌也新羅時以龍能興雨馬能服勞豬
鼠耗穀每歲子午亥辰設祭祈禳樂遊漢東京傳扶餘國正月
國中連日大會飲樂名曰迎鼓

卯日兎絲

漢莽傳劉字卯金刀也正月剛卯金刀註卯長三寸廣一寸四

荊楚記曰立春日剪綵爲燕子戴之帖宜春字今春帖是也鄉俗於是朝采麥有新根三本謂豊兆余詩云居是新鄉隨舊俗出門采麥見春根按朱子桃符詩愛君希道泰以杜詩憂國願年豊爲對

農詳

東京賦曰農詳晨正土膏脉起註天田星謂立春晨中於午農事之候又漢農語曰三月昏參星夕杏花盛桑葉白河射角堪夜作犁星沒水生骨里語曰黃栗留看我麥桑葚熟亦應節

人日

魏收曰一日爲鷄二日爲狗三日爲猪四日爲羊五日爲牛六日爲馬七日爲人八日爲穀其日主所生之物陰則災杜詩元

六帖曰元日造桃符著户謂仙木飮桃湯辟邪氣也風俗通云
東海度朔山有桃樹蟠屈三千里有二神曰壘曰鬱並執葦索
繫不祥之鬼殺之黃帝時有神荼鬱壘兄弟性能執鬼

畫鷄牖上

拾遺記曰堯時秖支國獻重明鳥一名雙睛能逐猛獸使羣惡
不爲害今元朝或刻木鑄金或畫鷄牖上即其遺像也

響卜

鬼谷子曰夜靜灑掃爨室置香燈祝之手撥鍋水置杓水上自
旋隨柄所指抱鏡出門密聽第一句即是響卜應從方言之元
朝占一歲休咎

宜春帖

月令元日進椒柏酒椒是玉衡星精服之令人却老柏是仙藥尊卑次列以年少爲先各進此酒于尊長獻壽也

屠蘇酒

纂要曰屠蘇孫思邈庵名屠絶鬼氣蘇醒人魂廣韻云有人居草菴每歲除夕遺藥一貼令以囊盛浸井中至元日取水置酒樽名曰屠蘇合家飮之不病瘟疫董勛曰少者得歲故先老者失歲故後坡詩云但把窮愁搏長健不妨最後飮屠蘇

五辛盤

風土記曰元朝以葱蒜韭蓼蒿芥雜和而食名五辛盤取迎新之意也

桃湯代木

歲時類

端月首祚

素隱曰秦二世三年正月避正字故曰端月以始皇名故也今
尚以正音平聲王羲之書元正首祚

元日慶賀

漢書曰漢冬十月歲首七年長樂宮成群臣朝賀武帝建寅而
元日之慶皆高帝始我東自新羅真德主始

湯餠會

唐俗謂三朝會曰湯餠會又生申設之唐玄宗后王氏脫半臂
換斗麪劉禹錫詩引箸舉湯餠是也今元朝湯餠盖久矣

椒栢酒

鶴雪

唐詩云鶴雪瑞花新盖雪爲豊祥故瑞色白如鶴宋仁宗時紅雪亦瑞也詩話以唐詩風前有恨梅千點沙上無人月一痕爲妙近世李參奉詩棧荅帶郭全疑臘竹栢低枝帶不陰韻最高

祈雪

原覽曰雪者陰陽凝而爲五穀之精退栗皆有祈雪文周諺豊年之冬必有積雪又要宜臘見三白今臘前三白也雪平地尺蟲入三尺故坡詩遺蝗入地應千尺又春雪杜詩霏、向日薄脉、去人遠坡詩萬本盡如花落帳細簷鳴似雨棠時爲絶唱

露布文露沉註甘露降其國布散者人尚武沉重者人尚文

霜候

禽經云鶴飛則霜鷺飛則露鷸飛則雨按商羊也杜詩舊國霜前白鴈來註白鴈至則霜信而俗言鴈有聲不二十日霜云農家以爲流頭日必雷而早晩爲霜之候又六月雞鳴必退霜云

樹稼

漢俗諺云樹稼達官怕蓋霧與霜交凝所致也又木介亦霜與雨相凍所致也

米雪

埤雅曰閩俗謂之米雪言其霰粒如米所謂稷雪今名濇雪亦名濕雪

霧是地氣

韻書曰地氣發天不應而成霧璧氣經曰霧赤爲兵青爲殃帝王世紀曰重霧三日必大雨、未降其霧不可冒行博物志曰王肅張衡馬鈞俱冒重霧行一人無恙一人病一人死問其故無恙者曰我飲酒病者飽食死者空腹俗謂冬春則殺人夏[illegible]秋蘇人五代史馬殷曰每殺不辜天必大霧

霧淞

字林曰寒氣結木如珠曾鞏詩園林初日淨無風霧淞開花樹同是也

甘露

瑞應圖云凝如脂美如飴晉中興書云一名天酒春秋緯曰武

塵埃野馬

博物志曰徐州人謂塵為蓬塊莊子曰野馬也塵埃也乃是兩物韓渥詩窓裏日光飛野馬是以塵為野馬矣野馬乃田間氣如馬有佛書所謂如熱時野馬陽燄謂此也唐詩百丈遊絲爭繞樹是也

黃梅瘴

番禺雜錄曰嶺外二三月為青草瘴四五月為黃梅瘴六七月為新木瘴八九月為黃茅瘴、是今草薰也

瘴母

番禺記曰五羊嶺表見有物自空而下 始如彈丸漸如車輪遂四散人中之即病謂之瘴母

鷄浴土文 韻書曰馬浴土曰驏

礫狗止風

爾雅風曰磔註當大道中磔狗云以止風謂旣祭磔牲以散風

山𤟹

山海經曰獄法之山有獸焉其狀如犬而人面善投見人則笑其名山𤟹其行如風見則天下大風

聞獜

山海經曰几山有獸狀如彘黃身白頭白尾名聞獜見則大風

鷁風鷸雨

左傳六鷁退飛風也相如賦浮文鷁註舟以風故也雉鳴上風雌鳴下風則孕云逸周書曰知天文者冠鷸冠以知天將雨也

風俗通飛廉神禽能致風氣註飛廉鹿身頭如雀有角而蛇尾豹文郭璞曰龍雀也本草曰一名漏蘆

神噓

郭璞贊曰腳屬於頭人面無手厥號曰噓重黎所學

颶毋

嶺表志曰南海秋風雲物有暈如虹曰颶毋即孟婆必有颶音俱風論衡曰四方風韓愈詩颶風有時作掀簸真差事柳宗元詩颶毋偏驚估客船元史征倭平壺島遇颶風是也今晴天一點黃雲必有大風者此也

黑鳥浴

黑鳥鴉也格致叢書云浴飛下上下下也諺云雅浴風鵲浴雨

莊子曰鵬摶羊角而上九萬里晉史曰九成縣有旋風望之拂天如羊角註風曲上行若羊角也又石尤風註逆風即鬥鬥風

黃雀風

山海經曰推號之山其風若飈玉篇急也風土記曰六月海魚變爲黃雀故云黃雀風宛委餘編曰雀入大水爲蛤謂黃雀兩蓋猶蚕蛋隨時變形云

繚殺風

諺云風越嶺則寒渡海則溫者我東風踰大關嶺草木皆死故謂繚殺風又西北風謂汗風以淸汗在西北即胡風千里驚也又南風謂馬風以馬者午也

飛廉

八方風

說文曰東曰明庶風東南曰清明風南曰景風西南曰涼風西曰閶闔風西北曰不周風北曰廣莫風東北曰條風

吹花擘柳

歲時記曰始梅花終楝花凡二十四番花信風淸異錄云俗以開花風爲花韝扇潤花風爲花沐浴至花風爲斷送萎花刑開覽曰河朔春時疾風一作三日乃止否則經年謂吹花擘柳風

舶趠風

東坡詩三旬已過黃梅雨萬里初來舶趠風註吳中淸風彌旬自海上與舶俱至故云今有大風漂户至之說古矣

羊角風

半山詩萬里寒江正復醩按正月水曰解凍二月水曰白蘋三月水曰桃花庾信詩春水望桃花張志和詩桃花流水鱖魚肥是也四月水曰瓜蔓五月水曰麥黃六月水曰山礬七月水曰豆花八月水曰荻苗九月水曰霜降十月水曰復槽十一月水曰走凌十二月水曰蹙凌

甲子雨

唐俚語云春上甲雨赤地千里夏上甲雨乘船入市秋上甲雨穀頭生耳冬上甲雨牛羊凍死

四時風

古語曰春風自下而升上夏風橫行於空中秋風自上而降下冬風着土而行又七月為風起八月為風高九月為風落

學記梁大同中雨雜色寶珠虞喜頌云飛甘灑潤玉散珠聯記年曰惠成王時雨碧玉鄭說文云石之青美者謂碧山海經北囂山無石其陽多碧是也幽冥錄云黃尋家大雨天飛錢無數致富翁仲儒家雨金

黃梅雨

正字通曰古語云黃梅時節家家雨張家溪云梅雨作霪雨中暑氣也霪雨善汗衣服故也埤雅曰江南三月為迎梅雨四月為黃梅雨五月為送梅雨六月為濯枝雨八月為豆花雨又春雨為榆莢雨纂要曰閩人以立夏後逢庚日為入梅芒種後逢壬日為出梅得雨乃宜耕耨

桃花水

宮好陽中央四季好寒皆以所克爲妻而從妻所好也故善謔者有天上星宿亦怕老婆之語

雨實雨毛

芝峯曰戊申己酉間雨木實者屢矣妻流言在倭中天雨毛速日按漢武帝時雨白氂東晉時地生白毛孫盛以爲人勞之異宋高宗時有謠云地上生白毛老少一齊行

雨鹿雨蛤

漢成帝時雨一蒼鹿食之甚美雜記曰番禺國每大雷有大蛤從天而下謂之天蛤今暴雨或魚落杜詩云驟雨落河魚

雨穀雨珠

周書云神農時雨粟孫吳時金陵雨五穀於貧家富者則無初

綱目王莽曰夫地有動有震、者有害動者不害春秋記地震易繫坤動、靜辟翕萬物生焉註其動也闢其靜也翕是以廣生焉今地動年豐之說出此

男女雲雨

呂覽曰山雲草莽水雲魚鱗旱雲煙火雨雲水波芝峯曰世以男女交合爲雲雨蓋地氣爲雲天氣爲雨巫山雲雨亦云按風之雌雄星之牝牡亦以相應而言也

星好風雨

尚書古註云箕星東方宿也東木克北土以土爲妻土好雨故箕星從妻所好而多雨也畢星西方宿也西金克東木以木爲妻木好風故畢星從妻所好而多風也由此推之北宮好燠南

如鴨卵按漢武帝時有如馬頭者安帝時有如斗者諺傳九連
城外有深淵毒龍宅焉每歲出遊必暴雨大雹一牛駕斗一人
鞭之而衣巾酷肖浮屠逦迤跨空而去不見其為龍雹之所被
蓋一道廣約六七里

電鏡月燭

高麗善情學記曰霧曰迷天步障霜曰威屑露曰敷氷雹曰氷
子虹曰氣母星曰屑金亦清異錄電為千里鏡日月為千里燭

投壺為嚂

芝峯曰玉女投壺天為嚂嘘註嚂音咸開口笑也坡詩電光時
掣紫金蛇是也淮南子曰電以為鞭策
地動

水府得龍宮方云

雷霆

淮、南子曰陰陽相薄感而爲雷激而爲霆論衡曰雷二月出地百八十日出則萬物出八月入地百八十日入則萬物入、則除害出則興利人君之象也柳文曰春夏之有雷霆也或發而震破巨石裂大木而殘之草木石豈有非常之罪哉豈有懲於物也北夢瑣言曰世言乖龍苦於行雨而多竄匿爲雷神捕之或古木及簷楹之內又春秋震夷伯之廟謂辟歷破之埤雅曰辟折也所歷皆破折也韻會曰雷神名也霹靂俗字也

雹大如卵

韻會曰雹曰白雨又曰硬頭雨芝峯曰丁未六月嶺湖雨雹大

雷動雉雊

說文曰雷始動雉鳴而雊其頸漢書云察於聽也今雷謂天動國史補曰雷州人取雷食之如彘云洋人尺地幾步雷震預掘坎及雷轉得坎而止即埋之云俗忌十月雷者亦十月斷獄也

雷斧

筆談曰雷斧以銅鐵爲之霹靂楔乃石爾似斧無孔嶪物後人亟尋之可得云聞慶陽山寺碑云知畫國師講法居寺有童子來學三年不問姓名鄉里一日辭去曰我龍子願師同入龍王以教授恩贈以朱靈杖、之高峯絶頂如平地銅鑵朝夕貯水化爲飯月斧無孔金椎擊碎巨岩云即雷斧也師茶毗後杖蠉鑵去斧尚在云續仙傳孫眞人嘗救青蛇乃龍子後龍王名至

壤民有女生而不瘖至五六歲不語不行至大小便亦放之席
惟食即伏食不見面父母謂之啞癡一日父將賣牛出門忽起
呼父曰將失此牛不可去父神而應之然不聽而出又呼之謂
曰若失牛急訪東坊垂楊下家父往平壤市興成隣入酒店而
出牛不在乃憶女語訪之果獲焉時有白氣亘天人皆洶、女
自起步出檐仰見之曰無害也十五年後有寇云

雌雄虹

原覽曰虹者鮮盛爲雄闇者爲雌爾雅曰蜺雌虹、飲澗溪水
中有物成形噓氣如屋樓海市晉史薛願家虹飲其釜吐金成
器云類苑曰荒年有人夫妻菜食死化爲青絳呼爲美人虹詩云
螮蝀在東註虹能截雨今雨後虹謂晴是也

里人面蛇身赤色
鳧
山海經曰女和月母國有人名曰鳧處東極隅以止日月使無
間出又曰大荒之中有山名曰大言日月所出
氣蒸為霞
原覽曰霞者崑崙山有五色水而赤水之氣上蒸為霞世說所
謂遥望層城丹樓紫霞
白氣雄軍
天文志曰敵上氣如疋帛者此雄軍之氣不可攻也我世宗朝
崔潤德西征將戰有白氣大捷芝峯曰癸巳元日白氣亘天越
七日天兵克平壤大抵白氣懲毖錄云十二年有驗而說傳平

山谷詩虎乳月生暈是也

日月食 顧兎 屈原天問曰厥利維何而顧兎在腹註顧兎月中之兎也韓退之詠月詩[illegible]顧 蓋出於此豈以兎望月之說而云然

玉川子曰月中蝦蟆食 戰國策曰月照於天下食於詹諸梅理

俞云日月凋於外其賊在內 京房云君弱臣強司馬將兵反征

其君魏史日食乙酉有成濟之變

麒麟鬪鯨死

博物志曰麒麟鬪而日蝕鯨魚死而彗星出嬰兒啼則婦乳出

庾信文云雲生伏鼈星出鯨魚

燭龍

山海經曰天不足西北無陰陽消息有龍啣火照天門是謂燭

龍即鍾山神一名燭陰視爲晝瞑爲夜吹爲冬呼爲夏身長千

碓之序謂大小月素問曰月之死生以闕滿而言也呂覽曰日輪大月輪較小又五行志云朔而月見東方謂之仄慝

月體本黑

周髀云日猶火月猶水火則施光水則含影月光生於日所照魄生於日所蔽當日光盈近日則明盡芝峯曰月食旣則其色黑月中婆娑非山河影海水影闍扶樹影也刀外雖日光所射而有黑暈蓋在內之本質也故佛書望前謂白月望後謂黑月匈奴傳月虧則退故唐詩云月黑鴈飛高

月暈

淮南子曰月隨灰而暈缺註蘆灰環月缺其一面暈亦隨而缺魏史暈月左角晁崇云角虫將死是歲牛死十七八麋鹿亦然

以無實謂天棄楚以多難謂正訓聖主從此警懼修德百僚亦皆戒飭奉職何福如之太臣懲之出老星起曰彗星出老人星大敗

月食昴

唐史太宗討頡利是夜月食昴詔曰月陰精用刑兆昴胡分數且終又肅宗丙申星犯昴韋見素曰昴者胡也祿山將死明年甲寅其驗乎世傳昴即旄頭本七點自蒙古入帝中原其一點入太微垣爲六點而皇明世出居昴反淸入復入微垣云

日月雌雄

張衡靈憲曰日者太陽之精積而成烏象烏陽之類其數奇月者陰精之宗積而成獸象兔陰之類其數耦太玄經曰日月雌

燭星

天官書曰狀如太白其出也不行見則滅如星非星如雲非雲名曰歸邪、出必有歸國者漢元鳳四年燭星見奎婁間

枉矢

韻會曰星名也狀類大流星蛇行而倉黑望之如有毛目盖星之異者

彗孛

韻書曰彗掃竹也形似篲即攙搶唐詩黃帝旋旗掃攙搶以除舊布新之象也又孛其形孛、然有射氣唐書有星孛于虛危俗謂尾星各以其色候其分野焉兵喪水旱疫荒之應云我朝嘗有之大臣會寮僚議油煮銷災之事南老星曰此福星也曾

之分甲卯乙爲心房氐宋之分艮寅方爲箕尾燕之分丑艮方
爲牛斗吳之分壬子癸方爲危虛女齊之分乾亥方爲壁室衛
之分乾戌方爲婁奎魯之分庚酉辛方爲畢昴胃趙之分坤申
方爲參觜晉之分未坤方爲鬼井秦之分丙午丁方爲張星柳
周之分巽巳方爲軫翼楚之分韻會一度二千九百餘里

歲星守我

李芝峯光晬曰萬曆丁丑蚩尤旗出箕尾是歲倭有犯順之謀壬
辰歲星守我而倭入人以爲雖敗必復卽越得歲而吳伐也

老人星

漢天文志云秋分候之南郊則中國不常見、則治平壽昌今
漢挐山常見形如半月故東方謂壽域

第四權第五衡第六開陽第七瑤光居陰布陽故稱北元應錄曰每叩齒而念一星〻者魁𩲃𩴆魐𩴣𩳐𩵏是也

五緯星

原覽曰東曰歲星十二年一周天南曰熒惑七百四十一日一周天中央曰鎭星二十八年一周天西曰太白星三百六十五日一周天北曰辰星

壽星

爾雅曰角亢壽星也註列宿之長

二十八宿經星

文選曰星靜者爲緯動者爲經角至箕爲東維斗至壁爲北維奎至參爲西維井至軫爲南維按星宿圖曰並辰方爲角亢鄭

表浮元氣之上譬覆奩以抑水而不流者氣充其中也今洋曆說天一層緩似一層此七政退旋所以有遲速也列子曰終日在天中行止謂自地以上皆天、有九層最上星行其次日行最下月行隋袁充傳云太平日行上道升平行次道霸世行下道

天河星

原覽曰元氣之英水之精也氣發而精華上浮者神異記云與海通有人浮槎尋河源見婦人織丈夫牽牛飲渚歸問嚴君平杜詩三峽星河影動搖註占書云動搖民勞之象

北斗七星

爾雅曰天樞居天之中以正四時註第一天樞第二璇第三璣

南箕

詩云維南有箕註箕東方宿考星者多驗於南方故曰南箕

九天十地

楚辭註曰東曰皞天東南曰陽天南曰赤天西南曰朱天西曰成天西北曰幽天北曰玄天東北曰變天中央曰鈞天或中天義天從天更天睟天廓天咸天沈天成天又陽數起於一極於九故謂九天陰數起於二極於十故謂十地天地之間則相去九萬里云

地上皆天

渾天儀云天形如鷄子天大地小表裏有水地乘氣而立載水而浮天運如車轂之運又窮天論曰天形穹窿如笠而冒地之

松南雜識

松南趙在三仲璣 著

天文類

東方曰太平

爾雅曰戴北斗曰空桐空桐之人武日至南方曰丹穴丹穴之人智至西方曰太蒙太蒙之人信至東方曰太平太平之人仁

箕尾分野

晉天文志曰箕尾分野析木之次柳磻溪馨遠曰我國分野漢水以北與燕京同以南箕尾鄭石癡喆祚曰康津縣北極出黃河入淮口相直故耽羅橘渡海止康津爲枳云愚謂東方雖小南橘而北馬又產塩產蔘殆兼燕齊吳楚而然耶

敬之則飛潛動植各遂其形卷之懷之則簡
冊字畫盡圖其象碩我謏聞寡識憨
取看屏居墓所略記聞見歷數箇月爲
輯三十三篇始以太平終以太平廣我東太
平之記於是乎穠以識之乙卯八月上澣松
南自序

太平無象記之則有象萬物有形不記之則無
形人於萬物之衆獨任太平之責者況我東方稱
太平之域〻萬物之衆居天下之半奚比於南北以
作書用訓其二子豐鎬〻復鎬以於萬物觀之不
記其象闕而不記其形則可謂燈下不明睫上不
見矣何與論萬物之理而知太平之樂哉古之人
著述者寓經綸於文〻字寓文字於人義〻理放〻

松南雜識